W0473316

MACRON
OU LES ILLUSIONS PERDUES

DU MÊME AUTEUR

L'Histoire en miettes. Des Annales à la nouvelle histoire, La Découverte, 1987, rééd. La Découverte / Poche, 2010.

Histoire du structuralisme, tome 1 : *Le Champ du signe, 1945-1966*, Le Livre de poche / Hachette, coll. « Biblio-essais », 1991, rééd. 1995.

Histoire du structuralisme, tome 2 : *Le Chant du cygne, 1967 à nos jours*, Le Livre de poche / Hachette, « Biblio-essais », 1995 ; rééd. « La Découverte / Poche », 2012.

L'Instant éclaté, entretiens avec Pierre Chaunu, Aubier, 1994.

L'Empire du sens. L'humanisation des sciences humaines, La Découverte, 1995.

Paul Ricœur. Les sens d'une vie, La Découverte, 1997, rééd. actualisée, coll. « La Découverte / Poche », 2008.

Les Courants historiques en France XIXe-XXe siècle, avec Christian Delacroix et Patrick Garcia, Armand Colin, coll. « U », 1999, rééd. Gallimard, coll. « Folio », 2007.

L'Histoire ou le Temps réfléchi, Hatier, 1999.

L'Histoire, Armand Colin, coll. « Cursus », 2000, rééd. actualisée 2010.

Michel de Certeau. Le marcheur blessé, La Découverte, 2002, rééd. « La Découverte / Poche », 2007.

Michel de Certeau. Les chemins d'histoire, codirigé avec Christian Delacroix, Patrick Garcia et Michel Trebitsch, Complexe, 2002.

La Marche des idées. Histoire des intellectuels, histoire intellectuelle, La Découverte, 2003.

Histoire et historiens en France depuis 1945, avec Christian Delacroix et Patrick Garcia, ADPF, 2003.

Le Pari biographique. Écrire une vie, La Découverte, 2005, rééd. « La Découverte / Poche », 2011.

Paul Ricœur et Michel de Certeau. L'histoire entre le dire et le faire, éditions de L'Herne, 2006.

La Mémoire, pour quoi faire ?, avec Jean-Claude Guillebaud et Alain Finkielkraut, éditions de L'Atelier, 2006.

(suite en fin d'ouvrage)

François Dosse

Macron ou les illusions perdues

Les larmes de Paul Ricœur

LE PASSEUR
ÉDITEUR

www.lepasseur-editeur.com

© Le Passeur, 2022
ISBN : 978-2-36890-956-0

AVANT-PROPOS

Le philosophe-président candidat : une réserve d'idées pour la conquête du pouvoir

> « Sa façon politicienne de troquer l'électorat de gauche qui l'a élu contre celui de droite qu'il veut recueillir en 2022 est une tromperie. »
>
> ANNE SINCLAIR, *Passé composé*, Grasset, 2021, p. 174

LE LECTEUR pourrait être étonné de cette publication dont la tonalité générale s'avère très critique à l'égard du quinquennat du président Emmanuel Macron, alors que j'ai publié au début de son mandat un ouvrage laudatif, m'appuyant sur sa proximité avec le philosophe Paul Ricœur[1]. Je n'ai rien à retirer de mon premier ouvrage sur l'intensité et l'importance de cette rencontre entre le philosophe et celui qui deviendra président de la République en mai 2017. Le rapprochement de leurs

1. François Dosse, *Le philosophe et le président. Ricœur & Macron*, Stock, 2017.

positions respectives se fondait alors sur les thèmes de la campagne du candidat aux présidentielles, ses discours, son livre programme[1].

On pouvait y trouver un élan qui a nourri mon enthousiasme, et s'il eût été inconséquent de penser qu'un responsable politique puisse se servir d'une pensée philosophique comme d'un guide quotidien pour prendre des décisions, on trouvait néanmoins dans ce programme de quoi étayer l'idée d'un parallèle entre la pensée ricœurienne et la politique préconisée par le candidat Macron. Les propositions de ce dernier allaient dans le sens d'un primat de l'éthique sur la morale, du travail d'histoire avant l'injonction du devoir de mémoire, de la volonté de maximiser la part des plus faibles, d'un attachement à une laïcité ouverte et bienveillante, d'un sens de l'hospitalité, de l'accueil à l'autre ainsi que d'un souci de redynamiser la démocratie en pluralisant les responsabilités, faisant valoir des logiques d'horizontalité venant contrebalancer le caractère très centralisé des institutions de la Ve République.

Le philosophe Jürgen Habermas adoubait alors le nouvel élu qu'il célébrait comme un héros de la construction de l'Union européenne :

> Rarement une ascension aussi inattendue que celle de cette personnalité fascinante, en tout cas exceptionnelle, aura témoigné à ce point des contingences de l'histoire […] Macron présente trois traits caractéristiques sortant des cadres habituels : son courage à façonner une politique ; sa conscience aiguë de la nécessité de transformer le projet européen, jusqu'ici porté par les seules élites, et d'en faire un projet porté par les citoyens, fondé sur une autolégitimation démocratique des citoyens ; et le fait qu'il croit

1. Emmanuel Macron, *Révolution*, XO Éditions, 2016.

> au poids des mots – une force permettant d'articuler une réflexion – et parvient aussi à convaincre[1].

Ces proximités ne présupposaient certes pas de faire du nouvel élu un président philosophe. Quelle que soit sa compétence, qui est grande dans ce domaine, et de son agilité intellectuelle, cela n'aurait eu aucun sens, d'autant que depuis l'Antiquité on sait que les rapports des politiques avec les philosophes n'ont pas été des plus sereins. Platon, tirant les leçons des mésaventures de Socrate, a fait le choix d'un pouvoir idéal tournant le dos à la démocratie, faisant du philosophe roi le seul à même de décider de manière rationnelle du sort de la cité. Le candidat Macron n'a jamais eu la prétention d'incarner un tel rêve. S'il entendait s'inspirer d'un certain nombre de principes philosophiques pour définir un cap, un projet politique qui puisse donner un sens global, au-delà du caractère éclaté et instantané des décisions au jour le jour, il n'en reste pas moins que les registres politique et philosophique suivent des rythmes bien différents. Il faut cependant rappeler que la philosophie comme l'histoire sont nées dans un certain cadre, celui de la cité grecque antique, de l'émergence d'un phénomène historique exceptionnel qu'est la création de la démocratie. Nier ce rapport endogène entre la philosophie et le politique et enfermer le discours philosophique dans une tour d'ivoire pour spécialistes reviendrait à nier aussi bien l'esprit même de la philosophie que la démocratie et son projet de déprofessionnaliser la fonction politique en se donnant pour ambition de l'étendre à tous les citoyens, au *demos*.

1. Jürgen Habermas, « Ce fascinant M. Macron », *L'Observateur*, 26 octobre 2017.

Si les écarts entre un programme et sa réalisation sont inévitables, comme entre les principes affirmés et les décisions qui répondent à des exigences pragmatiques complexes, le contraste est tel entre les ambitions énoncées par le candidat président et l'effectivité de sa politique que l'on peut opposer chez lui ce qui relève de la conquête du pouvoir à l'exercice de celui-ci. Entre les deux, les sources d'inspiration et les aspirations exprimées se sont taries, dissoutes dans la gestion de l'État. Les idées sont tombées comme feuilles mortes à l'automne. On a assisté à ce phénomène surprenant d'un jeune président particulièrement bien armé de concepts pour contribuer à édifier un nouveau monde, qui n'auront servi qu'à le faire parvenir à l'Élysée. Une fois le pouvoir en mains, ce jeune président s'est largement délesté de son armature d'idées pour se consacrer à une gestion pragmatique et court-termiste dont on peut mesurer les effets catastrophiques au travers des épreuves traversées.

Ce n'est pas seulement le legs ricœurien qui a été abandonné, mais plus généralement l'apport potentiel des intellectuels et des chercheurs en sciences humaines et sociales dans la connaissance des maux qui minent le corps social. Loin de faire appel, comme la plupart de ses prédécesseurs, à des intellectuels de renom pour être à leur écoute dans les bureaux élyséens, il s'est contenté de sa garde rapprochée de jeunes énarques. Le général de Gaulle ne se séparait jamais de Malraux qui siégeait toujours à sa droite lors des Conseils des ministres. François Mitterrand avait à ses côtés Jacques Attali, Régis Debray parmi d'autres conseillers. Tout en contraste avec ce passé nourri d'intellect, et alors qu'Emmanuel Macron a passé plusieurs années au comité de rédaction de la revue *Esprit*, on ne verra à ses côtés ni Olivier Mongin, ni Jean-Louis Schlegel, ni Antoine Garapon, parmi bien d'autres possibles. Ayant la « fibre intellectuelle », comme le dit Marcel Gauchet, il n'a pas ressenti le besoin de s'encombrer de leur présence.

Roger-Pol Droit pose le problème dans un long article consacré à la relation entre le président et le philosophe, en insistant sur sa complexité :

> Emmanuel Macron serait-il finalement un philosophe entré en politique, concevant et pratiquant le pouvoir autrement ? Ou a-t-il voulu seulement le faire croire ? En analysant, après trois ans et demi de présidence, face à une succession de crises sans précédent, sa relation au philosophe Paul Ricœur, la question se révèle passionnément complexe[1].

On ne peut répondre à cette question qu'en examinant précisément comment le legs de la pensée de Ricœur a été mis à l'épreuve du pouvoir, pour mesurer s'il y a bien une filiation qui dépasse le stade de la conquête du pouvoir pour venir éclairer son exercice. Si Roger-Pol Droit retrouve avec le « quoi qu'il en coûte » et le privilège absolu accordé à la vie humaine dans la traversée de la pandémie un héritage très ricœurien qui revient à considérer la vie comme sacrée, il discerne néanmoins une tension chez le président écartelé entre le sage et vertueux Ricœur et la tentation machiavélienne d'une pensée purement tactique de la politique :

> Ricœur place en premier les valeurs, la morale, le souci d'égalité et de justice. Ce sont ses fondamentaux, même s'il n'ignore rien du réalisme nécessaire de l'action. Machiavel, au contraire, en Florentin rusé, ne jure que par le pouvoir,

1. Roger-Pol Droit, « Macron et Ricœur, une filiation à l'épreuve du pouvoir », *Les Échos*, 20 novembre 2020.

sa conquête et sa conservation. S'il se soucie de la morale, c'est comme simple moyen au service de l'image du Prince, pour favoriser l'adhésion du peuple[1].

Certes, le quinquennat a traversé le tragique de l'histoire qui a relégué aux oubliettes la prophétie du nouveau président déclarant une fois élu que « les Français ont choisi l'espoir et l'esprit de conquête ». Il aura successivement traversé la contestation des gilets jaunes, la pandémie de la Covid-19 – devenu de son aveu même le « maître des horloges » – et les attentats terroristes jusqu'à Samuel Paty, enseignant d'histoire, décapité pour avoir montré des caricatures de prophète Mahomet. Il a réagi à ces événements par une droitisation de sa politique et par l'abandon de ses positions éthiques de candidat. En octobre 2020, « il reconnaissait qu'élu en 2017 autour d'une thématique économique et sociale fondée sur l'émancipation individuelle, il devait à présent trouver le moyen de rassembler la nation autour des concepts de solidarité et de résilience[2] ».

Du gouffre existant entre l'élan initial et la politique effective, la traversée du tragique de l'histoire est certes un élément d'explication, mais il n'est pas le seul. L'équation personnelle d'un président persuadé d'avoir toujours raison, qui sait s'adapter avec le plus grand naturel à chaque situation au prix de sa propre métamorphose, l'a fortement aidé à prendre ses distances avec le personnage du candidat qu'il a été pour mieux incarner un pouvoir personnel entièrement dévolu à son exercice, se délestant de tout ce qui viendrait encombrer la mission qu'il s'assigne. Il a adopté l'identité

1. *Ibid.*
2. Françoise Fressoz, « Le tragique submerge le quinquennat d'Emmanuel Macron », *Le Monde*, 20 octobre 2020.

moderne correspondant à ce que le sociologue Zygmunt Bauman a appelé « la société liquide[1] », soit un art caméléonesque de mue permanente pour s'adapter à un présent étale.

Une telle faculté brouille l'image que l'on peut avoir de lui. Même le romancier Philippe Besson, ami du couple présidentiel, qui a suivi sa campagne électorale avec passion, publiant un récit particulièrement laudatif, confesse qu'il est dérouté et déçu par son ami président, faisant le constat qu'avec « Emmanuel, on peut tout lui dire, mais ça le fait assez peu changer d'avis ». Lorsque Vanessa Schneider lui demande s'il fait aujourd'hui partie des déçus du président, il n'esquive pas :

> J'ai toujours de l'affection pour lui, mais nos différends politiques se sont accentués. Sa politique libérale a creusé un fossé. Il avait promis d'être à la fois de gauche et de droite, il a plutôt été de droite et de droite. L'électeur de gauche que je suis ne s'y est pas retrouvé.

Il ne cache pas également « une vraie déception sur le plan culturel » :

> Il n'a pas eu un seul grand discours sur la culture en quatre ans et défend une approche conservatrice privilégiant le patrimoine au spectacle vivant. On a l'impression que Stéphane Bern est ministre de la Culture[2] !

Les intellectuels qui avaient apporté leur savoir à l'élaboration du programme du nouveau président et qui l'ont soutenu activement constatent amèrement que le président

---

1. Zygmunt Bauman, *Le Présent liquide*, Seuil, 2007.
2. Philippe Besson, « Emmanuel, on peut tout lui dire, mais ça le fait assez peu changer d'avis », propos recueillis par Vanessa Schneider, *Le Monde*, 9 janvier 2021.

une fois élu les a tenus à distance des allées du pouvoir pour ne pas gêner l'entre-soi des jeunes énarques du microcosme macronien. Dès janvier 2018, l'économiste Jean Pisani-Ferry, contributeur du programme économique du président, signe avec le dirigeant du think tank Terra Nova Thierry Puech une tribune très critique sur la politique économique du gouvernement, considérée comme en rupture avec les valeurs fondamentales de l'humanisme.

En mars 2019, le président se rappelle, au terme de sa grande tournée nationale du Grand Débat, que le pays compte un certain nombre d'intellectuels. Il organise alors un grand show en invitant soixante-quatre d'entre eux à un long monologue de huit heures au cours duquel ils n'ont que deux minutes chacun pour lui exposer leur vision des problèmes. La prestation élyséenne, brillante, dure jusqu'à 2 heures du matin. Le chef de l'État les accueille en leur disant : « Ce que j'attends : votre part de vérité, votre regard », dans un dispositif qui ne permet nullement de confronter des points de vue. Il clôture ce marathon en renvoyant aux intellectuels eux-mêmes la responsabilité de leur absence dans les sphères du pouvoir, considérant qu'ils ont désinvesti l'éclairage intellectuel sur les problèmes citoyens, alors qu'il serait nécessaire qu'ils se réapproprient les termes du débat public. Exclus des arcanes du pouvoir, voilà les intellectuels épinglés comme s'ils se désintéressaient de ce qui constitue leur fonction sociale. Selon un des proches du président : « Il voulait montrer qu'il était à la hauteur, conscient des enjeux et qu'il maîtrisait les sujets. » « L'erreur du bon élève, en quelque sorte[1]. »

1. Nathalie Segaunes, « Macron et les intellectuels : autopsie d'un désamour », *L'Opinion*, 28 février 2020.

Au fil de ce quinquennat, on a pu mesurer à quel point le lien entre justice et égalité, qui était au cœur de la philosophie de Ricœur, n'est plus l'horizon du président Macron, s'éloignant à chaque inflexion de sa gouvernance de la visée éthique de Ricœur, selon lequel le politique doit œuvrer à « une vie bonne, avec et pour autrui, dans des institutions justes[1] ». Cette dérive présidentielle m'est apparue avec évidence un certain automne 2019, lorsque le chef de l'État s'est adressé aux siens, aux députés LREM, pour les sommer de prendre en charge la question des immigrés. Cette fois, le doute n'était plus permis et je me suis adressé à lui en rédigeant une lettre ouverte publiée par *Le Monde*, qui a malheureusement encore toute son actualité. Je la cite donc comme entrée en matière du jugement plus global de sa gouvernance faisant l'objet du présent essai qui se veut une contribution à un réarmement idéologique de la gauche.

Au président de la République, le 8 novembre 2019

Cher Emmanuel,

Je me permets de te tutoyer et de m'adresser à toi par ton prénom : je ne peux faire autrement au regard de l'amitié éprouvée pour toi au long de nos « années Ricœur », autour de la réalisation de *La Mémoire, l'histoire, l'oubli*. Lorsque j'ai publié en septembre 2017 *Le philosophe et le président. Ricœur & Macron* chez Stock, mon intention première était de défendre la vérité des faits : attester ta proximité de Paul Ricœur, alors qu'elle était contestée par certains qui dénonçaient une forme d'imposture. Dans ce livre, et sur la base de ta campagne présidentielle, je faisais état de tes sources d'inspiration en tant que candidat et soulignais à

1. Paul Ricœur, *Soi-même comme un autre*, Seuil, 1990, p. 202.

quel point les positions philosophiques de Ricœur avaient été importantes pour toi, fécondant tes propositions sur l'Europe, la laïcité, la justice sociale, la revitalisation de la démocratie politique, la mémoire nationale. Durant toute la première partie de ton mandat présidentiel, ma confiance et mes sentiments amicaux m'ont incité à ne jamais répondre à quelque sollicitation pétitionnaire ou critique. J'ai eu pour toi les yeux de Chimène, émerveillé par l'étendue de tes compétences et de ton savoir-faire.

Si je prends la plume aujourd'hui, c'est que je ne peux souscrire à tes dernières déclarations sur la nécessité d'un débat national sur l'immigration et à l'orientation politique prise dans ce domaine par ton gouvernement. La stigmatisation de la population immigrée comme source des problèmes que rencontre la société française, qui se situe aux antipodes des positions éthiques et politiques de Ricœur dont tu t'es réclamé, constitue pour moi un moment de rupture majeur. Il ne s'agit pas de défendre la posture de la belle âme soucieuse de ne pas se compromettre dans le pragmatisme du quotidien, mais de rappeler les positions éthiques de Ricœur qui devraient inspirer une juste politique de l'immigration. Il affirmait en premier lieu le principe intangible de l'hospitalité. Comme tu le sais, au soir de sa vie, Ricœur a avancé le paradigme de la traduction en faisant droit, comme Jacques Derrida, à la vertu de l'hospitalité, à l'« hospitalité langagière », où « le plaisir d'habiter la langue de l'autre est compensé par le plaisir de recevoir chez soi [...] la parole de l'étranger » (P. Ricœur, *Sur la traduction*, Bayard, 2004, p. 20). Je te rappelle que Ricœur, philosophe au cœur de la cité, s'est engagé dans les années 1990 auprès des sans-papiers. Au printemps 1996, dans la plus grande confidentialité, il est intervenu comme médiateur auprès des trois cents Maliens sans-papiers. Présent aux multiples réunions de concertation tenues dans les hangars, il a, avec d'autres, essayé de trouver une solution. Dans cette mobilisation, Ricœur a été à l'unisson de sa famille spirituelle.

À la suite de sa participation aux travaux de la Commission Hessel sur les étrangers en 1996, Ricœur a rédigé un texte, à la demande de Stéphane Hessel : « La condition d'étranger », dans lequel il faisait un certain nombre de constats, qu'il est plus qu'opportun de rappeler : « La vérité est que les pays industrialisés, dans leur ensemble, tendent à se constituer en forteresses contre les flux migratoires incontrôlés que les désastres du siècle ont déchaînés. Seraient à prendre en considération à cet égard les mesures prises à l'échelle européenne qui, trop souvent, contredisent la tradition d'asile et de protection des droits et des libertés de la personne, à commencer par les mesures de lutte contre les "abus" du droit d'asile (concept de demande d'asile "manifestement infondée"). Tout conspire à éloigner le plus grand nombre de demandeurs d'asile, à les tenir à bonne distance des frontières occidentales. » (P. Ricœur, « La condition d'étranger », *Esprit*, mars-avril 2006, p. 275.) En outre, il rappelait la Déclaration universelle des droits de l'homme de 1948 dont l'article 14 stipule que « devant la persécution, toute personne a le droit de chercher asile et de bénéficier de l'asile en d'autres pays ».
Or, c'est dans le climat délétère actuel d'intoxication sur le prétendu « grand remplacement », d'instrumentalisation des peurs, de replis sur soi attisés par la haine de l'autre, et dans la confusion entretenue par certains pour mieux désigner des boucs émissaires du malaise social et d'absence de devenir d'émancipation, que tu affirmes le 16 septembre 2019, devant ta majorité parlementaire, qu'il faut se préparer aux « défis qui font peur » et regarder la situation de l'immigration en face : « La question est de savoir si nous voulons être un parti bourgeois ou pas. Les bourgeois n'ont pas de problèmes avec ça [l'immigration] : ils ne la croisent pas. Les classes populaires vivent avec. » Cette déclaration ajoute encore à la confusion générale, puisque ceux qui sont désignés ne sont pas tant les immigrés en marge du tissu social que des femmes et des hommes de nationalité française, nés sur le sol français, Français de la

deuxième ou troisième génération, issus de l'immigration maghrébine et africaine, comme dans le film *Les Misérables*. Ton « vivre avec » désigne en fait ces Français à part entière des quartiers urbains déshérités. Il stigmatise cette population qui vit déjà difficilement notre société à deux vitesses, exposée à la vindicte populaire comme responsable des maux de notre société fracturée. Ces jeunes qui se sentent à juste titre exclus sont épinglés comme non-Français par une telle déclaration : redoublant leur exclusion de la cité, déjà évidente au plan économique et social, elle suggère que la nationalité n'est plus du ressort de l'appartenance juridique. Loin de soutenir l'intégration proclamée comme une nécessité pour ceux qui sont régulièrement en France, elle contribue à la désintégration de ces populations fragilisées. Quant aux travailleurs immigrés qui n'ont pas la nationalité française, il faut rappeler que beaucoup d'entre eux sont venus à notre demande pour occuper des fonctions que les Français n'occupent pas, et qu'ils ont nourri des flux migratoires bien plus importants lors des Trente dites Glorieuses qu'aujourd'hui. En continuité avec cette politique de marchandisation des immigrés, on retrouve les mesures de rétablissement des quotas qu'avaient déjà annoncées Laurent Wauquier en août 2007, au nom du Conseil des ministres présidé par Nicolas Sarkozy. Il faut une certaine dose de cynisme dans un monde marqué par l'opposition entre des continents de misère et ceux de l'opulence pour affirmer que l'on ne désire que ceux qui peuvent servir les intérêts des pays les plus riches. On se croirait revivre le film *La Traversée de Paris* de Claude Autant-Lara avec la fameuse réplique de Jean Gabin : « Salauds de pauvres » !

Les mesures prises par le gouvernement avec force publicité pour souligner sa volonté de maîtrise des flux migratoires vise en effet la population la plus précarisée en instituant un délai de carence de trois mois pour pouvoir bénéficier de la PUMA (Protection universelle maladie) ainsi qu'une limitation de l'AME (Aide médicale de l'État) accordée aux immigrés en situation irrégulière. Précisons que le budget de l'AME ne représente que 0,5 % du budget global de l'Assurance maladie. L'iniquité se situe au contraire dans la complexité et les longs délais pour avoir accès aux services requis. Quant à l'affirmation de l'afflux croissant d'immigrés en France qui ne pourrait pas recevoir toute la misère du monde, elle relève du pur fantasme. Là encore, les chiffres parlent : le nombre global des sans-papiers est stable depuis des années. Les entrées de travailleurs immigrés sont moindres que dans les années 1970. On est loin de la situation de l'Allemagne qui, il y a deux ans, a accueilli 1 million d'immigrés.

Rappelons que tu avais alors, Emmanuel, salué le courage et l'humanité d'Angela Merkel, qui l'a payé électoralement, du prix de la fermeté de ses positions éthiques. C'est ce que j'attendais de toi et n'attends plus, me rappelant simplement avec mélancolie un autre Emmanuel, qui suscitait mon enthousiasme lorsqu'il déclarait lors de sa campagne à Marseille le 1er avril 2017, devant une foule enthousiaste et pleine d'espérance : « Quand je regarde Marseille, je vois une ville française façonnée par deux mille ans d'histoire, d'immigration, d'Europe, du vieux port à Saint-Loup en passant par le Panier. » Et d'ajouter : « Je vois des Arméniens, des Italiens, des Algériens, des Marocains, des Tunisiens, des Maliens, des Sénégalais, des Ivoiriens et bien d'autres, mais qui ont tous en commun d'être des Marseillais, des Français fiers de l'être.

1

La pandémie ou « l'étrange défaite »

TOUT pouvoir révèle sa véritable nature, avec ses forces et ses faiblesses, dans l'épreuve. Avec le coronavirus, le chef de l'État Emmanuel Macron en a subi une d'une intensité et d'une gravité particulières. La France n'a pas été seule à faire face à cette pandémie vécue à l'échelle mondiale comme une épreuve de vérité. Il faut insister sur le caractère toujours inédit de ce qu'est un événement : par définition, le nouveau, avec son caractère énigmatique, suscite dans un premier temps l'interrogation, le désarroi, et l'on peut en partie comprendre les tergiversations, les lenteurs à réaliser l'ampleur du drame qui se noue, les erreurs de diagnostic qu'il est facile d'épingler *a posteriori*. Cela étant posé, nous avons tout de même eu droit en France, dans la gouvernance de la crise de la Covid-19, à un florilège de bêtises sur lesquelles il faut revenir. On peut surtout s'étonner que ce grand pays moderne se retrouve dans une situation où la population a été à ce point démunie, sans aucune parade possible à sa disposition, à l'égal d'un pays sous-développé.

L'épreuve subie par cette pandémie a inspiré au chef de l'État le terme de « guerre », qui évoque irrésistiblement une « étrange défaite », pour reprendre le titre de l'ouvrage d'histoire du temps présent écrit à chaud par l'historien Marc Bloch pour qualifier la bataille de France de 1940. L'historien (qui avait créé en 1929, avec Lucien Febvre une revue qui révolutionna l'écriture historienne, les *Annales d'histoire économique et sociale*) s'était livré à un examen de conscience et à un tour d'horizon général pour comprendre comment l'armée française avait pu être réduite à néant en si peu de temps par les nazis :

> Nous venons de subir une incroyable défaite. À qui la faute ? Au régime parlementaire, à la troupe, aux Anglais, à la cinquième colonne, répondent nos généraux. À tout le monde, en somme, sauf à eux. Que le père Joffre était donc plus sage[1] !

Marc Bloch passe en revue tous les corps sociaux qui composent la société française, en pointant à chaque fois leurs lignes de faiblesse pouvant éclairer les fondements du désastre et de l'exode de 1940. L'historien se livre donc, à contrecœur, à un examen sur l'état d'impréparation de son pays :

> Dans une nation, jamais aucun corps professionnel n'est, à lui seul, totalement responsable de ses propres actes. Pour qu'une pareille autonomie morale soit possible, la solidarité collective a trop de puissance. Les états-majors ont travaillé avec les instruments que le pays leur avait fournis. Ils ont vécu dans une ambiance psychologique qu'ils n'avaient pas tout entière créée. Ils étaient eux-mêmes ce que les milieux humains dont ils tiraient leur origine les avaient faits et ce que l'ensemble de la communauté française leur avait permis d'être. [...] L'équité veut que le témoignage du soldat se prolonge en un examen de conscience du

1. Marc Bloch, *L'Étrange Défaite* (1940), Société des éditions « Franc-Tireur », 1946, p. 65.

Français. Certes, je n'aborde pas de gaieté de cœur cette partie de ma tâche. Français, je vais être contraint, parlant de mon pays, de ne pas en parler qu'en bien[1].

Où sont les masques ?

Face à la pandémie en 2020, le pouvoir politique en France a tardé à réagir à une épidémie qu'il espérait confinée au continent asiatique. Jusqu'à ce que l'organisme international déclare le 11 mars l'état de pandémie, les informations communiquées par l'OMS étaient pourtant inquiétantes. On a pu immédiatement mesurer l'impréparation des dirigeants face à un danger majeur franchissant les frontières, mettant en évidence les faiblesses d'un système de santé que l'on croyait protecteur et efficace.

Les premières alertes datent du 3 janvier. On apprend alors la multiplication de cas de pneumonie atypique dans la ville de Wuhan en Chine. Le 23 janvier, l'OMS prévient que le virus se transmet entre humains et qu'il sort de Chine. À partir du 30 janvier, l'OMS considère le nouveau coronavirus comme « une urgence de santé » publique à l'échelle mondiale au moment où la maladie a déjà affecté dix-huit pays. Le lendemain, l'organisation internationale appelle tous les États à tester, tracer et isoler et réitère son conseil pressant le 16 mars en précisant : « Vous ne pouvez pas combattre un incendie les yeux bandés. » Malgré ces alertes, Agnès Buzyn, ministre de la Santé, déclare le 21 janvier que « notre système de santé est bien préparé », et le 24 janvier que « les risques de propagation dans la population (française) sont très faibles ».

1. *Ibid.*, p. 236-237.

Au lendemain de la déclaration de confinement décidé par Emmanuel Macron le 17 mars, Agnès Buzyn déclare au *Monde* avoir compris la première la gravité de la situation et en avoir prévenu le Premier ministre dès le mois de janvier :

> Je pense que j'ai vu la première ce qui se passait en Chine : le 20 décembre, un blog anglophone détaillait des pneumopathies étranges. J'ai alerté le directeur général de la Santé. Le 11 janvier, j'ai envoyé un message au président sur la situation. Le 30 janvier, j'ai averti Édouard Philippe que les élections ne pourraient sans doute pas se tenir.

Ce qui ne l'a pas empêchée d'abandonner son portefeuille de la Santé pour se lancer à l'assaut de la mairie de Paris le 16 février. On se rappelle son piètre résultat et son qualificatif de « mascarade » à propos de cette élection. Malgré la progression de la pandémie, le gouvernement français était conscient des risques encourus et de l'état d'indigence des stocks de masques, tout en le niant publiquement. Alors qu'à la veille de la pandémie de grippe H1N1 en mars 2009, l'État disposait de 1 milliard de masques, il n'y en a plus que 145 millions (un chiffre dérisoire) en 2020. L'exécutif choisit le déni et se lance dans une langue de bois qui se veut sécurisante, mais qui va durablement affecter la confiance des Français. Macron déclarera encore le 20 mai 2020, sur BFMTV : « Nous n'avons jamais été en pénurie. »

Alors que le 26 janvier, Agnès Buzyn annonce : « Nous avons des dizaines de millions de masques en stock en cas d'épidémie », le gouvernement, ce mois de janvier, passe quelques commandes, en très faibles quantités. Début mars, pour faire face à la pénurie, dans un contexte où le nombre d'hospitalisations pour cas graves devient exponentiel, avec des hôpitaux de plus en plus débordés, l'État constitue une cellule interministérielle dédiée à l'achat de masques :

> Mais là encore, le bilan s'est avéré catastrophique : lors des trois premières semaines de mars, la cellule n'a pu obtenir que 40 millions de masques, soit l'équivalent d'une semaine de consommation au rythme contraint actuel. La cellule a notamment raté plusieurs possibilités de livraisons rapides[1].

Alors qu'en Asie on a l'habitude de porter un masque en cas de risque sanitaire, la tragédie en cours ne trouve pas de parade en France. De plus, l'exécutif, autant la présidence que le gouvernement, cache à la population cette situation pendant deux mois, multipliant les consignes contradictoires. L'état de surdité au plus haut niveau du pouvoir est atteint lorsque le 6 mars, le président et son épouse se montrent au théâtre pour faire la démonstration qu'il n'y a pas lieu de s'inquiéter : « La vie continue. Il n'y a aucune raison, mis à part pour les populations fragilisées, de modifier nos habitudes de sortie », commente Macron, qui appelle à ne « pas se départir de bon sens ». Le 19 mars 2020, le directeur de la Santé, Jérôme Salomon, déclare encore, après la décision de confinement de toute la population :

> Je rappelle ce soir la bonne conduite concernant le port du masque : il ne faut pas porter de masque si nous ne sommes pas malades, il ne faut pas porter de masque lorsqu'on n'est pas soignant. Il est important de souligner que les manipulations de masques, qu'ils soient en tissu ou qu'ils soient protecteurs, augmente les risques de transporter le virus de

1. Yann Philippin, Antton Rouget et Marine Turchi, « Les preuves d'un mensonge d'État », *Mediapart*, 2 avril 2020.

> surface à surface, et un masque, c'est une technique, c'est réservé à des soignants...

Un mois plus tard, le 22 avril, le même Jérôme Salomon affirme strictement le contraire, sur un ton toujours aussi péremptoire : « J'ai toujours plaidé pour l'accès aux masques du grand public. » On a manifestement des dirigeants aux abois qui racontent n'importe quoi, mais sont toujours en poste.

Le premier d'entre eux, Macron, n'est pas en reste. Après avoir déclaré le 13 avril qu'il serait bien que le grand public puisse disposer de masques, il affirme trois jours après : « Je vous ai toujours dit que les masques ne servaient à rien. » Toute cette palinodie a pour fonction de masquer, si l'on peut dire, l'absence de masques. Tout le monde se souvient des propos, le 19 mars, de Sibeth Ndiaye, la porte-parole du gouvernement, sur l'inutilité du masque et les difficultés techniques de son utilisation : « Les Français ne pourront pas acheter de masque dans les pharmacies parce que ce n'est pas nécessaire quand on n'est pas malade », déclare-t-elle, confessant le lendemain qu'elle ne sait pas utiliser un masque ! Dès les débuts du quinquennat, la porte-parole du gouvernement avait déjà assumé d'être celle qui pourrait être placée en situation de dissimuler la vérité : « J'assume de mentir pour protéger le président[1] » déclare-t-elle en juillet 2017.

Quant à Agnès Buzyn, elle se veut rassurante et déclare, à sa sortie du Conseil des ministres du 24 janvier, que « les risques de propagation du virus dans la population

1. Sibeth Ndiaye, dans Stéphanie Marteau, « Silence radio au château : comment Macron verrouille sa com' », *L'Express*, 12 juillet 2017.

sont très faibles ». Alors que les Français commencent à comprendre qu'il peut être utile de porter un masque, la ministre tente de les en dissuader en se gardant de dire qu'il n'y en a pas. Sur les ondes de RTL, elle déclare le 26 janvier : « Quand vous croisez quelqu'un dans la rue, le risque d'attraper le virus est faible », ajoutant que « des dizaines de millions de masques [sont] en stock, en cas d'urgence », et que « tout cela est parfaitement géré par les autorités » – alors que même à l'hôpital, les masques font défaut aux soignants. Ce qui n'empêche pas la même Agnès Buzyn de déclarer au *Monde* le 17 mars 2020, après avoir abandonné sa fonction de ministre de la Santé pour se présenter aux élections municipales à Paris et après avoir essuyé un échec retentissant :

> Quand j'ai quitté le ministère, je pleurais parce que je savais que la vague du tsunami était devant nous [...] Depuis le début, je ne pensais qu'à une seule chose : au coronavirus.

Elle ajoute à propos du processus électoral :

> On aurait dû tout arrêter, c'était une mascarade.

À l'hôpital Bichat de Paris, comme ailleurs, la situation devient dramatique dès mars. La pénurie de masques se fait lourdement sentir : « Le week-end dernier, on m'a donné trois masques. Pas des FFP2 qui nous protègent, mais des simples chirurgicaux, pour toute une nuit », dénonce Sarah, qui portait secours à vingt-quatre patients Covid, porteurs avérés du virus, la plupart dans un état critique. Cette infirmière de 28 ans, qui travaille habituellement en milieu associatif, s'est portée volontaire pour renforcer les équipes hospitalières. « On m'a dit que j'allais être protégée. On m'avait montré des vidéos pour bien m'habiller en cellule Covid, etc.[1] » Lors du premier tour des élections municipales, le 15 mars, maintenues malgré la pandémie, aucun masque n'est distribué aux assesseurs dans les bureaux de vote. Au 31 mars, 1 200 personnels de l'Assistance publique-Hôpitaux de Paris sont contaminés faute de masque.

Le sommet dans le ridicule est atteint le 25 mars, « lorsque Sibeth Ndiaye déclare que “le président de la République n'est pas muni d'un masque, tout simplement parce qu'il n'y a pas besoin d'un masque quand on respecte la distance de protection vis-à-vis des autres”. Le soir même, Emmanuel Macron visite l'hôpital de campagne de Mulhouse, dressé par l'armée, avec le précieux masque FFP2 sur le visage[2] ».

La pandémie comme épreuve de vérité dévoile surtout la situation déplorable de l'hôpital public, faute de moyens après des années de compression budgétaire induisant un mode de fonctionnement inapproprié aux problèmes de santé, et dont résultent manque de personnel, manque de lits, et surcharge pesant sur les équipes en mal de faire face à un plan d'urgence massif.

Le pays ne dispose pas non plus de tests pour tracer la population affectée par le virus et l'isoler. Fin mars, alors que l'Allemagne réalise 500 000 tests par semaine, la France n'atteint pas les 80 000. On ne dispose même pas du liquide hydroalcoolique pour se désinfecter les mains. C'est dire l'ampleur du dénuement dans lequel le virus a trouvé une France qui se croyait encore la veille un pays fort, modèle de vertu et de bonne gestion.

---

1. Yann Philippin, Antton Rouget et Marine Turchi, « Les preuves d'un mensonge d'État », *art. cit.*
2. *Ibid.*

À ces carences criantes, il faut ajouter les effets pervers d'une gestion jupitérienne de la situation qui tourne le dos à la démocratie sur le mode guerrier de l'enrégimentement de la population et de son infantilisation, alors que le Conseil scientifique comme l'OMS préconisaient d'impliquer la société civile dans les décisions prises. François Bonnet fait remarquer que, plutôt que d'associer les citoyens à la gestion de la crise, « Christophe Castaner, alors ministre de l'Intérieur, préfère fustiger, le 19 mars, "ces gens qui pensent qu'ils sont des héros modernes, alors même qu'ils sont des imbéciles et ont des comportements idiots"[1] ». Si le pouvoir n'est nullement responsable de la pandémie, il est redevable de la gestion de la crise devant les citoyens ; sur ce plan, un sage comme le docteur Didier Sicard, spécialiste des maladies infectieuses, qui a présidé le Comité consultatif national d'éthique, met en question l'absence de politique publique de santé :

> J'ai assisté depuis des années à une dégradation des capacités médicales de réponse hospitalière et à un abandon de la santé publique, dont le gouvernement d'Édouard Philippe n'est que l'héritier[2].

Alors que la pandémie s'aggrave et que les divers variants se répandent rapidement fin 2020 et début 2021 avec des conséquences plus létales, le président prend seul une décision lourde de risques en choisissant, le 29 janvier 2021, de ne pas reconfiner l'Île-de-France, à l'encontre des avis unanimes de tous les spécialistes de la communauté scientifique et médicale. Le président du Conseil scientifique Jean-François Delfraissy avait pourtant lancé le 24 janvier

1. François Bonnet, « Les sept erreurs du pouvoir », *Mediapart*, 10 mars 2021.
2. Didier Sicard, cité par François Bonnet, *ibid.*

un cri d'alarme : « Il y a urgence. » Mais Macron veut reprendre la maîtrise de l'agenda de son quinquennat et ne pas laisser le virus devenir le « maître du temps ». On ne peut comprendre cette décision irresponsable – elle a sidéré tous les commentateurs, qui s'étaient préparés à une mesure de parade face à la dissémination du virus – que par la volonté du chef de l'État de réaffirmer son autorité face au pouvoir médical. Macron s'emparant de la parole médicale, Jean-Michel Blanquer lui délivre un diplôme d'épidémiologiste : « Les épidémiologistes s'étranglent[1]. »

Le résultat, catastrophique, ne se fait pas attendre. À la mi-mars, les hôpitaux de Paris et de sa région, totalement asphyxiés, n'ont plus assez de lits de réanimation pour accueillir le nombre croissant de patients gravement atteints.

Le président a pris seul cette décision pour réaffirmer qu'il restait bien le maître des horloges et que le pouvoir politique devait primer le pouvoir médical. Si l'on en croit le chiffrage publié par *Le Monde*, cette décision a eu de fâcheuses conséquences. Le coût humain du troisième confinement tardif qui n'intervient qu'en avril est en effet estimé à 14 000 décès et 112 000 hospitalisations dont 28 000 en réanimation[2].

La campagne de vaccination n'a pas été plus brillante. Alors que le coronavirus a lancé un défi de vitesse, se disséminant et démultipliant le nombre de variants, le gouvernement fait le choix de la lenteur et le justifie en arguant de la nécessité de convaincre les citoyens français, ces Gaulois obtus, de l'importance à se faire vacciner. Alors que la campagne de vaccination ne concerne d'abord que les Ehpad et doit

1. Michaël Darmon, *Les Secrets d'un règne*, L'Archipel, 2021, p. 130.
2. Nathaniel Herzberg, *Le Monde*, 18 juin 2021.

commencer le 18 janvier 2021, on annonce à grand bruit le commencement de la campagne le 27 décembre alors que rien n'est prévu ; mais on ne s'en félicite pas moins quand deux Ehpad bénéficient de vaccins... Devant les caméras, on donne le coup d'envoi avec la vaccination de la première Française vaccinée, Mauricette, 78 ans. Et Macron de saluer cette nouvelle étape, décisive, de sortie de crise, et de s'autocongratuler : « Soyons fiers de notre système de santé. »

Il n'y a pourtant pas de quoi pavoiser : quand on compare les chiffres au 30 décembre, la France compte moins de 200 vaccinés, contre 42 000 en Allemagne et 900 000 au Royaume-Uni. La compétence des dirigeants étant de plus en plus mise en cause, le ministre de la Santé affirme assumer cette lenteur en précisant qu'il ne faut pas confondre « vitesse et précipitation ». D'une part Olivier Véran justifie cette stratégie en expliquant qu'il faut prendre le temps de convaincre une opinion réticente sans la brusquer, mais d'autre part il invoque le fait qu'on dispose de lots insuffisants de vaccins, ce qui nécessite une planification sur une longue durée donnant la priorité aux publics à risques. Le ministre entend se donner le temps de l'explication et de la pédagogie. *A priori*, cette précaution est louable, mais selon le généticien Axel Kahn, contre-productive :

> Toute la communication du gouvernement insistant sur les précautions, ajoutée à la procédure de consentement, finit par convaincre non pas les vaccinosceptiques, qui de toute façon le resteront, mais les 20 à 30 % qui sont hésitants, que véritablement c'est bien dangereux, c'est bien incertain, puisque l'on prend toutes ces précautions[1].

---

1. Axel Kahn, cité par Hadrien Brachet, « Vaccination contre le Covid : inquiétudes sur le retard de la France », *Marianne*, 31 décembre 2020.

Olivier Véran semble pourtant avoir été tancé par le chef de l'État, agacé par la lourdeur administrative et le système particulièrement complexe visant à recueillir l'assentiment des personnes âgées dans les Ehpad, qui se voient contraintes de signer un guide de quarante-cinq pages. Deux jours plus tard, après avoir justifié sa stratégie d'escargot, Véran décide d'accélérer le rythme ; la vaccination se trouve étendue aux soignants de plus de 50 ans, alors que le projet initial ne prévoyait leur vaccination qu'à partir de fin février.

En outre, on apprend dès la mi-janvier que seulement 10 % des doses de vaccin reçues en France ont été utilisées. Début mars, le ministère de la santé reconnaît qu'un quart seulement des 600 000 doses de vaccin AstraZeneca livrées début février ont été utilisées. Dans son incapacité à gérer la crise sanitaire, le gouvernement appelle à l'aide le cabinet de conseil américain McKinsey pour mettre en place la logistique de vaccination contre la Covid-19. Ce cabinet de conseil en stratégie, fondé aux États-Unis en 1920 par James McKinsey, fait peu de publicité, mais il est connu comme le loup blanc dans le monde du conseil où il est surnommé « la Firme ». Il a derrière lui toute une élite au pouvoir, aussi bien des P-DG que des ministres et des chefs d'État ; ses tarifications sont en conséquence. Sa discrétion est absolue, mais ses bénéfices sont tangibles :

> Inutile d'éplucher les comptes de « la Firme » pour y voir plus clair. Sa filiale française ne les dépose pas au tribunal de commerce (le *Guide des cabinets de conseil en management* estimait néanmoins en 2019 son chiffre d'affaires à 300 millions d'euros)[1].

1. François Krug, « De la création d'En Marche ! à la campagne de vaccination : McKinsey, un cabinet dans les pas de Macron », *Le Monde*, 5 février 2021.

Les liens privilégiés entre Macron et McKinsey remontent à sa campagne présidentielle et ne se sont jamais démentis. Après sa victoire, des conseillers de « la Firme » se retrouvent dans des postes de haute responsabilité du pouvoir, le cabinet McKinsey pouvant ainsi monopoliser les contrats, d'autant que le chef de l'État décide une centralisation des commandes de conseils en logistique de tous les ministères qui doivent passer par la DITP (Direction interministérielle de la transformation publique) : « Il y a d'abord cet entre-soi, illustré par la proximité entre le premier patron de la DITP, Thomas Cazenave, et son interlocuteur chez McKinsey, Karim Tadjeddine[1]. » Ce qui permet à « la Firme » de truster les contrats et explique que lorsque, le 23 décembre 2020, Olivier Véran organise une visioconférence avec les directeurs d'hôpitaux pour lancer son plan de vaccination, il donne la parole à un inconnu du public pour décliner la stratégie logistique, un certain Maël de Calan, consultant, embauché depuis 2018 par McKinsey.

Quant à Buzyn, elle est mise en examen le 10 septembre 2021 pour « mise en danger de la vie d'autrui » à l'issue de son audition par les magistrats de la Cour de justice de la République (CJR) qui enquête sur la gestion de l'épidémie.

Les effets calamiteux du néolibéralisme

Cette situation déplorable est le résultat d'une politique qui vise à rentabiliser l'institution hospitalière, à instaurer

1. *Ibid.*

une logique des flux se substituant à une logique de protection et de stocks. Cette politique néolibérale est à l'œuvre depuis plusieurs décennies et a été accélérée depuis 2017, suscitant une mobilisation croissante des personnels hospitaliers. À la veille de la pandémie, en décembre 2019, on lisait sur une des banderoles des manifestations de soignants, de manière prophétique : « L'État compte les sous, on va compter les morts. » Au moment où le président décide le confinement, les soignants dénoncent depuis un an les plans d'économie, se heurtant à un ministère sourd à leurs revendications. Les urgences structurellement débordées sont régulièrement en grève pour demander des moyens supplémentaires, et 1 266 chefs de services des hôpitaux menacent fin janvier de démissionner de leurs fonctions administratives, à moins d'obtenir des « négociations immédiates » sur les salaires des paramédicaux et davantage de moyens à l'hôpital public. Début février, ils sont 400 à avoir quitté leur fonction. Privilégiant l'ambulatoire pour économiser les frais des hôpitaux, on a en effet réduit de 30 % le nombre de lits en soins intensifs entre 1998 et 2018.

Si la pénurie de masques est générale dans le monde, en 2009, la France avait réagi avec sagesse à la crise du H1N1 en stockant 723 millions de masques chirurgicaux FFP2. En 2020, on se rend compte que ces stocks, que l'on avait estimés inutiles, ont été imprudemment mis sous la responsabilité des établissements et non plus de l'État, et qu'en définitive ils ont été détruits. La logique de rentabilisation d'investissements court-termistes a fait passer les subventions de l'État et de l'Assurance maladie de 281 millions d'euros en 2007 à 25,8 en 2015. En 2019 paraît un ouvrage au titre évocateur : *Le Casse du siècle. À propos des réformes de l'hôpital public*[1]. Ses auteurs montrent à quel point la multiplication des réformes qui ont touché l'hôpital public depuis les années 1980 a été destructrice. Faute d'admettre que l'hôpital manque de moyens, les décideurs sont partis du principe que ses problèmes résultaient simplement d'une mauvaise gestion et que l'issue se trouvait dans une rentabilisation maximale du personnel et des espaces. Résultat : en 2020, la France se retrouve au plus bas dans le classement de l'OCDE en matière de rémunération des infirmières et aides-soignantes.

La mondialisation assimilée à une financiarisation revêt des effets dévastateurs. La dématérialisation, remarque l'anthropologue Alain Bertho, est devenue la règle de l'interconnexion générale autour d'un seul étalon, le profit :

> Rêvant d'usines sans ouvriers, de caisses sans caissières, de médecine sans soignants, de taxis sans chauffeurs, d'écoles sans enseignants, d'humanisme sans humains, le capital voulait « quoi qu'il en coûte » se débarrasser des corps[2].

Il ne reste plus aux citoyens que l'humour pour réagir à l'impuissance – l'humour qui est, comme on le sait, la politesse du désespoir. Jamais autant de blagues, caricatures, photos, tableaux détournés et vidéos n'auront été échangés pour égayer le confinement imposé et faire contrepoids au cafouillage des dirigeants. Les internautes ont évacué leur angoisse et leur colère par l'humour : le bateau coule, mais « le capitaine annonce que les gilets de sauvetage ont été commandés… » « Les autorités médicales rappellent que

1. Pierre-André Juven, Frédéric Pierru et Fanny Vincent, *Le Casse du siècle. À propos des réformes de l'hôpital public*, Raisons d'agir, 2019.
2. Alain Bertho, « Crise sanitaire, faillite politique », *Temps actuels*, 25 mars 2020.

commander des masques en pleine épidémie, c'est comme enfiler un préservatif le jour de l'accouchement[1]. »

Le plus étonnant dans ce drame collectif est l'état d'impréparation, en dépit des crises récemment traversées, annonciatrices des dangers de ce type d'épidémie : l'affaire du sang contaminé et celle de la vache folle avec le prion dans les années 1980, la grippe aviaire en Asie en 1997, le SRAS en 2003 :

> Nous sommes entrés depuis la crise du SRAS (syndrome respiratoire aigu sévère), en 2003, dans un monde où les États se font concurrence pour contrôler les pandémies[2].

De ces crises ont été dégagés des principes de précaution et de prévention en Europe, reposant sur la médecine pastorienne, qui restent inopérants en cas de pandémie.

La stratégie de préparation inventée aux États-Unis et mise en œuvre en Asie a pourtant prouvé son efficacité. Cette préparation à la catastrophe repose sur ce que l'anthropologue Frédéric Keck qualifie de « sentinelles », soit des acteurs-vecteurs du virus que l'on suit à la trace, comme certains oiseaux[3]. Cette stratégie de traçage et d'utilisation de sentinelles s'est combinée avec des techniques de préparation à l'éventualité de contaminations : en premier lieu, on s'avise de stocker des produits antiviraux et on pratique des simulations dans les hôpitaux et dans des réserves d'animaux. Les dysfonctionnements dans la gestion de la crise pandémique en France sont en grande partie imputables,

1. Alain Bertho, « Ne le laissons plus décider de nos vies », *Temps actuels*, 20 avril 2020.
2. Frédéric Keck, *Signaux d'alerte*, DDB, 2020, p. 8.
3. Frédéric Keck, *Les Sentinelles des pandémies. Chasseurs de virus*, éd. Zones sensibles, 2020.

selon Frédéric Keck, à l'ignorance de cette stratégie : « Si l'administration française a mal géré ses stocks de masques, c'est qu'elle n'a pas été attentive aux signaux d'alerte des pandémies venues du reste du monde[1]. »

Par ailleurs, Frédéric Keck souligne que l'onde de choc de ces crises dans la société est corrélative au contexte général. Revisitant les alertes récentes ayant affecté les Français, il rappelle la crise du H5N1 de 2005, une grippe aviaire dont le retentissement est alors minoré par le pouvoir, obnubilé par le contexte d'émeutes dans les banlieues. En 2009, le H1N1 venant du Mexique se heurte à la réticence de la population à se faire vacciner et s'avère moins dangereux que ce qui était craint. En 2015, c'est le H5N8 qui affecte les élevages de canards du Sud-Ouest – mais pas l'homme –, et débouche sur une campagne d'abattage qui dure deux années.

Si la décision de confinement a été prise par la France, comme dans la plupart des pays, sur le modèle de la Chine, c'est faute d'avoir pu développer ces stratégies de sentinelles qui, selon Frédéric Keck, ont montré leur efficacité dans les quelques pays qui les ont adoptées, comme Hong Kong, la Corée du Sud ou la Thaïlande. Pendant que la Corée du Sud est parvenue à contrôler l'épidémie grâce à un dépistage systématique, « le Vietnam a adopté les mêmes mesures d'isolement des patients suspects que pendant le SRAS avec la même efficacité. Il n'a déclaré aucun décès du SRAS-cov2 et a exporté 550 000 masques vers les pays européens[2] ».

1. Frédéric Keck, *Signaux d'alerte*, *op. cit.*, p. 22.
2. *Ibid.*, p. 149-150.

L'homme : le virus le plus dangereux de la planète

Pour les gouvernants, cette pandémie intervient comme une malédiction, un événement nullement prévisible, dans la mesure où la modernité semblait avoir éradiqué tout risque de ce type que l'on renvoyait à une époque révolue, celle de l'Ancien Régime dans une Europe dont la démographie était fragilisée par trois grands fléaux : les épidémies, les famines et les guerres. La peste noire au Moyen Âge, touchant l'Eurasie et l'Afrique du Nord, a fait plus de 25 millions de victimes, emportant de 30 à 50 % de la population européenne en cinq ans (1347-1352). Surtout, les gouvernants du monde occidental n'ont pas été attentifs à la permanence persistante des épidémies, pensant que celles-ci resteraient pour l'essentiel confinées dans les pays asiatiques.

Comme par le passé, l'origine des pandémies vient du passage de virus de l'animal à l'humain. Le docteur Didier Sicard, ancien président du Comité national d'éthique, rappelle :

> La transmission de l'animal à l'homme peut se faire de différentes façons. Soit par destruction de l'habitat animal traditionnel, qui expose les humains jusqu'ici indemnes. C'est le cas du VIH, de la maladie de Lyme ou d'Ebola. Soit par contact avec des animaux sauvages, un contact facilité par des marchés parallèles le plus souvent frauduleux : c'est le cas du SRAS 1 et maintenant 2 ou du MERS. Soit enfin par réunion concentrationnaire des animaux domestiques, comme dans le cas des grippes aviaires[1].

1. Didier Sicard, « La transmission infectieuse d'animal à humain », *Esprit*, avril 2020.

Dans ce passage de l'animal à l'humain, l'action de l'homme est donc décisive et peut provoquer des dégâts à l'échelle planétaire, comme on le mesure aujourd'hui. Le passage de petites exploitations d'élevage à un élevage industriel concentrant dans un même espace un grand nombre d'animaux est une aubaine pour les virus. La récente peste porcine qui s'est répandue en Chine en 2019 a nécessité d'abattre tout le cheptel chinois. Elle résulte d'un mode d'élevage aux conditions d'hygiène déplorables et d'une proximité dangereuse avec l'habitat. C'est toute la relation homme-animal qu'il convient donc de revoir, comme y invitent un nombre croissant de penseurs[1].

Didier Sicard se demande pourquoi on a délaissé à ce point la question des dangers propres au contact entre animaux et humains, alors que l'on en connaît les risques : « La brucellose (des moutons), la tularémie (des lièvres), la trichinose (des sangliers), l'échinococcose (des renards), la leptospirose et la rage (des chiens), la maladie du sommeil (des vaches et de la mouche tsé-tsé), etc. »[2]

Poser une telle question renvoie à des considérations écologiques de préservation de notre écosystème : c'est en le détruisant que l'on provoque de graves mutations génétiques qui sont à l'origine de ces pandémies. La destruction des forêts, telle que celle revendiquée et actée par le président brésilien Bolsonaro en Amazonie, est un de ces facteurs de déséquilibre aux conséquences mortifères.

1. Parmi lesquels Corine Pelluchon, *Les Nourritures. Philosophie du corps politique*, Seuil, 2015 ; *Réparons le monde. Humains, animaux, nature*, Rivages, 2020.
2. Didier Sicard, « La transmission infectieuse d'animal à humain », *art. cit.*

L'autre grande source de risques est la pratique de rapprochement entre animaux sauvages extraits de leurs conditions de vie et humains qui en font commerce. C'est un secteur en pleine explosion, car le prix de l'animal est fonction de sa singularité et de sa rareté. En Chine, notamment, ce commerce, pourtant interdit par la loi, est florissant, avec son temps fort des fêtes du Nouvel An qui voient s'échanger serpents, pangolins et chauve-souris sur les marchés, entassés dans des paniers d'osier, dans des conditions d'hygiène ahurissantes. D'où la question majeure et urgente que pose Didier Sicard : « Peut-on ainsi continuer à regarder avec indifférence ces commerces criminels malgré leur interdiction internationale depuis 2003[1] ? » Sachant que la liste d'attente est longue des virus qui attendent leur tour ; ils sont d'ores et déjà une trentaine à être identifiés et prêts à connaître un destin aussi glorieux que la Covid-19, le SRAS-cov2, le MERS ou le SRAS-cov1… Outre les animaux sauvages que l'on va traquer dans les limites de l'écoumène, les élevages concentrationnaires industrialisés sont tout aussi dangereux, et nécessitent de repenser et de réorganiser notre milieu en fonction du respect de ses équilibres au lieu de vouloir le dominer et l'exploiter sans limites :

> Ce n'est pas de l'intelligence artificielle que nous avons besoin, mais de l'intelligence de l'humilité[2].

L'irresponsabilité actuelle des dirigeants à l'échelle mondiale, pris dans la logique néolibérale de maximisation à tout prix des profits, a cet effet : l'homme est devenu le

1. *Ibid.*
2. *Ibid.*

plus grand danger pour la survie de la planète. Selon Philippe Descola, l'anthropologue qui a succédé à Claude Lévi-Strauss, « nous sommes devenus des virus pour la planète[1] ». Américaniste, Philippe Descola connaît bien le prix payé par les populations amérindiennes du fait de leur contact avec les colonisateurs européens entre le XVIe et le XVIIIe siècle. Les maladies infectieuses ont englouti des civilisations entières, prestigieuses : et en certains lieux, 90 % des populations ont été décimées.

La pandémie a joué le rôle de réactif, rendant visible le caractère prédateur de la logique de notre système néolibéral. Elle a non seulement mis en évidence le lien de cause à effet entre les bouleversements de l'écosystème et la propagation du virus, mais aussi permis « de vérifier ce constat fait par l'anthropologue David Graeber que plus un emploi est utile à la société, moins il est payé et considéré. On découvre soudain l'importance cruciale des gens dont nous dépendons pour nous soigner, nous nourrir, nous débarrasser de nos ordures, et qui sont les premiers exposés à la maladie[2] ». L'autre caractéristique majeure de la pandémie actuelle est la rapidité de sa propagation :

> Que des maladies infectieuses fassent le tour de la Terre n'a rien de nouveau ; c'est que celle-ci le fasse si rapidement qui attire l'attention sur la forme présente de la mondialisation, laquelle paraît entièrement régie par la main invisible du marché, c'est-à-dire la règle du profit le plus rapide possible. Ce qui saute aux yeux, notamment avec les pénuries de masques, de tests ou de molécules thérapeutiques, c'est une division internationale de la production fondée sur deux

1. Philippe Descola, entretien avec Nicolas Truong, *Le Monde*, 22 mai 2020.
2. *Ibid.*

> omissions : celle du coût écologique du transport des marchandises et celle de la nécessité, pour faire société, d'une division locale du travail dans laquelle tous les savoir-faire sont représentés[1].

L'ambition folle de maîtrise et de domination de la nature par l'homme a atteint ses limites en détruisant ses ressorts et en donnant une dimension planétaire à la prédation en cours. Plus que la pandémie elle-même, qui relève d'un phénomène récurrent dans l'histoire, la vraie rupture se situe dans son échelle qui affecte la population mondiale sans exception. Elle révèle une entrée de notre humanité dans ce que l'on appelle l'« anthropocène », qui renvoie à une longue durée d'ordre géologique au cours de laquelle l'espèce humaine modifie la biosphère à l'échelle globale. La société voit ainsi se retourner contre elle des forces qu'elle a déchaînées et dont elle est responsable. Pour bien souligner le lien entre un certain système d'organisation des sociétés humaines et de son idéologie fondée sur le profit, l'historien médiéviste, par ailleurs spécialiste au Mexique du mouvement zapatiste dans les Chiapas, Jérôme Baschet propose le terme de « capitalocène » pour qualifier notre nouvelle ère[2].

Une gestion non démocratique de la pandémie

Que les responsables politiques et le président de la République en premier lieu se soient entourés de spécialistes

1. *Ibid.*
2. Jérôme Baschet, « Le XXIe siècle a commencé en 2020, avec l'entrée en scène de la Covid-19 », *Le Monde*, 2 avril 2020.

pour les tenir informés des risques de la pandémie en mettant à leur disposition leur savoir médical afin de prendre les mesures les plus appropriées face à la pandémie, il n'y a rien là que de normal. Certains ont pu regretter que l'on ne se soit pas davantage appuyé sur les structures existantes, ce qui aurait évité de créer un nouveau Conseil scientifique, devenu l'épicentre des décisions prises au cours de la crise. Là n'est pas l'essentiel. On peut comprendre que le pouvoir politique ait cherché à retrouver une maîtrise qui lui échappait. Il y avait néanmoins plusieurs manières de faire pour restaurer une souveraineté politique d'autant plus fragilisée que les cafouillages du début l'ont particulièrement décrédibilisée.

La réaction française s'est caractérisée par un renforcement du pouvoir central, le surcroît d'un pouvoir présidentiel personnel porté avec la pandémie à un niveau paroxystique. La qualification de « guerre contre le virus » par Macron exemplifie le désir de concentration d'un pouvoir qui a géré la crise de manière la plus dirigiste possible. Les Allemands ont pratiqué un autre modèle, plus attentif au vécu et à la parole des citoyens, jouant la carte de la coordination entre les institutions existantes et la consolidation d'un pouvoir collectif exercé aux divers niveaux de la nation, sur le plan gouvernemental, régional, urbain…

En France, au contraire, « l'actuelle gestion de la pandémie se solde toutefois par un oubli de la démocratie sanitaire qui risque de vider de son sens toute perspective d'appropriation par la société des questions médicales[1] ». Fabienne Bruguère et Guillaume Le Blanc parlent de

1. Fabienne Brugère, Guillaume Le Blanc, « Le lieu du soin », *Esprit*, mai 2020, p. 79.

« dé-démocratisation du savoir-pouvoir médical », alors que la société avait commencé à s'approprier les enjeux bioéthiques à la faveur des comités d'éthique, de plus en plus nombreux sur les lieux du soin. Le Comité national d'éthique a été exemplaire dans son fonctionnement, réunissant les diverses sensibilités citoyennes pour émettre des avis et éclairer la complexité des enjeux sur la place publique. Un savoir médical s'est réellement disséminé dans la société, ce qui a contribué à responsabiliser davantage les citoyens dans les décisions concernant leur santé.

Le philosophe Ricœur, dont s'est réclamé le président, a œuvré en faveur de cette démocratisation du savoir médical grâce à ses réflexions sur l'éthique en général et sur la bioéthique en particulier, devant une société confrontée à des choix difficiles imposés par les mutations propres aux sciences de la vie et la maîtrise progressive de la reproduction humaine sous ses diverses formes : la contraception, l'insémination artificielle et la fécondation *in vitro*, ainsi que les progrès réalisés dans le domaine génétique. Toutes ces innovations ont suscité « un changement de *portée* de l'agir humain[1] » qui a affecté « le socle vital de l'identité personnelle[2] ».

Ce changement d'échelle des interventions humaines vers davantage de maîtrise a induit un besoin de plus en plus pressant d'éthique, que Ricœur a conçu comme un exercice nécessaire de la mesure et de la retenue, faisant écho à la notion aristotélicienne de jugement prudentiel. Loin de préconiser la mise en place d'autorités imposant

1. Paul Ricœur, postface à Frédéric Lenoir, *Le Temps de la responsabilité. Entretiens sur l'éthique*, Fayard, 1991, p. 252.
2. *Ibid.*, p. 252.

leurs solutions, comme c'est le cas aujourd'hui, il a vu dans le conflit des interprétations lié à ces choix délicats le moyen de revivifier la démocratie en son lieu central, le politique, seul capable d'apporter des réponses à ces questions, en respectant les différences de points de vue. À partir du début des années 1990, Ricœur, plusieurs fois sollicité par les milieux médicaux, s'est efforcé de répondre à leurs demandes, contribuant à éclairer en philosophe les grands enjeux rencontrés par les praticiens, psychiatres ou médecins généralistes.

Au contraire de cette politique de responsabilisation, de démocratisation des décisions, le pouvoir macronien a choisi de se substituer aux citoyens et de leur imposer les décisions qui lui semblaient les plus appropriées en les infantilisant. Le professeur de médecine Jean-François Delfraissy, désigné pour présider le Conseil scientifique, avait d'ailleurs demandé à être entouré d'un comité de citoyens, strate intermédiaire entre la parole politique et le diagnostic scientifique. Il n'a pas été entendu :

> Certaines mesures auraient pu être débattues dans ce comité sans allonger les délais de décision. Des discussions ouvertes, collectives. Cela n'aurait pas été absurde de prendre un peu de temps. On aurait pu le faire, ainsi, sur la question des personnes âgées. Ce n'est pas un débat parlementaire de quelques heures qui peut donner une réponse pertinente[1].

Macron a choisi une tout autre voie, confirmant dans la gestion de la pandémie sa tendance à concentrer tous les pouvoirs à l'Élysée et à accentuer davantage encore le

---

1. Didier Sicard, « Dans la vieillesse, ce qui est important, ce sont les liens affectifs et sociaux », entretien avec Éric Favereau, *Libération*, 8 novembre 2020.

caractère personnel du pouvoir, faisant fi des maillons intermédiaires potentiels des décisions publiques « si nécessaires à une meilleure compréhension sociale des questions médicales. Au lieu que les mesures d'hygiène soient articulées localement à toute une intelligence collective, soucieuse de faire accepter des conduites et de les rappeler, elles ne peuvent plus prendre appui que sur la seule logique punitive pour être appliquées[1] ». Cette coupure entre l'exécutif et l'opinion n'a pas facilité la compréhension des enjeux sociétaux et sanitaires, d'autant que le spectacle quotidien des contradictions dans les déclarations et décisions prises au sommet ne pouvait contribuer à accroître un capital de confiance en un pouvoir faisant chaque jour la démonstration de sa faillibilité.

Si le pouvoir politique a cherché à pallier son manque de crédit en se rapprochant du savoir-pouvoir médical, remarque Nicolas Rousselier, ce recours a autant servi que desservi le pouvoir politique. Dans un premier temps, il fallait bien justifier une décision aussi radicale que celle de la restriction la plus stricte des libertés, le confinement, par la nécessité sanitaire étayée sur le savoir médical :

> Mais petit à petit, et même assez vite, le pouvoir médical a lui aussi implosé, en jouant à la baisse sur la crédibilité du gouvernement. Cette implosion a été un des principaux aspects déroutant de la pandémie : ce n'est pas le pouvoir médical en lui-même qui s'est effondré, mais là aussi l'*image* traditionnelle que l'on pouvait en avoir[2].

1. Fabienne Brugère, Guillaume Le Blanc, « Le lieu du soin », *op. cit.*, p. 80.
2. Nicolas Rousselier, « L'État à l'âge de la crise sanitaire », *Études*, septembre 2020, p. 40.

Dans un second temps, la fusion des deux modes d'expertise, le pôle des décideurs politiques et celui des représentants du savoir médical, a donc fragilisé la confiance des citoyens cantonnés à subir des décisions jugées extérieures à leur vécu.

À la crise sanitaire est venu s'ajouter un réel déficit démocratique. Au Conseil des ministres s'est substitué un Comité de défense, dont la création remonte à 1906, chargé de planifier les réponses aux crises majeures. Ce mode de gouvernance se pratique sur le modèle militaire et vise à prendre des décisions appropriées face à un danger qui évolue vite, permettant de court-circuiter les élus, les commissions, les services administratifs et en général tous les corps constitués. Avec ce Comité de défense, c'est donc un organisme de commandement élyséen qui se met en place, accentuant encore la présidentialisation en cours du régime. Si le phénomène est observable un peu partout, dans le cas d'une France au régime politique déjà très présidentiel, on ne peut que s'interroger sur l'évolution des institutions. d'autant que, soulignent les politistes Delphine Dulong et Brigitte Gaïti :

> On l'oublie souvent : l'Élysée, à la différence de Matignon, n'est pas armé constitutionnellement et surtout administrativement pour gouverner au jour le jour. C'est « une Rolls Royce avec un moteur de 2 CV », comme l'ont dit certains conseillers[1].

1. Delphine Dulong, Brigitte Gaïti (tribune) : « Avec la Covid-19, la présidentialisation de la Ve République a pris une forme radicale », *Le Monde*, 30 janvier 2021.

Un sursaut du président Macron ?

Alors que le nombre de victimes du virus connaît assez tôt une croissance exponentielle, le président s'adresse solennellement au pays le 12 mars pour faire part de la gravité de la situation. Il affirme que la priorité absolue de l'exécutif est de faire face et, pour être plus efficace, il justifie les décisions du pouvoir politique par le savoir de l'expertise médicale, au risque de la confusion soulignée plus haut :

> La priorité absolue pour notre nation sera notre santé. Je ne transigerai sur rien. Un principe nous guide pour définir nos actions, il nous guide depuis le début pour anticiper cette crise, puis pour la gérer depuis plusieurs semaines, et il doit continuer de le faire : c'est la confiance dans la science. C'est d'écouter celles et ceux qui savent[1].

Sa déclaration annonce que l'État, sous sa responsabilité, va assurer son rôle protecteur. À la faveur du drame, Macron semble redécouvrir l'importance et les vertus de l'État providence, jusque-là malmené au nom de la logique néolibérale :

> Aussi, tout sera mis en œuvre pour protéger nos salariés et pour protéger nos entreprises, quoi qu'il en coûte, là aussi. Dès les jours à venir, un mécanisme exceptionnel et massif de chômage partiel sera mis en œuvre. Des premières annonces ont été faites par les ministres. Nous irons beaucoup plus loin. L'État prendra en charge l'indemnisation des salariés contraints à rester chez eux[2].

Contrairement au discours tenu jusque-là aux syndicats et au mouvement des hospitaliers à qui l'on disait que l'État

1. Emmanuel Macron, discours du 12 mars 2020.
2. *Ibid.*

ne pouvait rien, que les caisses étaient vides, que la situation d'endettement du pays était telle qu'il fallait renoncer à toute augmentation des salaires et des moyens, le chef de l'État affirme avec raison, cette fois, haut et fort : « Quoi qu'il en coûte. » Sa détermination trahit donc le caractère artificiel de ce qui se présentait jusqu'à la Covid-19 comme un ensemble d'indicateurs prioritaires.

Faisant appel à l'unité et à la fraternité nationales, Macron pointe deux écueils à éviter : d'une part le repli individualiste et les réactions isolées, alors qu'il convient, pour être efficaces, de rester solidaires ; d'autre part le repli nationalitaire, précisant que le virus n'a pas de passeport. Il termine cette allocution de début de crise en exprimant la conviction qu'il va falloir changer de cap, opérer un changement radical par rapport aux réformes qu'il avait mises en branle, et redonner du lustre à l'État providence via une politique keynésienne. Il reconnaît même la pertinence de distinguer dans le corps social des sphères essentielles d'activité échappant à la logique du profit. Il prend aussi ses distances avec une forme de mondialisation débridée qui ne compte que sur la diminution des coûts et l'optimisation des dividendes :

> Mes chers compatriotes, il nous faudra demain tirer les leçons du moment que nous traversons, interroger le modèle de développement dans lequel s'est engagé notre monde depuis des décennies et qui dévoile ses failles au grand jour, interroger les faiblesses de nos démocraties. Ce que révèle d'ores et déjà cette pandémie, c'est que la santé gratuite sans condition de revenus, de parcours ou de profession et notre État providence ne sont pas des coûts ou des charges, mais des biens précieux, des atouts indispensables quand le destin frappe. Ce que révèle cette pandémie, c'est qu'il est des biens et des services qui

> doivent être placés en dehors des lois du marché. Déléguer notre alimentation, notre protection, notre capacité à soigner notre cadre de vie au fond à d'autres est une folie. Nous devons en reprendre le contrôle, construire plus encore que nous ne le faisons déjà une France, une Europe souveraine, une France et une Europe qui tiennent fermement leur destin en main[1].

Cette déclaration semble annoncer un tournant substantiel de la politique du pouvoir. On peut y déceler une inspiration de nature sociale, sinon socialiste, prenant enfin en considération la question sociale traitée jusque-là avec la plus grande distance, que ce soit face au mouvement des gilets jaunes, à la contestation des salariés de l'hôpital public, à celle des chercheurs, des pompiers, ou à la fronde syndicale contre la réforme de la retraite. Tous s'étaient heurtés à un refus de dialogue et à des affrontements avec la police pour se faire entendre.

Le 16 mars, Macron, dans sa seconde déclaration, au lendemain du premier tour des élections municipales, prend un ton martial et insiste sur le caractère guerrier du combat à mener contre le virus, impliquant d'accepter de nombreux sacrifices qui vont peser sur la vie quotidienne, les liens sociaux et l'activité du pays :

> Nous sommes en guerre, en guerre sanitaire, certes : nous ne luttons ni contre une armée ni contre une autre nation. Mais l'ennemi est là, invisible, insaisissable, qui progresse. Et cela requiert notre mobilisation générale. Nous sommes en guerre. Toute l'action du gouvernement et du Parlement doit être désormais tournée vers le combat contre l'épidémie[2].

1. *Ibid.*
2. Emmanuel Macron, discours du 16 mars 2020.

Au cours de cette allocution, le président répète à six reprises la formule « Nous sommes en guerre » qui scande son discours, infantilisant les citoyens rappelés à l'ordre, qui se voient désignés comme des irresponsables bravant les consignes de précaution et facilitant ainsi la circulation du virus et la propagation de la pandémie. La situation de « guerre » implique une baisse d'intensité de l'activité politique au profit de l'union nationale qu'elle requiert. On se rappelle ce qu'a été pendant la Grande Guerre, où il s'agissait de « faire bloc » contre l'ennemi, l'« union sacrée » qui a affaibli la vitalité de la démocratie. L'avocat François Sureau souligne :

> C'est une situation extrêmement dangereuse. Elle laisse face à face un exécutif solitaire et une masse de citoyens que l'on catéchise et qui n'ont pas le sentiment d'être entendus[1].

Ce 16 mars, le président cache aux Français l'état de pénurie de masques en présentant leur diffusion limitée comme une décision rationnelle, un choix d'efficacité :

> Nous avons décidé avec les scientifiques de réserver les masques en priorité pour l'hôpital et pour la médecine de ville et de campagne, en particulier les généralistes, les infirmières désormais en première ligne aussi dans la gestion de la crise[2].

Il réitère la fonction protectrice de l'État qui protégera les entreprises des risques de faillite. Il se porte garant et met en place un dispositif de report de charges fiscales et sociales, de suspension pour les petites entreprises des

1. François Sureau, « La démocratie représentative est à peu près morte en France », *L'Express*, 20 mai 2020.
2. Emmanuel Macron, discours du 16 mars 2020.

factures et loyers à payer. Pour les salariés, il confirme l'existence d'un dispositif de chômage partiel ainsi que d'un fonds de solidarité abondé par l'État pour les entrepreneurs, commerçants et artisans. Il confirme donc pleinement avec cette nouvelle allocution le rôle fondamental de l'État providence pour atténuer les effets sociaux de la crise sanitaire.

Après un mois de confinement, Macron reprend la parole le 13 avril pour annoncer une date de déconfinement fixée au 11 mai. Dans cette nouvelle allocution, très attendue par les Français, il reconnaît enfin quelques failles dans le dispositif de défense face au virus, des tergiversations, des revirements peu compréhensibles par l'opinion, une impréparation de la nation à la pandémie, des absences de stocks de moyens de protection :

> Étions-nous préparés à cette crise ? À l'évidence, pas assez, mais nous avons fait face en France comme partout ailleurs. Nous avons donc dû parer à l'urgence, prendre des décisions difficiles à partir d'informations partielles, souvent changeantes, nous adapter sans cesse, car ce virus était inconnu et il porte encore aujourd'hui beaucoup de mystères. Le moment, soyons honnêtes, a révélé des failles, des insuffisances. Comme tous les pays du monde, nous avons manqué de blouses, de gants, de gel hydroalcoolique. Nous n'avons pas pu distribuer autant de masques que nous l'aurions voulu pour nos soignants, pour les personnels s'occupant de nos aînés, pour les infirmières et les aides à domicile[1].

Faisant cette fois clairement le constat de ces insuffisances, Macron semble en tirer les conséquences en annonçant une refonte globale de la politique que la France doit mener.

1. Emmanuel Macron, discours, 13 avril 2020.

Il retrouve dans cette allocution la tonalité innovatrice et l'élan qui ont accompagné sa campagne présidentielle. Non seulement il appelle à recouvrer une indépendance économique perdue sur les plans agricole, sanitaire et industriel, mais il promet un renversement des hiérarchies sociales qui permettrait de rémunérer de manière plus juste des métiers jusque-là sous-considérés et sous-rémunérés :

> Il nous faudra nous rappeler aussi que notre pays, aujourd'hui, tient tout entier sur des femmes et des hommes que nos économies reconnaissent et rémunèrent si mal. « Les distinctions sociales ne peuvent être fondées que sur l'utilité commune. » Ces mots, les Français les ont écrits il y a plus de deux cents ans. Nous devons aujourd'hui reprendre le flambeau et donner toute sa force à ce principe[1].

Le président achevant son allocution par la promesse d'un programme audacieux qui définira un cap, une espérance collective, l'on se prend à rêver qu'il pourrait saisir l'occasion de cette « étrange défaite » pour jeter les bases d'une nouvelle société plus juste, plus équitable. Ce jour-là, Macron appelle en effet à se réinventer et promet de se réinventer lui-même :

> Sachons, dans ce moment, sortir des sentiers battus, des idéologies, nous réinventer – et moi le premier. Il y a dans cette crise une chance : nous ressouder, éprouver notre humanité, bâtir un autre projet dans la concorde. Un projet français, une raison de vivre ensemble profonde. Dans les prochaines semaines, avec toutes les composantes de notre nation, je tâcherai de dessiner ce chemin qui rend cela possible[2].

---

1. *Ibid.*
2. *Ibid.*

Macron semble renouer avec l'inspiration ricœurienne du souhait de construire une société dans des institutions plus justes, notamment lorsqu'il extrait un certain nombre de secteurs de justice de la logique financière comme la santé. On retrouve là une inspiration qui a séduit Ricœur, celle de Michael Walzer, codirecteur de la revue de gauche américaine *Dissent* et devenu le porte-parole privilégié d'un courant critique des thèses jugées trop formalistes de Rawls. Selon Walzer, le problème est de déterminer ce qu'il est juste de placer en position de bien dominant, en fonction de l'appartenance de ce bien à telle ou telle sphère de justice. Le danger majeur encouru par l'égalité réside dans la cumulation toujours possible d'une position dominante dans diverses sphères de justice ; d'où le souci d'une claire délimitation de chacune d'elles pour éviter les empiétements. L'égalité n'est plus alors régie par un seul principe, mais par la diversité des biens qu'il s'agit de distribuer. Les trois grands principes structurants de la distribution sont le marché, le mérite et le besoin. Leur articulation fonde une citoyenneté enracinée dans une vision plus concrète, plus substantielle de la justice, qui doit procéder aux arbitrages entre des sphères concurrentielles en fonction de choix éthiques différents[1].

L'autre grand problème contemporain touchant à la responsabilité auquel se trouve confronté le président Macron rejoint la question vitale posée par Hans Jonas[2] lorsque,

1. Voir Michael Walzer, *Sphères de justice. Une défense du pluralisme et de l'égalité*, traduction Pascal Engel, Seuil, 2013 (édition originale Basic Books, 1983).
2. Hans Jonas, *Le Principe responsabilité*, traduction Jean Greisch, Cerf, Paris, 1990.

prenant la mesure de la portée des nuisances et des effets destructeurs de la modernité technologique sur l'écosystème, il s'emploie à rendre illimitée la responsabilité, qui doit dépasser la finitude propre à l'existence humaine pour s'inscrire dans l'horizon d'une chaîne de responsabilités intergénérationnelle. En résulte un impératif nouveau, véritable obligation morale d'un genre inédit, qui doit limiter la capacité d'action des générations présentes en fonction de leurs responsabilités vis-à-vis d'un futur lointain. La responsabilité échappe alors à sa double limitation, spatiale et temporelle :

> Agis de telle sorte qu'il existe encore une humanité après toi et aussi longtemps que possible[1].

Hans Jonas procède là à une double extension de la responsabilité à l'égard de l'environnement et de l'humanité future. Cette illimitation de la notion de responsabilité pose problème, car la responsabilité présuppose l'imputabilité. Or, « tout se passe comme si la responsabilité, en allongeant son rayon, diluait ses effets, jusqu'à rendre insaisissables l'auteur ou les auteurs des effets nuisibles à redouter[2] ». Le risque inhérent à ce nouvel impératif, qui excède l'éthique de la proximité et donc de la réciprocité, est de porter à un tel niveau de généralité le principe de responsabilité qu'une fois détaché des actes par lesquels on le reconnaît, il risque fort de se diluer au point de disparaître. C'est pourquoi Ricœur

---

1. Hans Jonas, *ibid.*, cité par Paul Ricœur, postface à Frédéric Lenoir, *Le Temps de la responsabilité*, *op. cit.* ; citation reprise dans Paul Ricœur, *Lectures 1. Autour du politique*, « Points-Seuil », 1999, p. 283.
2. Paul Ricœur, « Le concept de responsabilité. Essai d'analyse sémantique » in *Le Juste*, Éditions Esprit, 1995, p. 64.

préfère lui opposer le jugement moral circonstancié, le jugement prudentiel :

> C'est finalement cet appel au *jugement* qui constitue le plaidoyer le plus fort en faveur du maintien de l'idée de l'impartialité, soumise aux assauts de celles de solidarité et de risque[1].

Fermer la parenthèse et maintenir le cap néolibéral

Au regard des allocutions de Macron pendant le confinement de mars et d'avril 2020, on aurait pu faire l'hypothèse d'un changement de cap. Force est de constater que sitôt le déconfinement décidé, Macron abandonne toute idée de modification substantielle de sa politique. Il n'est plus alors question de refondation de notre modèle de développement. Il reprend la parole le 14 juin avec une tonalité d'autosatisfaction, se félicitant de la manière dont le pays a fait face à la pandémie :

> Nous n'avons pas à rougir, mes chers compatriotes [...] La période a montré que nous avions du ressort, de la ressource. Que, face à un virus qui nous a frappés plus tôt et plus fort que beaucoup d'autres, nous étions capables d'être inventifs, réactifs, solides. Nous pouvons être fiers de ce qui a été fait et de notre pays[2].

Il affirmera dans son allocution que cette traversée de l'épreuve démontre la force de notre État et de notre modèle social. Se tournant vers l'avenir, il propose aux

1. *Ibid.*, p. 48.
2. Emmanuel Macron, allocution du 14 juin 2020.

Français un « vrai pacte productif », tout en faisant fi des nombreuses réflexions et mises en garde des spécialistes sur la nécessité de mettre à profit cet arrêt temporaire de l'activité pour redéfinir notre rapport au monde et notre modèle économique et social. Tout au contraire, il s'appuie sur les réformes qu'il a déjà réalisées comme autant de rampes de lancement d'un cap de modernisation qui doit reprendre son cours « normal » après une simple interruption, considérant implicitement tous ceux qui parlent de décroissance comme des anachroniques passéistes :

> Ce projet d'indépendance, de reconstruction n'est possible que parce que, depuis trois ans, nous avons mené un travail sans relâche pour l'éducation, l'économie, la lutte contre les inégalités dans notre pays. Parce que aussi nous nous sommes battus pour notre projet européen et notre place dans l'ordre international. Je ne crois pas que surmonter les défis qui sont devant nous consiste à revenir en arrière, non[1].

Évidemment, la nomination du nouveau Premier ministre le 3 juillet confirme le maintien du cap et l'absence de la réinvention annoncée. En choisissant Jean Castex, ancien secrétaire général adjoint de l'Élysée sous Sarkozy, député de droite de Prades (Pyrénées-Orientales) pour remplacer Édouard Philippe, le président émet un message clair. Il ne déviera en rien de la route qu'il a suivie et ne reviendra pas vers ce qu'a été son programme présidentiel pour donner un cours plus social à son mandat. Par ailleurs, en nommant un illustre inconnu, il confirme qu'il se succède à lui-même et accentue encore le caractère présidentialiste de sa gouvernance. Boris Vallaud, porte-parole du PS, commente :

1. *Ibid.*

« Un sarkozyste succède à un juppéiste, la droite succède à la droite. » Cette nomination atteste le lien de complicité qu'entretient Macron avec son prédécesseur, à l'égard duquel il multiplie les attentions :

> C'est ainsi qu'en 2017 il envoie deux motards de la police pour escorter discrètement la dépouille d'Andrée Sarkozy, un geste qui aura « touché » son fils. Ou qu'il le convie en mars 2020 au soixante-quinzième anniversaire de la bataille du plateau des Glières, haut lieu de la Résistance, dont l'ancien président avait fait un pèlerinage[1].

Une étude lexicale sur l'ensemble des discours tenus par Macron tout au long de son quinquennat, réalisée grâce à un algorithme d'intelligence artificielle, fait ressortir cette proximité avec son prédécesseur, notamment sur la question du travail et de l'autorité[2]. Lorsque l'auteur de cette étude a soumis à la machine le discours des vœux du 31 décembre 2018 dans lequel Macron affirme : « On ne peut pas travailler moins et gagner plus », la machine l'attribue à Sarkozy qui avait déclaré : « Travailler plus pour gagner plus. »

Les mesures concrètes traduisant cette orientation ne se font pas attendre. Elles sont à ce point iniques qu'elles sont immédiatement retoquées par le Conseil d'État. Une réforme promise depuis longtemps par Macron, celle des règles de calcul de l'assurance chômage, avait été plusieurs fois différée, notamment du fait de la pandémie. Sitôt enregistrée l'amélioration de la situation sanitaire, le

1. Arthur Berdah, *Emmanuel Macron. Vérités et légendes*, Perrin, 2021, p. 33.
2. Damon Mayaffre, *Macron ou le mystère du verbe*, éditions de l'Aube, 2021.

gouvernement y revient dès juin 2021. Selon les calculs de l'Unédic, 1 150 000 personnes auraient été touchées par une diminution de 17 % de leur allocation mensuelle. Le Conseil d'État, saisi par les syndicats, décide cependant le 23 juin de suspendre ces nouvelles règles de calcul qui devaient entrer en vigueur à partir du 1er juillet en soulignant qu'elles « pénaliseront de manière significative les salariés », et en premier lieu les précaires, ceux qui sont en contrats courts.

L'analyse réalisée par Damon Mayaffre, qui s'est doté d'un indice statistique d'utilisation pour faire apparaître les mots les plus utilisés par Macron dans ses discours, révèle une utilisation sensiblement supérieure à celle de ses adversaires politiques de certains termes comme « projet », « transformer », « renouvellement », « transformation », « réconcilier » qui restent dénués de toute substance politique, si ce n'est une simple mise en mouvement. À l'épreuve du pouvoir, le langage du président a peu à peu abandonné son expression récurrente du « en même temps », plus délicate à mettre en avant lorsqu'il faut trancher, décider, et lui a substitué un langage qui s'est technicisé :

> Sa langue s'est jargonisée autour de termes qui restent souvent opaques pour le grand public (APB, REP+, Alur, Unédic, AMF…)[1].

Cette analyse des discours du président conduit même à découvrir la « lettre mystère » qui lui permet de déployer son « en même temps » sur tous les terrains. Cette lettre, c'est le « R ». Macron utilise de préférence des mots qui

1. Raphaël Llorca, *La Marque Macron. Désillusions du neutre*, éditions de l'Aube, 2021, p. 87.

exprime nt le changement, le mouvement, qui appartiennent au registre de la gauche, tout en les assortissant d'un préfixe et de la lettre magique, le « R », qui renvoie au contraire au registre de la conservation, du retour aux origines. Il peut ainsi satisfaire à la fois l'électorat de gauche et celui de droite. Dans sa lettre aux citoyens « Pour une Renaissance européenne », Emmanuel Macron égrène « *re*mettre », « *re*fonder », « *re*prendre », « *re*nouer », « *re*venir » et utilise quatre fois le terme « *re*naissance » :

> Le président a ainsi su forger un discours qui promet le mouvement sur le ton de l'immobilisme et annonce une conservation qui prend des atours révolutionnaires. Il affiche ainsi les traits de la nouveauté pour améliorer la condition des plus défavorisés tout en garantissant à un électorat issu des classes dominantes le maintien d'un *statu quo*, voire, mieux, le retour à un passé idéalisé[1].

La traversée de l'épreuve n'aura pas apporté de changement dans la continuité, mais une insistance sur la continuité d'un État qui n'aura eu qu'un temps de réflexion sur lui-même, circonscrit au moment du paroxysme de la tempête, lorsqu'on pouvait craindre le pire d'une catastrophe sanitaire. L'éditorialiste du *Monde* Françoise Fressoz voit dans cette nomination de Castex et de son gouvernement, dont la colonne vertébrale est nettement plus à droite que celle du gouvernement d'Édouard Philippe, un moyen tactique de neutralisation des candidats potentiels de droite pour l'échéance présidentielle de 2022, dans un double clin d'œil à la droite populaire avec la nomination de Gérald Darmanin à l'Intérieur, et

1. Nicolas Celnik, « Emmanuel Macron ne manque pas d'"R" », *Libération*, 17 mai 2021.

à la droite libérale avec le maintien de Bruno Le Maire à l'économie.

Peu après la constitution de ce nouveau gouvernement, lors de la fête nationale du 14 Juillet, Macron s'adonne au rituel de l'entretien avec les journalistes. C'est l'occasion pour lui de définir un horizon politique ; il confirme par ses propos qu'il persiste et signe dans la même voie. Le rythme des réformes conduites tambour battant depuis 2017 ne doit pas être ralenti, et il va jusqu'à se prévaloir d'avoir lancé « une très grande réforme de la santé, avant même la crise » ! Il explique son impopularité et les mouvements de contestation sociale qu'il a dû subir par un simple déficit d'explication de sa politique qui reste au-dessus de tout soupçon critique, regrettant dans le même temps : « On n'a pas été assez vite. » À la question de savoir si le cap défini en 2017 n'était pas le bon, il répond que ce qu'il a entamé doit être poursuivi, accéléré, simplement d'une autre façon, pour gagner en popularité :

> Ce que j'ai souhaité déployer avec un nouveau Premier ministre, une nouvelle équipe, mais plus profondément dans le projet pour le pays, ce n'est pas changer de cap[1].

En quoi la longue traversée de la crise sanitaire aurait-elle fait bouger le président Macron ? Se serait-il « réinventé », comme il l'avait annoncé en mars 2020 ? Certes, on peut mettre à son actif le volet social de la gestion de la crise avec le principe du « quoi qu'il en coûte », tout en contraste avec le discours présidentiel tenu jusque-là selon lequel les caisses étaient vides. Un soutien conséquent aux plus précaires a

1. Emmanuel Macron, entretien avec Léa Salamé et Gilles Bouleau, 14 juillet 2020, France 2.

manifestement été apporté par l'État. La seconde inflexion donnée à sa politique est sa volonté de privilégier la production sur le sol national pour réduire notre dépendance dans tous les domaines, en particulier sur le plan sanitaire. Néanmoins il ne s'agit là que de mesures ponctuelles d'adaptation à une situation conjoncturelle de crise à son paroxysme.

À aucun moment le chef de l'État n'a remis en question la politique économique du début de son quinquennat. Aurore Bergé, présidente déléguée du groupe LREM à l'Assemblée nationale, confirme le maintien d'un même cap : « Sur le fond, Emmanuel Macron n'a jamais renié le projet pour lequel il a été élu. Il n'y a pas de changement d'orientation politique », assure-t-elle. Ce que confirment Alexandre Lemarié et Olivier Faye dans *Le Monde* :

> En pleine crise économique, l'exécutif assume le fait de baisser de 20 milliards d'euros sur deux ans les impôts de production pour les entreprises. Il refuse, par ailleurs, d'instaurer un revenu de solidarité active (RSA) jeunes, au nom de la reconnaissance de l'effort et de la valeur travail. « Oui à l'insertion, non à une allocation », martèle-t-on au gouvernement. « La crise n'a pas remis en cause la vision d'Emmanuel Macron en économie. Il reste sur la ligne d'une politique de l'offre, et pas dans une démarche keynésienne », observe le patron des sénateurs macronistes et élu de la Côte-d'Or François Patriat[1].

En définitive, le « quoi qu'il en coûte » doit prendre fin au cours de l'année 2021 ; le pouvoir entend revenir au plus vite à l'orthodoxie définie par le président selon laquelle il n'y aura pas de dépenses sociales sans contreparties

1. Alexandre Lemarié, Olivier Faye, « S'adapter au Covid-19 sans renoncer aux réformes : comment Macron s'est "réinventé" », *Le Monde*, 12 mars 2021.

équivalentes. La « réinvention » se limiterait en fait au terrain régalien, celui d'une plus grande centralité et fermeté du chef de l'État s'exerçant notamment dans la nature des lois sur le séparatisme et sur la sécurité globale.

Quant à la politique néolibérale, elle continue de sévir et de provoquer des désastres au cœur même de l'industrie pharmaceutique. On s'est étonné à juste titre de l'absence du groupe Sanofi, qui était donné comme le fleuron de la France, dans les propositions vaccinales. En mars 2021, on s'étonne encore davantage d'apprendre que Sanofi s'apprête à supprimer 364 postes en France dans son secteur « recherche et développement » (R&D), alors qu'en 2020 il a réalisé un bénéfice net de 12,3 milliards d'euros et en a distribué 3,9 milliards en dividendes à ses actionnaires au titre de cette année 2020. Une fois encore, la volonté de faire des profits rapides l'a emporté. Aucune leçon n'est tirée de la traversée de la crise sanitaire au cours de laquelle le groupe a raté l'innovation représentée par l'ARN messager, poursuivant sa stratégie de flexibilité de l'emploi et de concentration sur les sites les plus rentables à court terme : « Pour rester chez Sanofi, les chercheurs doivent être "acteurs de leur mobilité", se réinventer au rythme des plans de restructuration[1] » – pas moins de cinq depuis 2009 dans le seul secteur R&D.

Le premier constat que l'on peut faire est que même sur le plan de la gestion de la santé, on n'a pas tiré les enseignements de l'épreuve vécue. C'est ce que soulignent quatre spécialistes de ce type de crises[2] :

---

1. Chloé Aeberhardt, « Chez Sanofi, le grand malaise des chercheurs », *Le Monde*, 18 mars 2021.
2. Henri Bergeron, Olivier Borraz, Patrick Castel, François Dedieu, *Covid-19. Une crise organisationnelle*, Presses de Sciences Po, 2020.

> D'une façon générale, les sciences humaines et sociales ont été peu mobilisées durant cette crise, alors qu'elles ont beaucoup à dire sur, par exemple, la résistance des citoyens à certaines informations ou injonctions. N'oublions pas non plus que les dynamiques de diffusion du virus sont aussi des dynamiques sociales. Les raisonnements ont été trop technicistes (capacité à tester) ou hospitalo-centrés. La formation doit aussi apprendre à se frotter à l'incertitude et à la complexité[1].

S'il avait été à l'écoute des sciences humaines et sociales, le président aurait pu adopter une autre vision de la société. L'économiste Éloi Laurent, chercheur à l'OFCE, l'y invite en montrant comment il est absurde d'opposer santé et économie. Il stigmatise la politique de Macron qui a dégradé les conditions du soin, imposant des principes de gestion à l'hôpital public, une logique comptable, pour des raisons d'économie[2]. Selon Éloi Laurent, on n'a pas pris la mesure de l'entrelacement des écosystèmes et de la préservation de la santé humaine. Ce n'est qu'ensuite que l'on peut parler d'économie. Ce qui a été sacrifié, selon lui, c'est surtout la socialisation, la coopération qui reste le sel de l'humanité. Dans les hôpitaux, les plannings et leurs tableaux Excel ont remplacé le rôle des chefs de services. Sans jouer les Cassandre, Éloi Laurent, convaincu que le siècle qui vient sera celui des crises écologiques massives, juge insensé que l'on détruise nos protections collectives. Il suggère d'autres indicateurs que ceux en usage chez les économistes

---

1. « Covid-19 : aucune leçon n'a été tirée de la gestion de la crise entre mars et mai », entretien avec Henri Bergeron, Olivier Borraz et Patrick Castel, propos recueillis par Hervé Morin et David Larousserie, *Le Monde*, 22 octobre 2020.
2. Éloi Laurent, *Et si la santé guidait le monde ? L'espérance de vie vaut mieux que la croissance*, Les Liens qui libèrent, 2020.

standards, considérant par exemple que l'indicateur de l'espérance de vie de la population d'un pays importe plus que le PIB. Un tel renversement de perspective passe par la fin du fétichisme des données purement économétriques qui fonde aujourd'hui l'idéologie néolibérale. Il faut revenir au réel en privilégiant la question écologique et sociale. Le défi majeur n'est pas de relancer la croissance, mais de penser ce que peuvent être le bien-être, l'être-bien sur terre et le rôle joué par la coopération humaine dans cette construction.

Distinguant entre le terme de collaboration et celui de coopération, Éloi Laurent fait le diagnostic d'une crise contemporaine de la coopération. Les individus continuent de collaborer, c'est-à-dire de se reproduire, de se nourrir, de travailler ensemble. En revanche, ils coopèrent de moins en moins, ce qui engagerait une aspiration à un savoir commun, partagé, qui ne soit plus piloté par la seule efficacité. Alors que la singularité de l'espèce humaine se trouve dans le fait de coopérer, cette dimension se trouve de plus en plus absorbée par la collaboration, soit l'échange frénétique d'informations, de connexions aux dépens d'un gouvernement des communs, de ce qui fonde l'association coopérative. Il en résulte ce qu'Éloi Laurent qualifie d'« épidémie de la solitude ». Malgré la pléthore des messages qu'elles échangent, les institutions sont génératrices de cette solitude des individus. La conséquence de cette solitude grandissante s'avère désastreuse pour la santé, et se traduit par une mortalité prématurée, une explosion de pathologies de toutes sortes et le recours croissant aux médicaments. Aux États-Unis, on constate que la désocialisation a pour incidence la mort par désespérance de millions de gens qui s'adonnent à la boisson ou à d'autres formes d'empoisonnements pharmaceutiques. Au Royaume-Uni, où 15 % de la population vit dans un état de solitude sociale, on a créé un ministère de la Solitude. Éloi Laurent analyse notre société comme une société de haute fréquence et de basse intensité où l'association humaine est devenue intermittente, éphémère et superficielle. Pour redonner une bonne santé à notre société, encore faudrait-il prendre conscience que l'économie est encastrée dans la biosphère et réarmer le système social pour redonner le goût des autres. Il faudrait pour cela définir un autre cap que celui du néolibéralisme qui ne peut que provoquer de nouvelles « étranges défaites ».

Entreprenant en juin 2021 un tour de France qualifié de « pèlerinage laïc » en période de déconfinement progressif et à moins de un an de l'échéance du renouvellement de son mandat présidentiel, Macron révèle une fois de plus qu'il n'a tiré les leçons ni de la pandémie ni du mouvement social des gilets jaunes pour se « réinventer ». Dans le long entretien qu'il accorde à Éric Fotorino dans *Zadig*, il fait même preuve d'une singulière désynchronisation, jouant avec les périodes historiques comme un acteur de grand talent, et passant à côté des enjeux majeurs de son temps. On retrouve ce que l'on savait déjà depuis la publication en 2016 de *Révolution*. Il met en scène, sur un parcours pavé d'épreuves, celui d'un fils du peuple, comme aurait dit Maurice Thorez. Ayant grandi dans les souvenirs de sa grand-mère, il avait pour centre de gravité sa modeste maison au bord d'une nationale dans les Hautes-Pyrénées ; son grand-père était cheminot… Il confesse avoir eu le « complexe du provincial », étudiant seul « dans une chambre de bonne… sans douche ». Le voici sorti des *Misérables* de Victor Hugo, cousin de Cosette.

À lire sa carte sensible de sa France dans cet entretien, on est frappé par le retour auquel elle invite pour revisiter notre XIXe siècle, proche du *Tour de France par deux enfants*, manuel de lecture à grand succès de Giordano Bruno publié en 1877, instrument essentiel d'édification patriotique. On y retrouve aussi les « deux mamelles » de la construction nationale de l'époque qui servait surtout à préparer la guerre après 1870 pour récupérer l'Alsace et la Lorraine, *L'Histoire de France* selon Ernest Lavisse et son terreau, son introduction, le *Tableau géographique de la France* du géographe Paul Vidal de La Blache.

En ce mois de juin 2021, il n'est pas innocent de choisir comme première étape un village du Lot, Saint-Cirq-Lapopie, petite cité médiévale où l'on peut découvrir « une forme de ruralité heureuse ». Le président avait sommé le pays de se mettre en marche, était-ce une marche arrière ? Non, car il réitère son amour pour Marseille et dit son admiration pour le département de la Seine-Saint-Denis où « il ne manque que la mer pour faire la Californie » ! Les habitants du 93 apprécieront ce trait qui n'est pas une plaisanterie, mais tient sans doute à une persistance de la désynchronisation du président.

Cette carte sensible a par ailleurs un air de déjà-vu. Dans sa campagne de 2017, Macron avait mis en exergue ce caractère pluriel, composite, du territoire français, mélange d'heures de gloire et de misère, telle cette région des Hauts-de-France, terre meurtrie par la Grande Guerre – il est lui-même natif de Picardie. S'adressant au public de Lille en janvier 2017, il rappelle que cette région fut le fer de lance de la révolution industrielle, le lieu du développement de la sidérurgie et du textile, une terre d'avenir, de modernité, celle des grands combats sociaux qui ont permis des avancées essentielles. À Bercy, le 17 avril 2017, il exprimait haut et fort son amour de la France, à la manière d'un Fernand Braudel[1], d'une France plurielle, d'une France de la diversité aimée dans ses paysages, son architecture, sa langue, sa philosophie, son passé comme son avenir.

Réagissant au décadentisme, il opposait alors la force de l'optimisme à la nostalgie trompeuse, la crispation de l'immobilisme ou le désir de restauration de l'ancien monde. À Clermont-Ferrand, reprenant l'expression au philosophe Alain, il en appelait à « penser printemps ». Le problème reste le même : éviter la fracture territoriale et sociale et maintenir l'unité nationale. C'est dans cet esprit qu'il annonçait en 2017, dans la région sinistrée des Hauts-de-France, à Arras, la mise en place d'une véritable stratégie de reconquête, « un vrai plan Marshall de la réindustrialisation de nos territoires économiquement perdus ».

Quoi de neuf dans ce nouveau « pèlerinage laïc » entrepris par le président ? À quel sursaut convie-t-il les Français ? Aurait-il tiré quelques leçons de la traversée de l'épreuve de la Covid-19 ? Il y voit les derniers spasmes d'un archaïsme médiéval :

> Cette pandémie est la métaphore de notre époque. On revit des temps au fond très moyenâgeux : les grandes jacqueries, les grandes épidémies, les grandes peurs…

Ce long Moyen Âge nécessiterait de réaliser pas moins que la Renaissance, et le candidat qu'il est redevenu se propose de l'incarner. On l'aura compris, le président joue avec les périodes historiques comme un acteur qui possède un grand talent de théâtralisation, et passe à côté de

1. Fernand Braudel, *L'Identité de la France*, Flammarion, 1986.

l'essentiel. La pandémie que nous avons connue ne relève en rien du Moyen Âge ; elle est la fille du néolibéralisme, des déséquilibres de l'écosystème provoqués par notre rêve prométhéen. Les explosions de colère n'ont rien non plus de jacqueries, elles expriment un désir de justice. Il n'y a rien de tout cela dans la carte sensible du président candidat à sa succession.

Fermeté face aux antivax

Alors que l'on pensait avoir enrayé la pandémie, l'été 2021 est marqué, avec le variant Delta, par une quatrième vague qui provoque au mois d'août plus de 20 000 nouveaux cas quotidiens atteints par la Covid-19 sur le plan national, et fait passer la barre des 1 000 patients admis en réanimation. S'ajoute à cette nouvelle offensive virale une situation désastreuse dans les Antilles françaises où le virus progresse d'autant plus vite que la population y est peu vaccinée.

Confronté à cette dégradation de la situation, Macron choisit de miser sur la généralisation de la vaccination. Avec son gouvernement, il décide d'imposer un pass sanitaire pour accéder au cinéma, au théâtre, aux concerts, restaurants, bars, salons, trains et avions. Alors que fin juillet une vaste fronde anti-pass sanitaire commence à se manifester, Macron exhorte la population au premier jour de cette mobilisation à se faire vacciner pour éradiquer le virus. Le 24 juillet, de Polynésie où il est en visite officielle, il déclare :

> Je veux lancer un message très fort pour appeler chacune et chacun à se faire vacciner, parce qu'on le voit sous toutes

> les latitudes : quand on est vacciné, on est protégé et on ne diffuse quasiment plus, en tout cas moins, le virus[1].

Il en résulte une partie de bras de fer entre le président et une contestation montante dont les chiffres impressionnent en plein été. De semaine en semaine à partir du 24 juillet, le nombre de manifestants ne cesse d'augmenter. Chaque samedi, des cortèges se rassemblent sur tout le territoire pour atteindre le nombre de plus de 250 000 à la mi-août, bénéficiant, d'après les instituts de sondage, du soutien d'une forte minorité de la population : de 35 à 40 %. Cette fronde agglomère des contestations de divers ordres et se caractérise par son caractère hétéroclite, sans meneur. Si beaucoup se révoltent contre le pass sanitaire, d'autres visent la vaccination elle-même, et de nombreux manifestants expriment dans la rue leur colère contre les contraintes imposées depuis mars 2020, prenant pour cible Macron qui paye ainsi au prix fort son exercice du pouvoir qu'il a outrancièrement présidentialisé[2]. En plein week-end du 15 août, on compte encore 215 000 manifestants dans 217 cortèges sur tout le territoire national, avec une montée en puissance de la contestation dans les petites villes et une surreprésentation du Sud-Est avec 50 000 manifestants. Certes, selon l'IFOP, 60 % des Français voient le pass sanitaire comme un moyen légitime de responsabiliser ceux qui ne veulent pas être vaccinés, mais une telle démonstration de force au cœur de la trêve estivale reste un précédent qui interroge[3].

---

1. Emmanuel Macron, discours le 24 juillet 2021 en Polynésie française.
2. Cf. chapitre 3, « La verticalité du pouvoir jupitérien se substitue à la dialectique horizontalité / verticalité ».
3. « Macron face à une contestation qui s'enracine », *Le Monde*, 17 août 2021.

Le thème sur lequel se retrouvent tous ces opposants est celui de la liberté qui leur aurait été confisquée. Les pancartes brandies révèlent chez certains une curieuse conception de la liberté qui n'aurait d'autres limites que soi-même, comme celle-ci, évocatrice : « Mon corps, mon choix, ma liberté. » On s'y réclame aussi d'un esprit de résistance aux injonctions du pouvoir. Les slogans les plus repris visent le président en personne, « Macron démission », « Macron assassin », qui se retrouve particulièrement exposé, sans bouclier, sans fusible, après avoir affaibli tous les corps intermédiaires. Dans cette configuration, le gouvernement, qui aurait dû jouer le rôle de véritable pouvoir exécutif, en est réduit à faire passer le message présidentiel. À ce jeu, le président concentre sur lui toutes les manifestations de colère et de ressentiment, au point que nombreux sont ceux qui vont jusqu'à dénoncer une dictature. Face à cette fronde montante, Macron reste ferme, estimant que « le seul chemin vers le retour à la vie normale » passe par la généralisation de la vaccination.

2

De la *philia* à la politique de l'ingratitude

L'ART de la séduction est un attribut bien connu d'Emmanuel Macron, au point qu'on pourrait affirmer qu'il ne séduit pas, il est la séduction même. Le romancier Emmanuel Carrère va jusqu'à dire qu'il est capable d'envoûter une chaise. Son ancien professeur de khâgne au lycée Henri-IV, Christian Monjou, a bien saisi sa capacité à devenir le leader grâce à son regard intense qui ensorcelle son interlocuteur :

> Être un chef passe par le regard. Le leadership est regard. Dites par le regard à celui qui arrive qu'il est important à vos yeux. Voilà ce qu'un leader doit exprimer[1].

De cette capacité à établir un lien affectif avec autrui, il a fait une arme politique redoutable et nombreux sont ceux, moi compris, qui ont cru à la profondeur d'un sentiment affectueux, d'une amitié vive. La puissance de son regard, de ses yeux bleu métal, est immédiatement perçue par ses

1. Nicolas Domenach, Maurice Szafran, *Le Tueur et le Poète*, Albin Michel, 2019, p. 23.

proches, comme ce député LREM du Rhône, l'ex-industriel Bruno Bonnell :

> Il t'hameçonne avec son regard, mais ce n'est pas une technique de séduction. Comme une vraie star, il se met en résonance avec la personne en face de lui. Avec sincérité, car il dispose de cette capacité instantanée[1].

Là encore la référence à Ricœur, philosophe de la *philia*, considérant que le soi se construit dans son rapport à l'autre, ne pouvait que conforter ce sentiment d'un partage amical vers lequel serait tendu un président qui prend le temps qu'il faut pour établir le lien avec autrui, malgré la profusion des sollicitations dont il est l'objet et parfois au prix de l'exaspération de son entourage qui gère son agenda et le voit prendre du retard sur ses rendez-vous. Outre sa propension naturelle à se porter vers autrui avec un visage particulièrement avenant, un rapport tactile à ses proches, son ancrage philosophique prédisposait Macron à accorder à la *philia* une place de choix, puisque c'est en partie sur elle que se forge le terme de « philosophie ». Conjoindre les deux mots relève en effet d'une redondance. L'ami de la sagesse qu'est le philosophe entretient un lien majeur avec l'amitié comme horizon de sa réflexion et de sa vie.

De l'amitié comme bien supérieur

En multipliant les manifestations de sentiments amicaux, voire affectueux, Macron semble se situer dans la filiation de la pensée aristotélicienne, reprise à son compte par

---

1. Bruno Bonnell, cité par Nicolas Domenach, Maurice Szafran, *ibid.*, p. 79.

Ricœur. Aristote consacre en effet à l'amitié de longues réflexions dans l'*Éthique à Nicomaque*, et la définit comme une vertu indispensable à l'homme :

> Elle est une vertu ou s'accompagne de vertu. De plus, elle est absolument nécessaire à la vie. Nul ne choisirait de vivre sans amis, même pourvu de tous les autres biens[1].

Ce qui nous intéresse ici, c'est non seulement qu'Aristote affirme la dimension relationnelle de l'amitié, mais qu'il souligne surtout son caractère politique : pour lui, c'est elle qui, plus encore que la justice, assure la cohésion entre les citoyens de la cité. Aristote va même jusqu'à considérer que si tous les citoyens entretenaient entre eux des relations d'amitié, la justice deviendrait superfétatoire. Avec son ambition d'égalité entre citoyens (l'isonomie), l'amitié présuppose et conforte la démocratie naissante dans la cité grecque[2]. La réciprocité nécessaire du lien amical implique une bienveillance mutuelle. La supériorité de l'amitié par rapport à tout autre bien tient surtout au fait que ce sentiment transcende la notion d'intérêt : « Ceux qui s'aiment se veulent mutuellement du bien en tant qu'ils s'aiment[3]. »

Au cœur de sa petite éthique dans *Soi-même comme un autre*, Ricœur s'appuie sur Aristote pour définir le souhait de l'individu comme de la société de vivre une vie bonne. Dans cette réalisation, il retrouve le rôle de médiateur de l'amitié. Entre le bon et le juste, Ricœur insiste sur cet entrelacs nécessaire où il situe le proche. Entre la visée de la vie bonne et le souhait de vivre dans des institutions justes,

1. Aristote, *Éthique à Nicomaque*, livre VIII, 1155 a, Pocket, 1992, p. 193.
2. Cf. François Dosse, *Amitiés philosophiques*, Odile Jacob, 2021.
3. Aristote, *Éthique à Nicomaque*, livre VIII, *op. cit.*, p. 196.

l'amitié est le chaînon fondamental sans lequel rien ne serait possible. Une caractéristique sur laquelle insiste Ricœur à propos de l'amitié est l'acceptation de la différence, de l'autre comme autre que soi. Cette dualité assumée renvoie au pluralisme de la démocratie qui ne peut être que si elle est plurielle. Comme chez Aristote, l'amitié dans l'éthique ricœurienne se rattache à l'agir et œuvre à accentuer la capabilité de l'homme. L'ami, c'est celui qui, proche, rend capable. L'amitié est une relation mutuelle qui ne s'origine pas chez Ricœur à partir de la projection du même, et dont la genèse ne part pas non plus de l'autre. Elle émane d'un entre-deux, d'une dialogique qui est source de l'ipséité, du soi : « Elle porte au premier plan la problématique de la réciprocité[1]. »

L'amitié porte donc en soi une visée éthique impliquant la sollicitude, la mutualité. L'estime de soi passe par la reconnaissance et les relations interpersonnelles. C'est par ce cheminement que la personne poursuit sa volonté d'être reconnue, estimée, approuvée dans son existence. De la même façon, reconnaître l'autre témoigne de la gratitude que l'on éprouve envers lui. Pour mieux sortir des logiques d'équivalence qui gomment la part de don consubstantielle à la relation d'amitié, Ricœur précise qu'il ne s'agit pas de donner *en retour*, mais de donner *à son tour*. Il définit ainsi le sens du vocable « merci » adressé par une personne à celle dont il a reçu ce qui n'a pas de prix :

> Au lieu d'obligation à rendre, il faut parler, sous le signe de l'*agapè*, de réponse à un appel issu de la générosité du don initial[2].

1. Paul Ricœur, *Soi-même comme un autre*, *op. cit.*, p. 214-215.
2. Paul Ricœur, *Parcours de la reconnaissance*, Stock, 2004, p. 351.

Celui qui reçoit éprouve alors de la gratitude à l'égard de celui qui donne, et Ricœur souligne que dans la langue française « gratitude » se dit aussi « reconnaissance » (cf. Le Robert). C'est par ce mot de « gratitude » que Ricœur présente son dernier grand opus :

> Qu'il me soit permis, le travail terminé, d'adresser le témoignage de ma gratitude à ceux de mes proches qui ont accompagné et, si j'ose dire, approuvé mon entreprise[1].

Parmi les trois noms propres cités par le philosophe figure Emmanuel Macron « à qui je dois une critique pertinente de l'écriture et la mise en forme de l'appareil critique de cet ouvrage[2] ».

L'ingratitude du premier de cordée

À distance, il semblerait que le président Macron se soit approprié l'importance cardinale du sentiment amical qui paraît totalement spontané dans son rapport à autrui. Pourtant, lorsqu'on examine de plus près ses relations avec ses proches, on est sidéré de constater qu'il ne pratique qu'une conception très étroite de l'amitié, en son sens le plus dégradé et utilitariste. S'il attend bien de celle-ci un don, il ne saurait y avoir de sa part contre-don :

> Le double jeu faisait partie du jeu. Le poète pouvait cacher un tueur. Ou tout au moins un stratège avisé et un tacticien redoutable. Un guerrier, sous ses airs de premier

1. Paul Ricœur, *La mémoire, l'histoire, l'oubli*, Seuil, 2000, p. III.
2. *Ibid.*, p. IV.

> communiant souriant. Tous les anciens lui donnaient le bon Dieu sans confession. Et leur confiance. Et leur argent[1].

L'exemple qui vient immédiatement à l'esprit est ce constat : il doit sa carrière politique et son élection à son prédécesseur François Hollande, qui a reçu le coup de couteau fatidique au moment opportun. On a alors figuré Macron en Brutus. Certains diront que les lois de fer de la politique obligent, pour aboutir à ses fins, à éliminer ses maîtres, à la manière dont Freud a analysé que l'émancipation de l'enfant passe nécessairement par le meurtre du père. Admettons l'argument.

Néanmoins, secrétaire adjoint de l'Élysée, puis ministre de l'Économie, Macron était redevable à l'égard de Hollande d'un parcours exceptionnel sur les cimes du pouvoir. Hollande fait sa connaissance en 2008, lorsque Jacques Attali lui présente le brillant et jeune collaborateur de sa commission qui lui fait part de son désir de s'implanter dans le Pas-de-Calais en se présentant au Touquet où se situe sa maison familiale. Hollande le retrouve au moment de sa campagne électorale en 2011. Macron est alors à la banque Rothschild et se propose de travailler avec Michel Sapin au programme économique du candidat socialiste. La séduction est immédiate :

> Je pressens chez lui un talent rare pour réunir des gens de sensibilités différentes. Après la primaire socialiste que je remporte, il rejoint mon équipe sous la houlette de Pierre Moscovici[2].

---

1. Nicolas Domenach, Maurice Szafran, *Le Tueur et le Poète*, Albin Michel, 2019, p. 14.
2. François Hollande, *Les Leçons du pouvoir*, Stock, 2018, p. 323.

Une fois élu, Hollande nomme Macron secrétaire adjoint de son cabinet à l'Élysée, puis, après le départ d'Arnaud Montebourg, ministre de l'Économie. À la proposition du président qui l'appelle alors qu'il est au Touquet, il fait monter les enchères :

> Sans se démonter, il demande à diriger aussi le ministère des Finances, ce que je refuse : il aura l'Économie[1].

Macron gagne en visibilité et en notoriété. Le public découvre ce jeune ministre avec enthousiasme. Malgré une loi portant son nom qui est loin de faire l'unanimité et doit finalement passer avec le 49-3, il devient populaire. Puis vient le temps de la frustration : ses rapports se dégradent avec le Premier ministre Manuel Valls, la perte de la réforme du code du travail est imputée à la ministre du Travail Myriam El Khomri, laquelle concentre la contestation sur son nom. Alors que l'exécutif se trouve fortement ébranlé par la contestation sociale, début 2016, Macron fait savoir de manière un peu prématurée qu'il est prêt pour Matignon, même si Hollande réitère sa confiance en son Premier ministre. Avoir été dépossédé du second volet de sa loi sur le travail, réparti entre Myriam El-Khomri et Michel Sapin, semble avoir été décisif. Macron franchit le Rubicon :

> C'est à ce moment-là que le choix de François Hollande est apparu comme un problème. Et qu'Emmanuel Macron a eu l'intuition qu'il faisait partie des solutions[2].

Brigitte Macron conserve de ce moment de divorce un vif souvenir, qu'elle raconte souvent à ses amis, d'après

1. *Ibid.*, p. 326.
2. Richard Ferrand, entretien avec Arthur Berdah, *Emmanuel Macron. Vérités et légendes*, Perrin, 2021, p. 26.

Arthur Berdah : « Il est rentré, il s'est mis à jouer du piano, et il m'a dit qu'il allait être candidat[1]. »

En mars 2016, Macron prévient Hollande qu'il va lancer un mouvement, en le présentant comme une manière d'élargir la majorité. Le président n'en prend pas ombrage et, malgré des mises en garde de plus en plus nombreuses, reste confiant. Lorsque, le 12 juillet, Macron réunit ses partisans à la Mutualité, le doute n'est pourtant plus permis. La rumeur court qu'il va annoncer sa candidature. À la demande de Hollande qui l'exhorte à démentir (il est encore ministre), il répond qu'une telle rumeur est « grotesque ». La foule qui se presse scande pourtant : « Macron président ! » Et le futur candidat de déclarer : « Plus rien n'arrêtera le mouvement de l'espoir. Nous le porterons ensemble jusqu'en 2017 et jusqu'à la victoire ! » « Le doute n'est plus permis[2] », commente à distance Hollande.

Durant l'été, Hollande apprend que Macron peaufine ses réseaux et ses sources de financement, approche des élus pour solliciter leur soutien en cas de candidature. Le 23 août, il fait part à Hollande de sa volonté de « construire une nouvelle offre politique », et le 30 août, il quitte le gouvernement pour s'y consacrer. Alors que Hollande n'a pas encore renoncé, Macron prépare donc sa candidature à l'Élysée en une trahison digne de la famille des Atrides. Hollande lui aura servi de marchepied et, une fois aux responsabilités, il n'aura de cesse que de mettre en scène sa singularité et sa différence. Nicolas Domenach et Maurice Szafran commentent :

1. Arthur Berdah, *ibid.*, p. 26.
2. François Hollande, *Les Leçons du pouvoir*, *op. cit.*, p. 339-340.

> Si la trahison est un art tout d'« exécution », alors Emmanuel Macron est un immense artiste. La manière dont il a exécuté « François », avec délicatesse, doigté, amour même… Quel talent[1].

Leur enquête auprès des proches de Hollande les conduit néanmoins à nuancer l'idée d'une trahison, d'un Macron en Brutus : à la fin de son mandat, Hollande était à bout, à terre, et le pouvoir n'était plus à prendre, simplement à ramasser.

De cette absence de reconnaissance de la part de Macron, de multiples cas peuvent être invoqués, et pas des moindres. Macron entend en effet montrer qu'il ne doit rien à personne, si ce n'est à son épouse et… à sa grand-mère. Personne d'autre ne peut se prévaloir d'avoir joué un rôle quelconque dans sa destinée. Son « ami » Jean-Pierre Jouyet, présent à chaque étape de l'ascension de Macron pour lui permettre de gagner du galon, en sait quelque chose. Depuis sa sortie de l'Ena, Macron est son protégé et il le couve. Jean-Pierre Jouyet, proche de Hollande, convainc ce dernier de le prendre comme secrétaire adjoint à l'Élysée, avant d'occuper le poste deux ans plus tard en 2014 :

> J'insiste pour que Macron soit son adjoint, chargé des affaires économiques et financières […] Le nouveau président accepte. À partir de ce moment, je ne cesse de renforcer son influence, au plus grand déplaisir de Lemas[2].

Lorsqu'en 2014, il faut remplacer Arnaud Montebourg démissionnaire, c'est encore Jean-Pierre Jouyet qui permet

1. Nicolas Domenach, Maurice Szafran, *Le Tueur et le Poète*, *op. cit.*, p. 134.
2. Jean-Pierre Jouyet, *L'Envers du décor*, Albin Michel, 2020, p. 78.

à Macron d'intégrer le gouvernement au poste décisif de l'Économie :

> Qui pour remplacer Montebourg ? Je plaide la cause d'Emmanuel [...] Nous faisons le tour du gouvernement pour envisager d'autres possibilités. Personne ne sort du lot. J'insiste : « Un profil comme Macron, ce serait bien. »[1]

Jean-Pierre Jouyet, qui a servi l'État au plus haut niveau pendant une quarantaine d'années, est un grand affectif. Il se prend les pieds dans le tapis qu'il a déroulé pour son protégé : alors qu'il le hisse au plus haut niveau, une fois l'objectif atteint, le disciple détourne les yeux. Jouyet n'existe plus. N'en revenant pas, il publie *L'Envers du décor* pour exprimer, entre autres, son amertume :

> Je suis passé, en l'espace de vingt-quatre heures, du statut de mentor à celui d'infréquentable. [...] Derrière le fervent disciple, je n'avais pas vu pointer le nouveau roi[2].

Il a pourtant fait, autant que Hollande, la carrière politique de Macron :

> Il a été de tout temps, hormis une petite période de glaciation après sa démission du gouvernement, l'un de ses plus fervents soutiens. Il l'a poussé au côté de François Hollande et a encouragé son ami le président à le faire travailler pour lui. L'a présenté à beaucoup de monde, notamment lors des fameux dîners organisés à la bonne franquette dans son appartement du 16e arrondissement de Paris, tout près de Saint-Jean-de-Passy, où ont défilé François Hollande et Valérie, puis Hollande et Julie, mais

1. *Ibid.*, p. 128.
2. *Ibid.*, p. 40.

> aussi Serge Weinberg, Charles-Henri Filippi, Alexandre Bompard, Martin Hirsch et tant d'autres[1].

Jean-Pierre Jouyet rencontre Macron lorsque ce dernier arrive à l'Inspection générale des finances. Il repère un certain nombre de brillants hauts fonctionnaires, parmi lesquels Alexandre Bompard, qui deviendra conseiller technique au cabinet de François Fillon et P-DG d'Europe 1, puis prendra la direction de la Fnac en 2011. Il identifie aussi Sébastien Proto, de la même promotion que Macron (la promotion Senghor), qui deviendra directeur de cabinet d'Éric Woerth et de Valérie Pécresse au Budget, puis sera engagé comme gérant de la banque Rothschild & Cie où il retrouvera Macron. Il remarque encore Marguerite Bérard, elle aussi de la promotion Senghor, qui sera conseillère à l'Élysée sous Sarkozy entre 2007 et 2010. Dans le cadre des rapports qu'il demande à ces jeunes hauts fonctionnaires, Jouyet entre en relation avec Macron et tombe sous le charme. Il le choisit comme chargé de mission et noue avec lui des relations amicales. L'un et l'autre sont de bons vivants :

> Il arrive donc que ces deux-là se retrouvent autour d'un verre de whisky, voire sur un terrain de foot où, selon Jean-Pierre Jouyet, celui qui n'est pas encore candidat à la présidentielle « ne fait pas du foot de jeune fille ». Tout comme au tennis où « il ne donne pas sa part au chat non plus. Il est battant », assure le mentor. Bref, les deux hommes tissent des liens étroits[2].
>
> De 2005 à 2007, je vis une véritable lune de miel avec Emmanuel Macron. Souvent, en fin de journée, il passe

1. Anne Fulda, *Emmanuel Macron. Un jeune homme si parfait*, Plon, 2017, p. 71.
2. *Ibid.*, p. 74.

> dans mon bureau pour boire un whisky. Nous devisons de tout et de rien avec un plaisir partagé[1].

Sous la présidence de Sarkozy, leurs relations amicales s'approfondissent et des liens se tissent entre les deux couples.

Alors qu'en 2009 Macron tourne son regard vers Laurent Fabius en pensant miser sur le bon cheval pour la future présidentielle, Jouyet lui suggère de s'orienter plutôt vers Hollande :

> Après l'affaire du Sofitel de New York et le « désistement » de Dominique Strauss-Kahn, ces tergiversations n'ont plus cours. Je mets Emmanuel en garde, il ne faut pas suivre Laurent Fabius ou Martine Aubry, car François Hollande me paraît, de loin, le mieux préparé[2].

En 2010, c'est encore Jouyet qui permet la rencontre décisive en invitant le couple Macron chez lui avec Hollande, en pleine période des primaires.

Cette fois, Macron est sur orbite, aux côtés de celui qui va l'emporter en 2012. Toujours en poste chez Rothschild, il déploie son savoir-faire jusqu'à devenir un soutien indispensable, animant un groupe d'économistes qui prend pied à La Rotonde[3], où Macron fêtera plus tard son propre succès lors du premier tour des présidentielles en 2017. Jouyet se fait l'avocat de son disciple lorsqu'il est question de constituer le cabinet de l'Élysée. Alors que Hollande est

1. Jean-Pierre Jouyet, *L'Envers du décor*, *op. cit.*, p. 42.
2. *Ibid.*, p. 45.
3. On trouve dans ce groupe, entre autres : Philippe Aghion, Élie Cohen, Gilbert Cette, Sandrine Duchêne, Jean Pisani-Ferry (informations reprises de Anne Fulda, *Emmanuel Macron. Un jeune homme si parfait*, *op. cit.*, p. 75).

prêt à solliciter Macron comme simple conseiller, Jouyet le pousse à le prendre comme secrétaire adjoint de son cabinet et souligne ses qualités exceptionnelles d'économiste. Lorsqu'en 2016, Hollande renonce à se représenter, Jouyet, qui séjourne parfois dans la maison des Macron au Touquet, contribue personnellement au financement de la campagne présidentielle.

Malgré ce soutien indéfectible, une fois parvenu au pouvoir, Macron se détourne subitement de son mentor qui devient indésirable ; il ne répond même plus à ses messages. Mis au placard du nouvel organigramme de l'Élysée en 2017, Jouyet se retrouve excentré, nommé ambassadeur de France à Londres. D'outre-Manche, cependant, il lance, pour se rappeler à l'attention de son jeune disciple, quelques appels – qui restent lettre morte.

> [Il tente] à de multiples reprises de relancer son ancien protégé par SMS et par mails. Sans succès. Macron ne joue plus. Macron ne répond plus. Il a ghosté Jouyet[1].

Ce rejet affecte Jouyet, qui ne comprend pas cette exclusion subite. Il tente de se rassurer en se disant que le nouveau président est débordé par ses obligations et ne peut plus lui accorder de son temps devenu trop précieux. Il se tourne alors vers son secrétaire à l'Élysée, Alexis Kohler, et se heurte là encore au mur du silence :

> Au départ, je tombe des nues. Je connais les usages. J'ai fréquenté trois présidents avant lui, je n'ignore rien des sollicitations innombrables dont ils sont l'objet. Je ne me suis pourtant jamais heurté à un tel mur de silence. Les

1. Marc Endeweld, *Le Grand Manipulateur. Les réseaux secrets de Macron*, Stock, 2019, p. 184.

> semaines, les mois passent. Je découvre que je suis bien le seul à m'étonner. Tous mes camarades de l'Inspection des finances m'ont expliqué que je n'avais rien compris à sa personnalité [...] Tous m'ont dit peu ou prou la même chose : dénué de tout affect, « Jupiter » utilise toutes les armes de sa séduction pour valoriser son propre ego (démesuré, diront certains). D'où ce rejet visible, presque enfantin, aujourd'hui, de tous les proches avec lesquels il a « partagé » les moments et les sentiments qui semblaient les plus amicaux[1].

Le 18 janvier 2018, le sommet de l'ingratitude se manifeste par un mensonge éhonté, lorsque Jouyet vient requérir des explications à l'occasion d'un sommet franco-britannique. Il se rend à l'Élysée, où se joue cette scène insensée racontée par Marc Endeweld :

> Jouyet tente la remarque suivante : « Attends, Emmanuel, je t'ai envoyé de nombreux SMS et mails, mais je n'ai reçu en retour aucune réponse... » Macron le coupe avec aplomb : « T'es sûr ? » Et Jouyet de reprendre : « J'ai envoyé les mêmes mails à Alexis Kohler... » Le secrétaire général entre dans la pièce. Macron le prend à témoin : « Alexis, tu ne sais pas ce que me dit Jean-Pierre ? Il nous a envoyé des SMS, et des mails, mais nous n'avons rien reçu. » Devant une telle assurance, Jouyet est alors prêt à les croire : « Vous me rassurez, je croyais que vous ne vouliez plus me parler[2]...

Il n'y avait pas de quoi être rassuré : Jouyet a bien été placardisé à Londres et on comprend qu'il accuse le coup, comme en témoigne sa publication de 2020[3]. Il prend alors la mesure des mises en garde de ses amis lui parlant d'un

1. Jean-Pierre Jouyet, *L'Envers du décor*, *op. cit.*, p. 46.
2. *Ibid.*, p. 186.
3. Jean-Pierre Jouyet, *L'Envers du décor*, *op. cit.*, chapitre « Macron, séducteur indifférent », p. 39-48.

Macron dénué de tout affect et essayant de le convaincre qu'il n'avait rien compris lorsqu'il croyait à l'intensité du lien affectif.

Par-delà la blessure affective, Jouyet découvre la nature de la politique menée par Macron qui est, sous le masque de l'indistinction entre droite et gauche, une vraie politique de droite. Jouyet présente en effet la politique macronienne comme encore plus libérale que celle de Sarkozy. Sous l'apparence du progressisme social-libéral, Macron nourrit, selon lui, un imaginaire de droite et rêve au rassemblement… des droites.

Une autre personnalité a servi de tremplin majeur pour comprendre comment Macron a court-circuité toutes les étapes qui peuvent conduire au sommet de la marche. C'est Jacques Attali, qui l'a recruté comme rapporteur de sa commission installée par Nicolas Sarkozy au lendemain de son élection en 2007. Attali a permis à Macron de compléter son carnet d'adresses et a joué le rôle de parrain auprès du tout-Paris. La relation est tout autre qu'avec Jouyet, du fait de la confrontation entre deux egos démesurés. Attali n'hésite pas prétendre avoir été le premier à repérer Macron, qu'il aurait inventé en favorisant des mises en relations indispensables pour son avenir avec le gratin des dirigeants d'entreprises. C'est en effet dans cette commission que Macron rencontre le président de Sanofi, Serge Weinsberg, qui deviendra un de ses intimes, mais aussi Claude Bébéar d'Axa, Anne Lauvergon alors présidente d'Areva, Stéphane Boujnah P-DG d'Euronext, Peter Brabeck président de Nestlé[1], lequel lui permettra

1. Informations reprises de l'article de Elsa Freyssenet et Nathalie Silbert, « Macron, la première marche », *Les Échos Week-end*, 27 janvier 2017.

de réaliser un gros coup financier lorsqu'il sera banquier chez Rothschild en avril 2012. Macron sera à l'origine de la signature d'un gros contrat ouvrant à Nestlé le rachat de la division nutrition infantile de Pfister, en évinçant ainsi son concurrent Danone.

Avec Attali, le choc des egos ne tarde pas : il supporte mal que son protégé lui fasse de l'ombre. En 2015, la rupture est consommée et Attali décide de soutenir l'ambition présidentielle de Manuel Valls, se faisant critique d'un Macron qui, selon lui, manque d'une vision du monde. Alors ministre de l'Économie, Macron n'est pas en reste et présente son mentor à la presse en ces termes : « C'est un pipoteur[1] ! » Une fois à l'Élysée, alors qu'Attali tente de renouer le lien, communiquant au nouvel élu des notes sur l'état de la société française, il ne se voit confier aucune mission par sa « créature ».

Henry Hermand a joué lui aussi un rôle décisif dans la réussite fulgurante de Macron. Homme d'affaires ayant fait fortune dans la grande distribution, il a appuyé de ses deniers la deuxième gauche rocardienne et financé un certain nombre de think tanks réformistes. Ancien résistant et ancien du PSU, Hermand rencontre Macron qui vient de passer ses quelques mois de stage au Nigeria en tant que nouveau de la promotion Senghor de l'Ena. Comme beaucoup, il tombe sous le charme de ce jeune énarque prometteur et décide d'œuvrer pour faciliter sa carrière politique, lui faisant rencontrer un certain nombre de personnalités importantes. Il devient rapidement un de ses intimes et noue avec le couple Macron des relations amicales, les deux

1. Emmanuel Macron, cité par Marc Endeweld, *Le Grand Manipulateur. Les réseaux secrets de Macron*, *op. cit.*, p. 187.

couples passant pas mal de soirées ensemble et partageant même des moments de vacances.

Hermand est à ce point proche de Macron qu'il lui prête à titre personnel un demi-million d'euros pour qu'il puisse acquérir son premier appartement parisien. Son idée est de réussir avec Macron ce qu'il a échoué avec Rocard : le conduire à se présenter à la présidentielle et pourquoi pas, à la gagner. Aux dires de l'épouse d'Hermand, Béatrice, son mari entretenait avec Macron un rapport filial. En 2007, il finance et organise le mariage d'Emmanuel et Brigitte, dont il est l'un des deux témoins. Hermand se fait l'intercesseur entre Macron et Rocard, qui assistera au mariage organisé au Touquet :

> Un mariage de province qui se tient à l'hôtel Westminster, juste en face de leur maison, en présence de Michel Rocard et de son épouse, de copains de l'Ena comme Gaspard Gantzer, Mathias Vicherat ou Sébastien Veil. Avec comme témoins, pour Emmanuel, Marc Ferracci, son ami de Sciences Po, et Henry Hermand[1].

Lorsqu'il paraît de plus en plus probable que Macron se présentera à la présidentielle, son mentor se met un peu trop en avant au goût du futur candidat. Il se vit en faiseur de roi et tient à ce que cela se sache. En février 2015, il se présente dans *Le Point* comme « le vieux sage qui murmure à l'oreille de Macron ». En janvier 2016, il se prête au jeu du portrait pour *Les Échos*, qui *titrent :* « Henry Hermand, l'homme qui veut faire de Macron un président. »[2] Le vieil

1. Anne Fulda, *Emmanuel Macron. Un jeune homme si parfait*, *op. cit.*, p. 35.
2. Vanessa Schneider, « Henry Hermand. Emmanuel Macron, le vieil homme et le (futur) président », *Le Monde*, 9 novembre 2018.

homme ose même critiquer publiquement la vulgarité des unes de la presse *people* et le goût effréné de son protégé pour les bains de foule, dans lesquels il estime qu'il perd son temps. C'en est trop pour Macron qui prend ses distances et laisse choir celui à qui il doit tant, le renvoyant à sa solitude, celle d'un vieil homme de 92 ans. Tahar Ben Jelloun confie à Vanessa Schneider :

> À la fin de sa vie, il était très malheureux. Il attendait tous les jours des coups de fil d'Emmanuel qui ne venaient pas. Je l'ai vu souffrir. Dans sa maison de Senlis, comme il n'avait pas de portable, il interdisait à tout le monde d'utiliser la ligne fixe en disant : « J'attends un coup de fil d'Emmanuel. » C'était pathétique.

La main de Rastignac ne tremble pas

Dans son livre consacré à Macron, l'ancien directeur de *Libération* Laurent Joffrin l'affirme d'entrée :

> Il y a un péché originel dans le macronisme, ou une malédiction, comme on veut : la trahison. Tout au long du règne, cette trahison flotte tel un spectre au-dessus du président, ou comme l'œil de Caïn qui apparaîtrait sur les murs de l'Élysée[1].

Tous ceux à qui Macron doit d'être parvenu si vite au sommet de l'Olympe sont brutalement écartés. C'est encore le cas de celui qui a été son comparse aux côtés du président Hollande, le secrétaire de l'Élysée Pierre-René Lemas, dont Macron a longtemps été le second en tant que secrétaire adjoint. Celui qui a été son patron était aussi le numéro un de la Caisse des dépôts :

---

1. Laurent Joffrin, *Anti-Macron*, Stock, 2020, p. 5.

> Fin juillet, le nouveau président reçoit Pierre-René Lemas pour envisager l'avenir. Emmanuel Macron a bien son idée en tête, mais se garde d'en dévoiler la teneur à son interlocuteur : « Bien entendu, je souhaite que tu restes. » Sauf qu'il ne lui précise pas jusqu'à quand[1].

Quinze jours plus tard, en plein mois d'août, Lemas reçoit un coup de fil de l'Élysée lui indiquant qu'il doit quitter ses fonctions de président de la Caisse des dépôts, son interlocuteur ajoutant qu'il l'avait évidemment compris lors de son échange avec le nouveau président :

> Abasourdi, le haut fonctionnaire, routier de la préfectorale, entre en résistance passive : « Justement, c'est le contraire qui m'avait été annoncé », fait-il savoir en retour. Fin août, la tension monte d'un cran : l'Élysée lui annonce par un texto qu'un « dirigeant intérimaire » va être nommé afin de prendre les rênes de la Caisse[2].

Outre l'ingratitude, cette injonction dépasse les bornes en ce qu'elle fait fi des statuts de la Caisse qui prévoient qu'elle désigne elle-même le directeur intérimaire, ce qui permet à Lemas de faire de la résistance passive en se nommant lui-même dirigeant intérimaire.

Jouyet, Attali, Hermand, Lemas : autant de personnalités au sommet de l'État passées sous les fourches Caudines d'un Jupiter sans vergogne qui a décidé d'oublier ses dettes en effaçant purement et simplement ceux qui ont servi son ascension. Que dire alors des innombrables hommes de l'ombre dont le nom même est inconnu du grand public et qui ont joué eux aussi un rôle, plus secondaire, mais

1. Michaël Darmon, *Macron ou la démocratie de fer*, L'Archipel, 2018, p. 67.
2. *Ibid.*, p. 67.

néanmoins effectif ? C'est ce que révèle la journaliste du *Monde* Ariane Chemin à propos d'un certain Robert Piumati, un ami de jeunesse de Macron, éliminé jusque dans sa mort. Cette histoire permet de comprendre pourquoi le choix de la Rotonde pour l'organisation de la fête de l'entre-deux-tours de la présidentielle.

Macron rencontre Robert Piumati par le biais de son ami et condisciple à Sciences Po, Marc Ferracci. Ils se retrouvent en général le soir à la Contrescarpe où Robert Piumati, leur aîné, a établi son QG. Sexagénaire et communiste, Piumati a réussi à faire de l'association « Tourisme et travail », proche de la CGT, un organisme lucratif qui devient une des sources de financement du PCF. Curieux personnage que ce Robert Piumati, très différent des apparatchiks traditionnels du PCF ; il entretient le plus grand mystère sur lui-même, dévore la vie à pleines dents et dépense sans compter pour ses cercles de proches. C'est un aventurier de la politique et des sorties nocturnes : « Il m'avait dit qu'il ne sortait jamais sans un flingue[1]. » Lorsque Ferracci lui présente Macron, alors célibataire à Paris, coupé de sa bien-aimée Brigitte restée à Amiens, le courant passe aussitôt et la bande de copains se retrouve à festoyer à La Rotonde :

> Ah, Robert ! Comme il était généreux ! Comme il savait régaler, du temps de sa splendeur, lorsque, avec sa petite bande d'étudiants, il oubliait sa défroque de patron communiste pour venir banqueter à l'étage de la fameuse brasserie ! « C'était toujours lui qui réglait l'addition en sortant sa liasse de billets », se souvient Christine Robert-Consigny, l'une de ses fidèles convives, qui fit sa

1. Sylvain Pattieu, *Tourisme et travail. De l'éducation populaire au secteur marchand*, Presses de Sciences Po, 2009.

connaissance alors qu'elle révisait son bac à une terrasse du Quartier latin, en 1994[1].

Lorsque, en 2005, Ferracci se marie dans l'Aveyron, il choisit pour témoins Macron et Robert Piumati, attestant ainsi sa reconnaissance envers ce dernier des prodigalités dont il a bénéficié. De son côté, Macron, poursuivant sa carrière ascensionnelle, se détourne de cet ancien « copain » au passé sulfureux, le laissant mourir seul en 2009, sans fortune, sans descendance, sans légataire, ignoré de ses anciens compagnons de beuverie : « Robert est effacé jusque dans sa mort[2]. »

Le clan des fidèles d'une prestigieuse promotion

Derrière le sourire enjôleur se dissimulerait un aventurier de la politique mû par le seul souci de son arrivisme et prêt, à la manière de Lucien de Rubempré ou d'Eugène de Rastignac, à lever tous les obstacles obstruant sa route. Il lui faut donc pratiquer la *tabula rasa* pour se défaire des gens à qui il est redevable pour leur substituer des hommes liges qui lui doivent tout. C'est ce qu'il réalise en assurant la mise en orbite de toute une génération, la sienne, avec la fameuse promotion Senghor (2002-2004) de l'Ena, son clan, qu'il installe au pouvoir dans les postes clés, à quelques exceptions près comme celle, notoire, d'Alexis Kohler, qui appartient à la promotion Averroès (1998-2000). Cette promotion Senghor revêt une singularité remarquée par

1. Ariane Chemin, « "C'était mon copain, Robert" : l'énigmatique ami de jeunesse d'Emmanuel Macron », *Le Monde*, 9 juillet 2019.
2. *Ibid.*

Mathieu Larnaudie[1]. Particulièrement politisée – plus que les promotions précédentes de l'Ena –, elle est en effet marquée par l'événement que constitue le 21 avril 2002, qui intervient au moment où elle effectue son stage en ambassade. La présence de Jean-Marie Le Pen au second tour de la présidentielle révèle la fragilité des institutions républicaines, dont cette génération doit être la garante. À cela s'ajoute le vif sentiment d'un tournant historique avec la chute du mur de Berlin, l'effondrement du communisme et l'onde de choc de septembre 2001 avec l'attentat sur les tours du World Trade Center de New York, qui a lieu au moment même où cette promotion passe le concours.

Cette nouvelle génération est aussi, bien évidemment, marquée par l'institution qui l'a formée. L'Ena a été créée à la Libération par le général de Gaulle pour remplacer à la tête de l'État des responsables compromis par la collaboration et pour accompagner avec volontarisme une rapide reconstruction du pays. Privilégiant, à la manière gaullienne, une certaine idée de la France, elle s'est transformée au fil des années 1980-1990 en une grande école de formation de l'élite, peu différente des grandes écoles de commerce, partant de l'idée que la séparation jusque-là précieusement conservée entre le public et le privé est désormais désuète. Les nouveaux promus vont faire de l'aller-retour entre public et privé leur marque de fabrique ; à ce titre le parcours de Macron, passant de Rothschild à l'Élysée, est exemplaire d'un mouvement plus général.

Cette promotion, forte de personnalités talentueuses, puisque dix-sept d'entre elles se retrouveront à des postes clés à l'Élysée, se distingue aussi par son caractère rebelle.

1. Mathieu Larnaudie, *Les Jeunes Gens*, Grasset, 2018.

Dans le rapport remis à la direction de l'Ena à l'issue de leur formation, les nouveaux titulaires stigmatisent l'enseignement reçu comme n'étant pas au niveau. L'énarque sortie major, Marguerite Bérard, remet à la direction, au nom des 134 diplômés, un rapport de vingt pages au titre évocateur : *L'Ena, l'urgence d'une réforme*. Son contenu pointe « la vacuité intellectuelle des enseignements », « l'incurie de la scolarité » et dénonce « un concours d'entrée suivi d'un concours de circonstances », ainsi que « l'infantilisation et la ritualisation de l'angoisse ».

Ces jeunes promus ont réussi un tir groupé dès la présidence de François Hollande. En 2013, on ne compte pas moins d'une vingtaine des leurs parmi les directeurs ou sous-directeurs de cabinets à l'Élysée. Avec l'arrivée au pouvoir de Macron en 2017, cette jeune élite républicaine va s'épanouir en réalisant la synthèse entre la fonction de haut commis de l'État et la culture managériale des start-up, transformant l'appareil d'administratif d'État en « start-up-nation ». Une fois installé à l'Élysée, Macron fait de son condisciple Alexis Kohler le secrétaire de son cabinet ; tous deux vont régenter le service et vassaliser Matignon. Son choix se porte sur le modèle même de cette synthèse entre la finance et l'État. Énarque, Kohler est aussi sorti de l'Essec, et a travaillé au Fonds monétaire international (le FMI) et à Bercy, sous la houlette de Pierre Moscovici. Macron trouve en lui un *alter ego* : « Kohler est prolibéralisation sur les biens et les services, et il a un agenda de droite en matière de fiscalité », juge un ancien conseiller de Macron à Bercy[1]. »

1. Marc Endeweld, *Le Grand Manipulateur. Les réseaux secrets de Macron*, *op. cit.*, p. 192.

Ces jeunes loups rassemblés autour de Macron œuvrent à la trahison de Hollande : Ismaël Emelien, le jeune protégé de Gilles Finchelstein à l'agence Havas, bénéficie du titre de « conseiller spécial » à Bercy, où il prépare dès 2015 la campagne à venir du ministre Macron. Il conservera ce titre de « conseiller spécial » à l'Élysée. Parmi cette promotion Senghor, Gaspard Gantzer, après avoir été responsable de la communication de Hollande, va se mettre au service de Macron. Sibyle Petitjean, épouse Veil, est nommée à la tête de Radio France ; Mathias Vicherat devient directeur général adjoint de la SNCF. C'est un clan qui s'empare des leviers de commande. Cette forme d'entre-soi induit le risque de se déconnecter des réalités : le nouveau président peut se complaire dans l'image positive que lui renvoient ses obligés dans le miroir.

À ce clan issu de l'Ena il convient d'ajouter un autre cercle : celui issu des « Jeunes avec Macron » (JAM), mouvement lancé en juin 2015, composé surtout d'anciens étudiants de la faculté de droit de Poitiers. Parmi eux, Stéphane Séjourné, Florian Humez, Pierre Person et Sacha Houlié, qui s'étaient engagés dans un premier temps derrière DSK. Séjourné recrute le futur jeune député des Hauts-de-Seine, Gabriel Attal, qui pour l'occasion renonce à sa particule (il avait l'habitude d'adjoindre à « Attal » le patronyme de sa mère, « de Couriss »). Entré dans le ministère de Marisol Touraine à la Santé en 2012, il rejoint les « Jeunes avec Macron » et devient porte-parole du groupe LREM en décembre 2017, avant d'être nommé secrétaire d'État auprès du ministre de l'Éducation nationale en octobre 2018. Ce cercle est rejoint par Mickaël Nogal, alors à la direction d'Orangina France, Aurélien Taché, futur député du Val-d'Oise, Pierre Le Texier,

Benjamin Griveaux et bien d'autres, séduits par le désir de changement.

Ce clan s'est accaparé le pouvoir pour l'exercer sans partage. Le problème de cette position monopolistique, repérable d'emblée, tient au caractère homogène de personnalités certes singulières et brillantes, mais constituant un cercle de technocrates du même âge, sûrs d'eux, de leur bon droit et de la justesse de leurs décisions reposant sur les choix les plus avisés, les plus intelligents.

Un caméléon qui se contemple dans son miroir

Charles Jaigu, l'une des fines plumes du *Figaro*, remarque :

> Le macronisme mixe les contraires : Steve Jobs et Louis XIV, Rocard et Jeanne d'Arc, Ricœur et de Gaulle. C'est la dialectique transformée en auberge espagnole. Il est tout en surface, en clins d'œil, en extériorité, c'est une philosophie du remix, du collage[1].

Ce clan macronien est aimanté par celui qui capte toute l'attention et va parvenir à l'Élysée en jouant de son charme et en transformant son pouvoir de séduction en arme politique. Le romancier. Pour séduire son public, le nouveau président est aussi prêt à adhérer aux convictions de celui-ci. C'est ainsi qu'au cours de sa campagne électorale, invité à Alger, il déclare que la colonisation est un « crime contre l'humanité », pour le plus grand plaisir des autorités algériennes qui n'en demandaient pas tant. Évidemment,

1. Charles Jaigu, cité par Nicolas Domenach, Maurice Szafran, *Le Tueur et le Poète*, *op. cit.*, p. 172.

de tels propos laissent plus qu'un goût d'amertume chez les rapatriés d'Algérie et leurs enfants, nombreux dans le sud de la France.

On a cru un moment Macron en difficulté en pleine campagne électorale. C'était ne pas tenir compte de sa faculté à rebondir d'un public à l'autre en se contredisant. Peu de mois auparavant, n'avait-il pas affirmé dans un entretien au *Point* qu'il y avait eu « des éléments de civilisation » dans la colonisation ? Lors d'une réunion publique à Toulon, haut lieu de concentration des rapatriés d'Algérie, Macron se paie le cynisme de déclarer le 18 février 2017, devant une salle à moitié vide : « Parce que je veux être président, je vous ai compris et je vous aime », paraphrasant la fameuse déclaration de De Gaulle au forum d'Alger le 4 juin 1958 devant un parterre aux anges plébiscitant sans vraiment comprendre le sens de sa formule énigmatique.

Dans le même registre de propos inappropriés qui visent à séduire son public, Macron, cette fois président de la République, fait un beau discours de reconnaissance des crimes commis par l'État français pendant la Seconde Guerre mondiale, notamment de son rôle actif dans la rafle du Vél' d'Hiv' le 16 juillet 1942. Pour l'occasion, il a parmi ses invités d'honneur le Premier ministre israélien Benyamin Netanyahou, qui n'a jamais caché voir en la France une terre de prédilection pour l'antisémitisme, jamais à court de critiques à l'égard de la politique menée par Israël. Dans son discours, Macron affirme : « Nous ne céderons rien à l'antisionisme qui est la forme réinventée de l'antisémitisme[1]. » Il ne pouvait faire davantage plai-

1. Emmanuel Macron, discours de commémoration de la rafle du Vél' d'Hiv', 16 juillet 2017.

sir à Netanyahou, allant au-devant de ses vœux les plus chers, au prix cependant d'une déclaration irrecevable : nombre de juifs sont antisionistes et ne peuvent être taxés d'antisémitisme, comme l'atteste le parcours exemplaire d'un intellectuel juif comme Pierre Vidal-Naquet qui a perdu ses parents à Auschwitz à l'âge de 14 ans[1], et n'a pourtant pas ménagé ses critiques à l'égard de la politique israélienne.

Là encore, au mépris de l'évidence, Macron assène des contre-vérités qui semblent trouver leur cohérence dans son désir immodéré de plaire, d'être aimé de tous dans une *hubris* toute don-juanesque, dont le ressort serait une soif de réassurance narcissique illimitée. Nulle hypocrisie ou double-jeu dans cette attitude : elle lui est aussi naturelle que ses yeux bleus.

> Il possède l'incroyable capacité de donner l'impression d'être proche de son interlocuteur. Il nimbe toutes ses relations professionnelles d'une chaleur, d'une attention à l'autre bien peu communes dans les sphères du pouvoir[2].

Il y a néanmoins une part de lui-même qu'il ne livre pas, qui reste à distance de ces effusions, qu'Anne Fulda révèle dans son livre. Ses copains de promotion n'étaient pas dupes ; parmi leurs farces, ils avaient piraté sa boîte mail :

> [Ils] envoyèrent un message signé de lui avec comme texte : « Chers tous, vous me voyez tous les matins, je vous fais la bise, je vous souris, mais, au fond de moi, je vous méprise profondément. » Macron avait ri… jaune[3].

1. Cf. François Dosse, *Pierre Vidal-Naquet. Une vie*, La Découverte, 2020.
2. Anne Fulda, *Emmanuel Macron. Un jeune homme si parfait*, *op. cit.*, p. 59.
3. *Ibid.*, p. 60.

On peut aussi émettre l'hypothèse d'une attitude inspirée par les enseignements qu'il tire de son cursus philosophique. Macron a en effet consacré un DEA à Machiavel à l'université Paris X : *Le fait politique et la représentation de l'histoire chez Machiavel.* Défiant toutes les règles de la science politique en arrivant si vite sans aucun mandat électif au sommet de l'État, Macron a suscité une foule de rapprochements chez les analystes essayant de comprendre le personnage. À qui pouvait-on se raccrocher pour comprendre ? Pour les uns, de Gaulle ; pour les autres Mitterrand, Bonaparte, Clemenceau, Talleyrand, Waldeck-Rousseau... ? Avec pertinence, le spécialiste de Machiavel qu'est l'historien Patrick Boucheron voit quelques analogies avec le penseur du début du XVIe siècle, l'auteur du *Prince*, au cœur de la Renaissance florentine, dans une riche République qui glisse vers l'oligarchie. Selon lui, nous vivrions un « moment machiavélien » :

> Il préconise de relire *Le Prince*, qui recommande d'être « tantôt renard pour éviter les pièges et tantôt lion pour effrayer les loups », méthode de gouvernement mue par la « philosophie de la nécessité ». Donc, du discernement[1].

Un des condisciples de Macron, Jean-Baptiste de Froment, le confirme :

> Il avait un côté caméléon très frappant. Il savait adapter son discours à son interlocuteur et s'entendre avec des élèves aux origines et aux personnalités différentes[2].

---

1. Michaël Darmon, *Macron ou la démocratie de fer*, *op. cit.*, p. 24.
2. Jean-Baptiste de Froment, cité par Raymond Gori, *La Nudité du pouvoir. Comprendre le moment Macron*, Les Liens qui libèrent, 2018, p. 30.

De son côté, Raymond Gori fait le lien entre l'analyse de Christopher Lasch[1], qui qualifie notre société de narcissique, et ce qu'incarne Macron en France. Le glissement que nous observons de la *philia* à l'ingratitude ne tiendrait pas à une simple équation psychologique personnelle, mais traduirait une tendance lourde de notre époque :

> À l'éthique de la loyauté et de la dette à l'égard de l'autre font place le volontarisme individualiste de la réalisation de soi dans la performance, l'accomplissement par l'Audimat des réseaux sociaux, le désir d'émouvoir les autres sans en être affecté, l'art de la mise en scène, l'aisance du jongleur[2].

Ce monde de l'artifice, du cynisme, de l'illusion banalise ce que Raymond Gori perçoit comme notre normalité, celle de l'imposture[3]. C'est selon lui la tendance de notre culture moderne dans sa propension à faire valoir un monde de facticité, d'apparence, de vitesse, aux dépens de la vérité, de la probité et de la qualité : « Macron en est l'incarnation[4]. » Les valeurs essentielles célébrées par toute la tradition philosophique d'Aristote à Ricœur, qui relèvent d'une éthique de vie avec autrui, de l'amitié comme nouage majeur de relation à autrui, « tombent dans les eaux glacées du calcul égoïste, ou plus précisément les vertus deviennent les conséquences "naturelles" de l'accomplissement entrepreneurial[5] ». On

1. Christopher Lasch, *La Culture du narcissisme*, Champs-Flammarion, 2006 (1re éd. 1979).
2. Raymond Gori, *La Nudité du pouvoir. Comprendre le moment Macron*, *op. cit.*, p. 27.
3. Raymond Gori, *La Fabrique des imposteurs*, (2013), Actes Sud, 2014 (1re éd. 2013).
4. Raymond Gori, *La Nudité du pouvoir. Comprendre le moment Macron*, *op. cit.*, p. 33.
5. *Ibid.*, p. 60.

comprend mieux à quel point les ruptures relationnelles du président Macron, se détournant de ceux dont il n'a plus besoin, ne tiennent pas tant à une équation personnelle qu'à un fait d'époque, qui célèbre les autoentrepreneurs d'eux-mêmes. Le prédécesseur de Macron à l'Élysée, François Hollande, l'a pressenti, mais trop tard, écrivant à propos de celui qui a été son secrétaire adjoint et son ministre de l'Économie avant de devenir son Brutus :

> Il ne s'inscrit pas dans l'histoire de la gauche, pas davantage dans celle de la social-démocratie, ni même dans une recomposition qui pourrait préfigurer une coalition progressiste. Il est à son compte. Il a créé une entreprise : il entend la mener le plus loin possible[1].

En caméléon, il sait revêtir les habits de ceux à qui il s'adresse, ce qui lui donne un habit d'Arlequin quelque peu contradictoire au fil de ses interventions. C'est ainsi qu'au cours du même été 2020, il s'engage, auprès de la Convention Climat qu'il a mise en place, à reprendre à son compte leurs 149 propositions qui comprennent un moratoire sur la 5G. Le 15 septembre, s'adressant cette fois aux représentants de la *French Tech*, il s'en prend à ceux qui veulent en revenir à la lampe à huile et défendre le « modèle amish » en refusant d'équiper le pays de la 5G. Cette pratique caméléonesque n'en cache pas moins le fait que Macron sait ce qu'il veut et entend l'imposer par tous les moyens en se parant du voile de l'empathie.

Raphaël Llorca, doctorant en philosophie du langage et expert associé à la Fondation Jean-Jaurès, analyse cette plasticité de Macron comme la résultante d'une stratégie

1. François Hollande, *Les Leçons du pouvoir*, *op. cit.*, p. 352.

marketing adaptée à l'ère du multi-écrans qui revient à adopter une logique de plateforme alimentée par une multi-images du président, successivement sécuritaire sur BFMTV, martial sur France 2 ou TF1, conversationnel sur Twitch et détaché comme il a pu l'être sur YouTube avec les deux jeunes amuseurs publics Mcfly et Carlito[1]. Le président étant un acteur hors pair, sachant jouer avec brio tous les registres, il apparaît aussi convaincant dans chacune de ces prestations. À chaque fois, il s'adresse à une cible, à un segment de public bien identifié, et il réussit d'autant mieux sa performance qu'elle est éloignée de l'image stéréotypée que l'on se fait d'un président de la République : il y est très naturel et y éprouve un vrai plaisir. Avec les deux jeunes youtubeurs, il gagne son pari, réussissant à attirer en moins de vingt-quatre heures 7,5 millions d'internautes, avant d'atteindre plus de 10 millions le 25 mai. On apprend dans le même temps que l'image de Macron dans la jeunesse s'améliore sensiblement.

Le problème réside dans le fait que Macron ne joue pas au Français sur les planches, mais incarne la politique de la France : changer ainsi de costume au gré des attentes supposées des différents segments visés le conduit inévitablement à perdre en cohérence ce qu'il gagne en Audimat. Le résultat du quinquennat est celui d'une image brouillée par des propos contradictoires et d'un grand écart permanent qui n'a plus de sens, sinon publicitaire.

Raphaël Llorca discerne néanmoins une évolution sensible entre la marque Macron au moment de la conquête

1. Raphaël Llorca, *La Marque Macron. Désillusions du neutre*, *op. cit.*, 2021.

du pouvoir qu'aurait permise une stratégie du neutre, et l'adoption d'une stratégie de neutralisation. Le fameux « en même temps » relèverait d'une tactique de la disruption telle que la définit le publicitaire Jean-Marie Dru. Elle revient à refuser de se laisser enfermer dans une logique binaire, et d'y échapper en optant pour une solution inédite :

> Ni un téléphone ni un ordinateur : un iPhone. Ni une voiture individuelle ni un taxi : un Uber. Ni à l'hôtel ni chez soi : un Airbnb[1].

La forme pacifiée du neutre passe par l'usage de ce que Llorca appelle, après Claude Lévi-Strauss, la forme-mana du discours, soit des formules vides de sens, de simples réceptacles adaptables en fonction du public et capables de transmettre un grand nombre de signifiés. C'est en effet le cas de la dénomination du mouvement de Macron, En Marche ! – une marche dont on ne précise pas la direction. Il en est de même lorsqu'il en appelle à la nouveauté, au renouvellement, il n'en explicite jamais les contours pour ne pas cliver son électorat. Cet usage de la langue se traduit par la fréquence de verbes intransitifs qui, par définition, n'ont pas de complément d'objet – « agir » ou « avancer » – ou l'emploi intransitif de verbes transitifs comme « faire », « transformer » :

> On fait *quoi ?* on transforme *quoi* ? Le candidat ne le précise jamais. Seul compte le *signifiant* de l'action ou de la transformation, pas le *signifié*[2].

Selon Raphaël Llorca, cette dominance du neutre confrontée à l'exercice du pouvoir a dégénéré en neutralisation,

1. *Ibid.*, p. 38.
2. *Ibid.*, p. 56.

ce qui se traduit par une stratégie qui consiste à empêcher l'émergence de toute forme d'opposition. Les débuts du quinquennat ont été plutôt aisés dans la mesure où Macron a disposé d'un long état de grâce. Ayant réussi à karchériser l'opposition aussi bien de gauche que de droite, il a pu à loisir jouer la carte du Neutre. Avec la remontée des contestations, il opte pour la carte de la neutralisation politique qui a affecté jusqu'aux députés de sa majorité qui se sont vu interdire de cosigner toute proposition de loi ou tout amendement provenant d'un autre groupe politique. Cette neutralisation impose le silence dans les rangs et le clip de la campagne de LREM pour les élections européennes de 2019 est à cet égard édifiant : « Regardez notre époque, regardez-la en face, et vous verrez que vous n'avez pas le choix. »

Entre le camp du bien et celui du mal, ni l'hésitation ni le discours critique n'ont leur place :

> La neutralisation empêche, ferme et verrouille : c'est en cela qu'on peut parler d'une *dégénérescence* du neutre[1].

Il en résulte un enfermement dans un entre-soi qui reste sourd aux fractures sociales et aux frustrations qu'elles suscitent et ce déphasage alimente le climat de déréliction du politique ; Pierre Person, député de LREM, souligne :

> Notre époque marque la défaite du politique[2].

La traversée des crises, autant celle des gilets jaunes que la pandémie de Covid-19, pousse à son paroxysme cette

---

1. *Ibid.*, p. 77.
2. Pierre Person, « Notre époque marque la défaite du politique », *Le Monde*, 19 octobre 2020.

propension à la neutralisation et transforme la marque Macron, qui trouve sa pérennité dans la marque-autorité déployant une logique de confiscation du débat et de contrôle de plus en plus strict de la population. Lors de son allocution télévisée du 15 octobre 2020, le président Macron n'a-t-il pas déclaré, à l'inverse de son projet de 2017 : « Nous nous étions progressivement habitués à être une société d'individus libres ; nous sommes une nation de citoyens solidaires » ?

3

La verticalité du pouvoir jupitérien se substitue à la dialectique horizontalité/verticalité

Revitaliser la démocratie ?

Alors qu'il se prépare à soutenir Hollande à la conquête du pouvoir en 2012, Macron publie dans la revue *Esprit*, revue dont il était membre du comité de rédaction et collaborateur régulier, un article qui met en garde contre le caractère trop vertical du pouvoir politique. Il y défend la nécessité d'instiller davantage d'horizontalité pour redynamiser une démocratie souffrant de langueur, attestée par la part croissante de citoyens éloignés des sphères de décision, finissant par s'abstenir massivement lors des échéances électorales[1]. Dans cet article, Macron explicite sa conception du politique et de la pratique du pouvoir, soulignant le caractère de plus en plus complexe de la décision, dû à l'écheveau

1. Emmanuel Macron, « Les labyrinthes du politique. Que peut-on attendre pour 2012 et après ? », *Esprit*, mars-avril 2011.

embrouillé des responsabilités prises en tenailles entre les niveaux local, national et mondial. L'inextricabilité des situations contemporaines rend de plus en plus difficile de se référer à une opération simple et représentable, menée par un acteur identifiable. On assiste à une dissémination de l'action en microcoordinations entre divers protagonistes, venant spécifier le système de responsabilisation de l'action politique :

> Ce phénomène de diffraction de l'action politique n'est pas récent et a conduit à transformer l'État acteur en un coordinateur d'acteurs multiples, voire en régulateur[1].

En cette année 2011, Macron dénonce ce qu'est devenu le fantasme d'une action politique qui serait instantanée, purement réactive d'une société court-circuitant les contradictions immanentes à un réel auquel on substitue une parole de l'immédiateté en lieu et place d'une action efficace. Il oppose à cet instantanéisme négateur de la réflexivité une action politique résultant d'une délibération permanente, impliquant un retour à l'horizontalité, ne serait-ce que pour rendre visibles les responsables des décisions.

Le politique, selon lui, ne doit pas renoncer à construire de « grands récits », contrairement à la thèse postmoderne énoncée en 1979 par le philosophe Jean-François Lyotard[2]. *A contrario* du discours sceptique ambiant, et dans une perspective très ricœurienne, il réévalue la fonction libératrice de l'idéologie qui remet en question toutes les formes de réification du réel :

---

1. *Ibid.*, p. 111.
2. Jean-François Lyotard, *La Condition post-moderne*, Minuit, 1979.

> L'idéologie, dans un système démocratique mature, délibératif, est une condition même de restauration de l'action politique[1].

Pour Macron comme pour Ricœur, la démocratie comporte toujours une forme d'incomplétude et ne se suffit pas à elle-même. Claude Lefort a analysé que le lieu du pouvoir de la démocratie est la place du vide, dans la mesure où la démocratie ne s'institue que d'elle-même de manière autonome, ne se revendiquant d'aucune autorité extérieure, d'aucune hétéronomie.

En même temps, Macron assume la verticalité du pouvoir, à condition de l'articuler avec une vitalité délibérative :

> Nous vivons un moment de tâtonnement démocratique. La forme démocratique est tellement pure et procédurale sur le plan théorique qu'elle a besoin d'incarnation momentanée : elle doit accepter des impuretés si elle veut trouver une forme concrète d'existence. C'est la grande difficulté. Nous avons une préférence pour les principes et pour la procédure démocratiques plutôt que pour le leadership. Et une préférence pour la procédure délibérative postmoderne plutôt que pour la confrontation des idées au réel. Or, si l'on veut stabiliser la vie politique et la sortir de la situation névrotique actuelle, il faut, tout en gardant l'équilibre délibératif, accepter un peu plus de verticalité. Pour cela, il faut proposer des idées. Si l'on est en capacité, grâce à des propositions, d'expliquer vers quelle société on veut aller, c'est-à-dire vers une République plus contractuelle et plus européenne, inscrite dans la mondialisation avec des formes de régulation qui correspondent à la fois à notre histoire et à nos souhaits collectifs, alors on peut mobiliser[2].

1. Emmanuel Macron, « Les labyrinthes du politique. Que peut-on attendre pour 2012 et après ? », *op.cit.*, p. 115.
2. Emmanuel Macron, entretien, *Le 1 Hebdo*, 8 juillet 2015.

Si l'on ne fixe pas un cap mobilisateur et que l'on se contente d'une gestion au quotidien, on se condamne à l'immobilisme et l'on ne peut dire que l'on gouverne, on se contente de gérer.

Macron stigmatise les effets délétères de l'extrême polarisation de la vie politique autour de la seule élection présidentielle sur la vie démocratique :

> Le temps politique vit dans la préparation de ce spasme présidentiel autour duquel tout se contracte et lors duquel tous les problèmes doivent trouver une réponse[1].

Il prend alors ses distances avec cette tendance de la Ve République à s'orienter vers toujours plus de présidentialisation, qui a pour effet d'écraser sous son poids toute la vie politique du pays.

Dans les faits, sa pratique de la Constitution va encore abaisser le rôle de la représentation parlementaire, réduite plus que jamais à la fonction d'approbation des décisions élyséennes. On avait pourtant beaucoup critiqué de Gaulle, soupçonné de vouloir établir un pouvoir personnel lorsqu'il avait conçu la Constitution de la Ve République en 1958. À l'époque, pourtant, la Constitution adoptée préservait un régime fondamentalement parlementaire ; l'article 20 précisait que le Premier ministre, dépendant de l'Assemblée, conduisait la politique de la France, même si dans la réalité la personnalité charismatique de De Gaulle dominait déjà sans partage le jeu politique. Depuis cette période, la complexification croissante des centres de décision et la diversité des champs d'application ont eu pour effet

1. Emmanuel Macron, « Les labyrinthes du politique. Que peut-on attendre pour 2012 et après ? », *art. cit.*, p. 107.

une distorsion entre les décisions politiques et l'action de l'administration. Initialement pour remédier à ce dysfonctionnement de la vie démocratique, Macron insiste sur la nécessité de la délibération :

> L'action politique contemporaine requiert une délibération permanente. Non pas le débat corseté et organisé qui prépare la prise de parole et le programme d'un candidat face au peuple, mais une délibération qui permette d'infléchir la décision, de l'orienter, de l'adapter au réel[1].

En 2011, dans l'esprit de Macron la philosophie doit contribuer à donner du sens à l'action politique en apportant une cohérence d'ensemble à des actes qui pourraient paraître purement contingents et réactifs. Elle se nourrit de son autre, de son extériorité, de ce qu'elle peut saisir du réel. Aborder la réalité empirique et ses enjeux concrets nécessite de remonter au concept, et Macron définit un espace politique propre qui se situe dans une zone intermédiaire. Cet espace médian renvoie à l'espace de pensée et d'action que cherche à construire le philosophe Ricœur, pour pouvoir tenir ensemble des impératifs opposés :

> Il faut être dans cet entre-deux. Je crois que c'est là l'espace du politique[2].

Macron oppose alors au scepticisme ambiant, au découragement, au décadentisme montant, sources de peur et de haine, de nihilisme et de cynisme, une défense des valeurs démocratiques et de leur capacité délibérative, pour parvenir à des vérités qui résultent d'une vraie recherche suivie d'un débat sur les enjeux qu'elle contient :

1. *Ibid.*, p. 114.
2. Emmanuel Macron, entretien, *Le 1 Hebdo*, *op. cit.*

> Toute la difficulté du politique aujourd'hui réside dans ce paradoxe entre la demande permanente de délibération, qui s'inscrit dans un temps long, et l'urgence de la décision. La seule façon de s'en sortir consiste à articuler une très grande transparence horizontale, nécessaire à la délibération, et à recourir à des rapports plus verticaux, nécessaires à la décision. Sinon, c'est soit l'autoritarisme, soit l'inaction politique[1].

En 2015, à l'orée de sa propre campagne présidentielle, Macron ne cache pas son désir de volontarisme dans les impulsions données par l'exécutif, et donc de la nécessaire verticalité du pouvoir, à condition toutefois que celle-ci soit compensée par davantage d'écoute des citoyens et par un renforcement des liens horizontaux. Sans nier la nécessité d'un pouvoir central, Macron insiste dans son ouvrage de campagne électorale, *Révolution*, sur la nécessité de donner plus d'autonomie au terrain, aux territoires, aux acteurs, davantage de liberté d'expérimenter des voies nouvelles :

> L'idée que je me fais de la démocratie, ce ne sont pas des citoyens passifs qui délèguent à leurs responsables politiques la gestion de la nation. Une démocratie saine et moderne, c'est un régime composé de citoyens actifs, qui prennent leur part dans la transformation du pays[2].

Il conçoit même une véritable délégation de nombreuses prérogatives en faveur des collectivités locales, et un soutien aux associations qui œuvrent sur le terrain social de l'intégration, de la santé, de l'éducation. Dans ce programme, il semble valoriser ces liens horizontaux qui relient les

1. *Ibid.*
2. Emmanuel Macron, *Révolution*, XO Éditions, *op. cit.*, p. 259.

citoyens dans la construction du commun, qu'il présente même comme nos héros d'aujourd'hui :

> Ils sont nos héros, parce que des actions essentielles sont portées par nombre d'entre eux[1].

Cette réhabilitation annoncée du politique rejoint toute la tradition philosophique aristotélicienne selon laquelle l'homme est un animal essentiellement politique. L'individu affirme même sa singularité d'être humain par son engagement dans le collectif citoyen. Macron retrouve ici la pensée de Ricœur ou de Hannah Arendt selon laquelle le politique est ce par quoi l'homme trouve son identité propre dans le rapport à l'autre, dans le souci de créer un être-ensemble. La communauté politique, conçue comme expression d'un espace public, présuppose de réévaluer ce que l'on appelle l'opinion et de renoncer à une posture de surplomb qui aurait « la prétention scientifique d'une critique qui se croirait supérieure à la pratique, c'est-à-dire finalement à l'échange public des opinions[2] ».

Dans ce souci de se tourner vers l'agir comme critère discriminant, Macron retrouve les thèses exprimées par Arendt dans la *Condition de l'homme moderne* lorsqu'elle prend le contre-pied de la tradition de la philosophie politique, qui a jusque-là toujours pensé le politique en termes de domination, de commandement, d'obéissance. Arendt opère un renversement pour situer le politique au cœur de l'être-ensemble dans une dimension non plus verticale, mais horizontale, avec cette idée majeure selon laquelle le

1. *Ibid.*, p. 261.
2. Paul Ricœur, « Pouvoir et violence », *Lectures 1. Autour du politique*, *op. cit.*, p. 35.

pouvoir n'est pas seulement un pouvoir « sur », mais un pouvoir « avec ».

En affirmant sa volonté de rapprocher les citoyens de l'action politique, Macron retrouve ce qui a été à la base de la fondation de la démocratie de la cité. La cité grecque, la *polis*, s'est en effet constituée, d'après Castoriadis, comme une pure invention qui précède de quelque trois siècles l'avènement conjoint de la démocratie et de la philosophie (entre le VIIIe siècle et le Ve siècle av. J.-C.). Elle ne se réduit pas à ce qu'est une ville, mais comprend tout un territoire à la fois urbain et rural dont elle forge l'unité. Elle se conçoit comme autosuffisante, pouvant assumer son autonomie. En même temps, la *polis* ne se définit pas comme un territoire, mais comme un sentiment de communauté d'habitants constituant un corps de citoyens :

> Thémistocle dit : nous sommes prêts à refonder Athènes ailleurs. Ce qui revient à dire : il y a une composante territoriale dans la définition d'une *polis*, mais ce n'est pas tel territoire qui définit essentiellement la *polis*, c'est la collectivité politique, le corps des citoyens[1].

La singularité et la novation chez les Grecs résident en ce que la *polis* n'est pas un État au sens moderne du terme, mais « la communauté des citoyens libres qui, du moins dans la cité démocratique, font leurs lois, jugent et gouvernent[2] ».

La raison majeure de cette innovation provient, selon Castoriadis, de l'imaginaire politique, d'une communauté autonome. Cet acte volontaire de conquête de l'autonomie serait le point de départ de toute l'histoire occidentale. La

1. Cornelius Castoriadis, *La Cité et les Lois. Ce qui fait la Grèce*, Seuil, 2008, p. 100.
2. *Ibid.*, p. 55.

polis engendre une communauté de citoyens (*dèmos*) qui va proclamer sa souveraineté (*autodikos*), ainsi que l'égalité politique, une égalité au regard de la loi (*isonomia*) et le partage égal de l'activité et du pouvoir de tous les hommes libres. Ce régime démocratique se définit par opposition à toute forme de délégation de pouvoir à des représentants :

> Pour Hérodote aussi bien que pour Aristote, la démocratie est le pouvoir du *dèmos*, pouvoir qui ne souffre aucune limitation en matière de législation, et la désignation de magistrats (non de « représentants » !) par tirage au sort ou par rotation[1].

Le principe de représentation serait donc, aux yeux de Castoriadis, totalement étranger à l'idée de démocratie, aucune complémentarité des deux systèmes n'étant possible entre les deux formes d'exercice du pouvoir. Le politique n'étant pas considéré comme une spécialité particulière, comme une *technè*, elle est affaire de tous et ne peut se trouver confisquée par une caste savante.

Si Macron n'a pas eu l'intention de remettre en cause la démocratie représentative moderne qualifiée d'« oligarchie » par Castoriadis, il semblait s'orienter vers une démocratie plus directe et un rééquilibrage des pouvoirs en faveur du lien d'horizontalité. On aurait pu comprendre sa conception du politique comme le désir de déployer ce que Jean-Claude Monod a appelé, dans son essai sur la gouvernance, « l'art de ne pas être trop gouverné[2] ». Cette tendance retrouve les réflexions de Michel Foucault sur les crises de gouvernementalité qui permettent de dépasser la conception classique d'un État réduit à sa dimension

1. *Ibid.*, p. 360.
2. Jean-Claude Monod, *L'Art de ne pas être trop gouverné*, Seuil, 2019.

disciplinaire et répressive, alors qu'elle inclut l'éthique comme gouvernement de soi et des autres. Cette aspiration à être moins gouverné, repérée par Foucault, a nourri dans ses derniers travaux son intérêt pour le courant libéral du XVIIIe siècle ; d'après son analyse, elle traduit non pas un refus de l'État, mais un déplacement de la gouvernementalité de l'État vers le marché, vers une forme de management fondé sur les capacités.

Un pouvoir vertical, jupitérien

Si les thèmes du partage du pouvoir et d'une plus grande horizontalité de la pratique des responsabilités ont été privilégiés dans le moment de la conquête du pouvoir, on a très vite pris la mesure du contraste avec son exercice réel par le nouveau président, qui affirme tout de suite son caractère jupitérien. Héritant d'institutions déjà très verticales, présidentialistes, il s'accommode et renforce même encore le caractère personnel et autoritaire de l'État, revendiqué comme tel. En 2020, il va jusqu'à s'en prendre aux pratiques horizontales, devenues à ses yeux purement négatives. Se demandant si l'on ne payerait pas le prix de l'absence de hiérarchie, il répond :

> Oui, cette société qui s'horizontalise, ce nivellement complet, crée une crise d'autorité[1].

Le jour même de son élection, le scénario choisi pour sa célébration est déjà significatif de ce que sera un exercice du pouvoir du haut vers le bas, dans la solitude du coureur

1. Emmanuel Macron, entretien avec Laureline Dupont, *L'Express*, 23 décembre 2020.

de fond. La préparation de la cérémonie commence par un subterfuge. On s'attend à voir la voiture présidentielle accompagnée et suivie par une pléthore de paparazzi et de journalistes juchés sur leurs motos, essayant de l'approcher au plus près pour commenter l'événement en direct et immortaliser la scène en le mitraillant de photographies. Ce scénario étant devenu un rituel, le téléspectateur s'attend à voir le nouvel élu baisser sa vitre et saluer les Français avec un sourire triomphal :

> Sauf que, cette fois, l'innovation vient du camp présidentiel : la voiture suivie par tous les médias en direct est vide ! Le leurre mis en place par les conseillers macronistes a fonctionné sans anicroche. Tandis que les journalistes se précipitaient derrière une voiture annoncée comme celle du président, Emmanuel Macron prenait un autre véhicule pour se rendre en catimini vers la pyramide du Louvre. Les vitres fumées de la voiture suivie et présentée en direct comme étant celle du président Macron n'ont jamais été baissées, ce détail n'a alerté personne[1].

C'est dans une solitude intégrale que se présente, dans une démarche solennelle et martiale, le nouveau président traversant la cour de l'ancien Palais-Royal, se dirigeant vers la pyramide du Louvre au son de l'hymne européen. Il y fera son premier discours de président en un corps qui n'est déjà plus celui de sa campagne, incarnant désormais pour cinq années le destin de la France, conscient des analyses de Kantorowicz sur les deux corps du roi[2]. Si cette scénographie a fait penser à la marche de François Mitterrand vers le Panthéon en 1981, le leader socialiste

1. Michaël Darmon, *Macron ou la démocratie de fer*, *op. cit.*, p. 30.
2. Ernst H. Kantorowicz, *Les Deux Corps du roi*, dans *Œuvres*, Gallimard, coll. « Quarto », 2000.

était entouré rue Soufflot par ses proches et suivi par la foule de ses partisans en plein jour.

La consigne du nouveau président à son clan a été claire : trouver un lieu qui n'a jamais été utilisé par ses prédécesseurs. Après avoir d'abord jeté son dévolu sur le Champ-de-Mars, il s'est heurté au refus de la maire de Paris, Anne Hidalgo, au prétexte de la visite du Comité olympique. Le Louvre, dont on a dit qu'il était le lieu par excellence pour ce président cultivé, n'a donc été qu'un simple recours, un plan B. La théâtralisation de l'arrivée du nouvel élu devait conforter l'idée de sa détermination à gouverner, concentrant à lui seul toute la lumière et surplombant une vaste scène nocturne et mystérieuse. C'était la transfiguration nécessaire pour signifier aux Français que, même jeune et inexpérimenté en politique, le nouveau président tenait à donner toute l'auréole symbolique à la fonction qu'il incarnait désormais.

Macron a tourné l'interdit d'Hidalgo à son avantage. En effet, le site du Louvre s'est magnifiquement prêté à une consécration quasi mystique, à une incarnation des valeurs portées par la campagne présidentielle : lieu neutre, ni de droite (comme la place de la Concorde) ni de gauche (comme la place de la Bastille), le Louvre est l'« incarnation du conservatisme (monarchique) et en même temps de l'audace (la pyramide de verre). Symbole national et témoin de l'histoire du monde[1] », il représentait donc le site idéal pour les premiers pas du nouveau président.

Cependant ce jeune président inexpérimenté n'entendait pas se contenter de la dimension symbolique du pouvoir.

1. Raphaël Llorca, *La Marque Macron. Désillusions du neutre*, *op. cit.*, 2021, p. 8.

Il avait bien l'intention de montrer à la nation qu'il était devenu *le* décideur dans tous les domaines, citant volontiers la réplique culte du film *Les Tontons Flingueurs* : « On n'est pas là pour beurrer les tartines. » À bon entendeur, salut... La première victime expiatoire de cette volonté d'affirmation de son autorité est le chef d'état-major des armées, Pierre Le Jolis de Villiers de Saintignon, un général cinq étoiles (le frère de Philippe, le fondateur du Puy du Fou), qui ose protester publiquement contre le gel d'une partie des crédits supplémentaires promis aux armées. Sa prise de parole, alors qu'il est un représentant de la Grande Muette, déclenche immédiatement les foudres du nouveau président à peine installé dans ses fonctions. Le 13 juillet 2017, Macron s'exprime à l'hôtel de Brienne, où siège le ministère des Armées :

> Je considère qu'il n'est pas digne d'étaler certains débats sur la place publique. [...] Je suis votre chef. Les engagements que je prends devant nos concitoyens et devant les armées, je sais les tenir. [...] Je n'ai, à cet égard, besoin de nulle pression ni de nul commentaire.

Ce rappel à l'ordre est un message pour tous ceux qui auraient l'intention de mettre en cause les choix élyséens, et signifie que toute contestation des arbitrages budgétaires se traduira par un limogeage :

> Sonné, Pierre de Villiers aura le réflexe d'ordonner le soir même une réunion de ses chefs d'armée, air, terre, marine. Les généraux du « chaudron de Balard », ce Pentagone à la française situé dans le 15e arrondissement de la capitale, comme on les désigne au Château[1].

1. Michaël Darmon, *Macron ou la démocratie de fer*, *op. cit.*, p. 54.

Une semaine plus tard, Pierre de Villiers démissionne en signe de protestation contre l'admonestation de l'Élysée. En acculant le chef des armées au départ, Macron a gagné la partie de bras de fer et donné d'emblée le ton de son quinquennat. Il assume pleinement le pouvoir vertical et autoritaire qui neutralise toute émergence de contre-pouvoirs.

La suite donnée au premier coup de semonce est édifiante et cohérente. L'État ne supporte plus aucune critique, aucune contestation. Le contre-pouvoir médiatique, immédiatement prévenu que les temps ont changé, se trouve contenu, corseté. Déjà, pendant la campagne électorale, on a vu dans le documentaire de Yann L'Hénoret, *Emmanuel Macron ; les coulisses d'une victoire*, la responsable presse Sibeth Ndiaye sermonner les journalistes pour des articles qui n'étaient pas à son goût. Une fois la victoire acquise, Sibeth Ndiaye devient la directrice de communication du président et fait savoir aux médias que leurs relations avec eux et Emmanuel Macron vont changer radicalement. Elle leur lance :

> Vous ne le verrez plus [...] Il ne fera plus de déjeuner avec les rédactions comme par le passé ; les rencontres avec les éditorialistes seront rares. Parfois, dans l'avion présidentiel, je ferai venir un spécialiste selon le thème du déplacement[1].

Peu après son entrée en fonction, les sociétés de journalistes de vingt-six rédactions expriment leur inquiétude quant à la volonté de l'Élysée de choisir qui sera du premier voyage international au Mali. Dans une lettre adressée au président, les sociétés de journalistes font valoir qu'« il n'appartient EN AUCUN CAS à l'Élysée de choisir ceux [...] qui ont le droit ou non de couvrir un déplacement quel

1. Sibeth Ndiaye, citée par Michaël Darmon, *ibid.*, p. 41.

qu'en soit le thème ». De la même manière, lors des déplacements en province, les journalistes sont parqués, maintenus à distance du président :

> Les conseillers du président ont aussi cherché à influencer, parfois jusqu'à l'outrance, le contenu même des articles consacrés au chef de l'État[1].

Le 3 juillet, devant tous les élus réunis en congrès, le nouveau président s'en prend aux journalistes dans le cadre majestueux du château de Versailles, dénonçant chez eux une « recherche incessante du scandale », « le viol permanent de la présomption d'innocence[2] ». La relation entre le pouvoir et les journalistes tourne au conflit ouvert. Alors que Hollande entretenait les meilleures relations avec eux, qu'ils soient de droite ou de gauche, au point qu'une boutade circulait selon laquelle « le meilleur éditorialiste de la presse française, c'est Hollande », Macron veut se tenir à distance du pouvoir médiatique et faire valoir sa stature distante de chef d'État, à l'écart de l'anecdote du quotidien. Il confie à Philippe Besson :

> Ils disent à mon sujet : il ne veut pas jouer avec nous. Eh bien non, je ne veux pas jouer avec eux. Franchement, il y en a qui sont à la déontologie ce que Mère Teresa était aux stups. Ils me donnent des leçons de morale alors qu'ils sont dans le copinage et le coquinage depuis des années[3].

---

1. Alexis Lévrier, *Jupiter et Mercure. Le pouvoir présidentiel face à la presse*, Les Petits Matins, 2021, p. 138.
2. Emmanuel Macron, cité par Mathieu Magnaudeix, *Macron et Cie. Enquête sur le nouveau président de la République*, éd. Don Quichotte, 2017, p. 199.
3. Emmanuel Macron, cité par Nicolas Domenach, Maurice Szafran, *Le Tueur et le Poète*, *op. cit.*, p. 67.

On verra par la suite que l'exécutif fera à chaque fois valoir sa prépondérance en ayant recours aux ordonnances et en utilisant si besoin l'article 49-3 de la Constitution pour passer en force à l'Assemblée nationale. Toutes les institutions intermédiaires – élus locaux, représentants syndicaux – sont tenues pour quantité négligeable par un pouvoir élyséen qui veut tout régenter, contrôler, enrégimenter au nom de la construction du nouveau monde. La plupart des lois qui modifient en profondeur la société sont l'objet de la procédure accélérée, transformée en norme pour éviter débat et amendements qui viendraient border les intentions de pouvoir central. Ce sera le cas successivement de l'adoption de la loi Elan (sur le logement, l'aménagement et le numérique), de la loi d'orientation sur les mobilités, de la loi sur la SNCF, de celle sur le dispositif Parcoursup, de la loi sur le droit d'asile et l'immigration… :

> L'action de cet exécutif transforme notre droit ; elle atténue l'efficacité des institutions dont la fonction est d'assurer l'équilibre des pouvoirs ; elle nous habitue à un mode autoritaire d'exercice du pouvoir qui, lorsqu'il sera appliqué par d'autres, qui auront encore moins de scrupules, pourra faire bien davantage de dégâts[1].

Sitôt élu, Macron se drape dans les habits de celui qui incarne les intérêts de la France dans le concert des nations. Prenant en charge ce domaine régalien, il minore d'emblée le rôle du Quai d'Orsay, se faisant le vrai responsable de la politique internationale et recevant avec faste les dirigeants des grandes puissances. Quinze jours après son élection, le 29 mai, il accueille le président Poutine qui a droit, malgré

1. Olivier Sanchez, « Quels contre-pouvoirs en Macronie ? », *AOC (Analyse, Opinion, Critique)*, 18 mars 2019.

sa politique dictatoriale et son soutien à l'ignoble Bachar el-Assad, à une somptueuse réception au château de Versailles, où est inaugurée une exposition sur le tsar Pierre le Grand. Alors que le 1er juin, le président américain Trump annonce qu'il décide la sortie des États-Unis de l'accord de Paris sur le climat, pourtant signé par cent quatre-vingt-dix-sept États, Macron rétorque aussitôt en anglais, en opposant au slogan trumpien *Make America great again*, la formule *Make our planet great again* ! Il maintient cependant son invitation pour la célébration de la fête nationale du 14 Juillet. Le président américain, qui vient de se mettre hors la loi sur le plan international en fragilisant l'existence même de l'humanité, bénéficie d'honneurs appuyés et chaleureux de la part du nouveau président français, qui l'invite à assister au défilé militaire et le convie à des repas luxueux : « Les couples présidentiels dînent au Jules-Verne, le très chic restaurant de la tour Eiffel[1]. »

En fait de monde nouveau, le président offre aux Français le retour à l'ancien, à cette tentative de réconcilier la monarchie et la république. D'où ses déclarations sur le manque de la figure du roi que ressentirait le peuple de France et qui aurait créé un vide émotionnel ; il précise néanmoins :

> Je ne pense évidemment pas qu'il faille restaurer le roi. En revanche, nous devons absolument inventer une nouvelle forme d'autorité démocratique fondée sur un discours du sens, un univers de symboles, une volonté de projection dans l'avenir, le tout ancré dans l'histoire du pays[2].

1. Mathieu Magnaudeix, *Macron et Cie. Enquête sur le nouveau président de la République*, *op. cit.*, p. 207.
2. Emmanuel Macron, entretien, « Macron ne croit pas au président normal, cela déstabilise les Français », *Challenges*, 16 octobre 2016.

Le journaliste Alain Duhamel, plutôt admirateur du nouveau président, n'en discerne pas moins ce caractère de monarchie républicaine. Le titre de *Emmanuel le hardi* donné au livre qu'il lui consacre n'est pas sans faire penser aux qualificatifs qu'on accolait aux rois de France :

> Jadis, les monarques français étaient souvent affiliés d'un surnom. Tantôt flatteurs, sinon toujours mérités : Philippe Auguste, Philippe le Bel, Louis le Lion, Charles le Sage[1].

En fait d'invention, il s'agit plutôt de restauration, analyse Vincent Martigny, auteur du *Retour du prince*[2] :

> Un pouvoir personnel, solitaire et vertical est voué à l'échec parce qu'il est archaïque[3].

Selon Vincent Martigny, Macron défend une vision *ante*-démocratique du pouvoir et de son rapport au peuple. On retrouve chez lui le soin apporté par les lignées royales à la mise en scène de leur corps, accentué dans la société médiatique par le fait que ce corps est sans cesse exposé, sous les projecteurs des médias. Investi de tous les pouvoirs, il ne doit laisser place à aucun signe de faiblesse :

> Il veille en permanence à dissimuler les signes de sa propre mortalité. Cette tentation de la perfection revient au fantasme d'une fusion des deux corps du roi, comme si l'éternité du spirituel devait s'incarner dans le temporel. Le risque, c'est que l'incarnation triomphe de la fonction elle-même[4].

1. Alain Duhamel, *Emmanuel le hardi*, L'Observatoire, 2021, p. 9.
2. Vincent Martigny, *Le Retour du prince*, Flammarion, 2019.
3. Vincent Martigny, entretien, « Le Prince et la foule », *Esprit*, octobre 2019, p. 90.
4. *Ibid.*, p. 86.

En période de crise, cet anachronisme peut se révéler dangereux, car le président n'a plus de fusible ; il s'en est dépossédé pour détenir tous les leviers de décision. Démuni du cordon sanitaire que constituent les corps institués que sont son gouvernement, son parlement, les partis politiques, il fait face, seul, à la foule et entretient chez elle le désir d'en découdre, ce qui explique la virulence des oppositions à Macron lors de la crise des gilets jaunes. Certains ont même réactivé des pulsions régicides, en un rétropédalage qui nous fait replonger dans un autre temps, prédémocratique, avec la figuration de nouveaux sans-culottes tenant la tête du président au bout de leur pique.

Dans sa pratique du pouvoir, Macron a été jusqu'à l'extrême dans le sens d'une prévalence absolue de l'Élysée sur Matignon, allant à l'encontre de l'esprit même de la Constitution pourtant déjà présidentialiste de la Ve République. À l'occasion d'un rite hebdomadaire tous les lundis à 13 heures, le président de République retrouve son Premier ministre ; ils sont l'un et l'autre accompagnés de leur directeur de cabinet. Dans ce huis clos où se prépare le Conseil des ministres du mercredi, on procède aux derniers arbitrages de la politique gouvernementale et on définit les axes essentiels du quinquennat :

> Ce déjeuner symbolise la subordination totale de Matignon à l'Élysée et à la verticalité instaurée par Macron[1].

En cas de désaccord entre le Premier ministre et le chef de l'État, c'est toujours l'avis de ce dernier qui prévaut.

---

1. Jean-Pierre Bédeï, Christelle Bertrand, *La Macronie ou le « nouveau monde » au pouvoir*, L'Archipel, 2018, p. 28.

Réduit au rôle de l'intendance qui suit, le Premier ministre est chargé de l'exécution des décisions prises au sommet :

> Toutes leurs notes sont à double en-tête. « Cette organisation avait été conçue par Macron et Kohler pendant la campagne », précise-t-on dans l'entourage du président[1].

La journée du lundi se clôt en général par ce que Jean-Pierre Bédeï et Christelle Bertrand appellent « une cène républicaine » : le président convie à dîner son premier cercle auquel il ajoute quelques ministres...

Mais avec une constance : le président est au milieu, et le Premier ministre en face de lui[2].

Charge ensuite au Premier ministre de distiller la bonne parole à sa majorité et, afin de prévenir toute expression discordante, on prépare chaque jour les éléments de langage. C'est ainsi que les ministres sont étroitement contraints et contrôlés. Les entretiens qu'ils accordent aux médias sont systématiquement relus par Matignon et, pour éviter qu'ils ne passent la ligne jaune, on leur distribue le bréviaire qui délivre la bonne parole gouvernementale :

> En général, ils sont composés d'une citation du président, du Premier ministre ou d'un ministre qui donne la tonalité générale du message sur chaque sujet, d'un court paragraphe résumant le contexte dans lequel il surgit dans l'actualité[3].

Cet encadrement permet à la verticalité de s'appliquer sans contrepoints, d'éviter les couacs, même si certains ne

1. *Ibid.*, p. 30.
2. *Ibid.*, p. 31.
3. *Ibid.*, p. 36.

peuvent s'empêcher d'en commettre, comme Agnès Buzyn, ministre de la Santé, qui, le 5 juillet 2018, explique à la presse que l'annonce du plan Pauvreté a été reportée du fait du déplacement du président Macron en Russie pour soutenir l'équipe de France de football qualifiée pour la demi-finale de la Coupe du monde... Ainsi va le monde de l'entre-soi sur un rythme effréné puisque le président, qui ne dort que deux ou trois heures par nuit, considère que ses collaborateurs peuvent être sollicités à toute heure du jour ou de la nuit. Ce pouvoir personnel ne s'encombre ni de poids lourds de la politique qui pourraient lui faire de l'ombre ni de conseillers étrangers au monde de la technostructure comme pouvaient l'être un André Malraux pour le général de Gaulle ou un Régis Debray pour François Mitterrand.

D'après Roland Cayrol, cette restauration de l'autorité de l'État et cette accentuation de la présidentialisation ont plu aux Français :

> La restauration de la fonction présidentielle et de l'autorité du pouvoir fait incontestablement partie du bilan positif de la première partie du mandat macronien[1].

Cependant, sa cote de popularité s'effondre à une vitesse impressionnante : alors qu'il est à 62 % d'indice de satisfaction en mai 2017 au moment de son élection, il est à 50 % en janvier 2018, 40 % en juin 2018 et 23 % en décembre de la même année.

Avec le mouvement des gilets jaunes largement soutenu par l'opinion publique, la population a manifestement

1. Roland Cayrol, *Le Président sur la corde raide. Les enjeux du macronisme*, Calmann-Lévy, 2019, p. 64.

exprimé son insatisfaction d'être tenue à l'écart des décisions majeures qui la concernent. Un nombre croissant de Français exigent davantage de démocratie directe, de contrôle sur les élus, alors que le pouvoir se fait de plus en plus personnel et impose ses décisions à ceux que l'on ne peut plus appeler des citoyens mais qui, comme dans l'Ancien Régime, sont qualifiés de multitude. À la manière du mouvement de contestation international qui s'est traduit par de grands rassemblements sur les places, les gilets jaunes se défient de la délégation de pouvoir et optent pour un exercice direct de la démocratie. Après une longue période au cours de laquelle le gouvernement a joué la carte de l'épuisement du mouvement, refusant toute concession, toute négociation, il a finalement dû céder sur la taxe contestée et proposer un grand débat pour recueillir les doléances des citoyens, se disant cette fois prêt à les écouter, à condition de fixer le cadre et les interrogations, en laissant dans l'opacité la plus totale ce qu'il adviendra des conclusions de ces échanges. L'organisation de ce « grand débat » a été assurée par deux membres du gouvernement. Quant à Lettre aux Français d'Emmanuel Macron, ensuite, censée ouvrir le débat,

> [elle] ne fait même pas mention de la mobilisation des gilets jaunes. Les thématiques sélectionnées ne prennent en compte qu'une partie des questionnements portés par ceux-ci, d'où sont notamment bsents les sujets de la précarité, de l'impôt de solidarité sur la fortune (ISF), de la justice indépendante et, de manière plus large, du renouvellement du système politique en France. Le système représentatif est réaffirmé et perçu comme indépassable[1].

1. Martine Legris, « À quoi sert un débat en temps de crise ? », *Études*, mars 2019, p. 7.

On a eu droit surtout à la théâtralisation des déplacements d'un président qui, en marathonien infatigable, présent sur tous les fronts, a mouillé sa chemise et parcouru le pays, s'adressant aux publics les plus divers.

Cette séquence du quinquennat a surtout été l'occasion de se rendre compte de l'isolement du prince confronté à la foule dans une situation dissymétrique d'un faux dialogue, ne faisant que conforter la pratique verticale et personnelle de l'exercice du pouvoir. Il n'est d'ailleurs rien résulté de ce grand déballage. En même temps, beaucoup saluent l'engagement du président dans cette confrontation avec les Français : « Si la politique est un art de la prestation, on ne peut que saluer l'artiste[1]. » Succès d'ordre esthétique : Macron aura au moins pu expliciter le sens de sa politique aux élus locaux avec lesquels la relation était restée tendue depuis les débuts de sa présidence.

Ce que l'on peut retenir de la pratique de pouvoir de Macron est un mélange que résume bien son compagnon Richard Ferrand :

> La Ve République demande de nos jours au président d'être « en même temps » une sorte de rock star et un chef doté de grands pouvoirs. Comme un mélange de Mick Jagger et du général de Gaulle. Cela lui convient comme un gant, car ça correspond à sa psychologie, à sa conception de l'exercice du pouvoir et au fait qu'il aime être chef[2].

---

1. Michaël Darmon, *La politique est un métier*, L'Observatoire, 2019, p. 167.
2. Richard Ferrand, entretien avec Arthur Berdah, *Emmanuel Macron. Vérités et légendes*, Perrin, 2021, p. 51.

Le néolibéralisme a besoin d'un État fort

Certains ont cru repérer une contradiction fondamentale dans la politique conduite par Macron entre le libéralisme économique dont il se réclame et le renforcement du rôle de l'État. Serait-ce simplement un effet du « en même temps » ? Un reliquat du chevènementisme de sa jeunesse ? En réalité, ce sont les deux mamelles d'une même politique néolibérale. Sur ce plan, la démonstration de Barbara Stiegler, qui revisite les origines de cette doctrine, est lumineuse[1]. Elle rappelle l'importance tout à fait décisive qu'a eue le théoricien américain du néolibéralisme Walter Lippmann (1889-1974). Le néolibéralisme a réussi à ringardiser ses opposants et à se situer du côté de la réforme, du mouvement, de la révolution. Ne retrouve-t-on pas le sens même du titre du livre de campagne électorale de Macron, *Révolution*, démonétisant toute opposition en l'enfermant dans le camp des retardataires, celui des amish qui refusent la 5G ?

Walter Lippmann avait pris ses distances avec le libéralisme classique en réhabilitant le rôle de l'État, supposé suppléer aux insuffisances des publics qu'il convient de gérer du sommet en les contrôlant strictement : « Les injonctions à l'adaptation, à rattraper nos retards, à accélérer nos rythmes, à sortir de l'immobilisme et à nous prémunir de tout ralentissement[2] » sont autant de missions réservées à l'impulsion centrale d'un pouvoir politique qui doit être fort et volontariste. Ce qui suppose de

1. Barbara Stiegler, *« Il faut s'adapter ». Sur un nouvel impératif politique*, Gallimard, 2019.
2. *Ibid.*, p. 17.

renoncer à l'horizontalité et de compter sur une montée en puissance de l'expertise aux dépens du contrôle citoyen. Le modèle démocratique conçu par Lippmann permet de court-circuiter la souveraineté populaire pour mieux faire advenir une société technoscientifique sur la base du consentement des masses aux injonctions du pouvoir central. Lippmann attribue un objectif à la politique libérale, dont la réussite nécessite de surmonter les obstacles avec détermination :

> [La] mondialisation nécessaire de la division du travail par le marché implique la disparition de toutes les formes de stase et de clôture locale qui structuraient encore les sociétés traditionnelles[1].

Les néolibéraux se distinguent du libéralisme classique qui croyait à la vertu naturelle du marché. Lippmann entend reconfigurer le libéralisme sur une base non plus providentialiste, mais évolutionniste. Sa conception de l'espèce humaine part de la prise en considération de son irrationalité congénitale, de ses illusions et autres fantasmes qui nécessitent un État de droit fort et correcteur de ces défauts, et invite à les sublimer en s'adaptant à l'évolution des choses. Le néolibéralisme renoue ainsi avec le grand récit. On comprend mieux pourquoi Macron se réfère, comme le directeur du CNRS, au *telos* de l'évolution :

> Le nouveau libéralisme impose une nouvelle philosophie de l'histoire, concurrente de celle du marxisme, qui cherche à écarter systématiquement ce que Lippmann continue d'appeler « les masses » de toute discussion sur sa destination[2].

1. *Ibid.*, p. 165.
2. *Ibid.*, p. 201.

Cette vision du monde connaît un large succès international. Michel Foucault verra d'ailleurs dans le colloque Lippmann de 1938, qui définit cette visée historique, l'émergence d'une nouvelle anthropologie fondée sur la conviction que l'individu est « entrepreneur de lui-même[1] ». Barbara Stiegler note que, avec la version néolibérale de la biopolitique, reviennent en force les dispositifs de surveillance et de punition mis en valeur par Foucault comme mécanismes essentiels du pouvoir :

> La conception lippmannienne de la nature humaine implique une rééducation coercitive et disciplinaire imposée par en haut[2].

L'éducation, qui était perçue comme un levier essentiel de l'émancipation dans le libéralisme classique, se trouve asservie aux impératifs de la flexibilité et de ce qu'on appelle de plus en plus « l'employabilité[3] » :

> Lippmann en appelle à un durcissement des disciplines et du contexte social, et avec eux, à un libéralisme sécuritaire qui porte atteinte à la circulation des biens[4].

Alors que les enjeux politiques majeurs aujourd'hui tiennent à la capacité de résistance d'une société pour faire face aux défis et aux urgences d'une réelle transformation de notre rapport à notre écosystème et de renforcement du lien social par une réduction vigoureuse des inégalités,

---

1. Michel Foucault, *Naissance de la biopolitique. Cours au Collège de France, 1978-1979*, Seuil / Gallimard, 2004.
2. Barbara Stiegler, *« Il faut s'adapter »*, *op. cit.*, p. 223.
3. Christian Laval, *L'école n'est pas une entreprise. Le néolibéralisme à l'assaut de l'enseignement public*, La Découverte, 2003.
4. Barbara Stiegler, *« Il faut s'adapter »*, *op. cit.*, p. 268.

l'impératif est justement de déjouer le discours de l'adaptation, alors que « cet imaginaire de l'adaptation à tout prix est bien celui qui hante le quinquennat depuis son premier jour[1] ».

Ce lien entre le macronisme et le néolibéralisme renvoie à la possibilité de repérer, sans les confondre, quelques analogies avec l'époque de la monarchie de Juillet (1830-1848), comme l'a perçu Charles Palomba[2]. Ce moment historique se caractérise par le triomphe des libéraux, qui avaient pour finalité de réconcilier les Français après la rupture de la Révolution française. Soucieux de minorer la place des aristocrates ultras qui voulaient revenir à l'Ancien Régime et à la restauration de leurs privilèges, les libéraux de l'époque espéraient écarter tout risque de nouveaux soubresauts révolutionnaires. Louis-Philippe, à la différence de Charles X, accepte une Constitution de compromis qui maintient la monarchie, mais avalise les profondes transformations léguées par la Révolution : un régime du « en même temps » faisant valoir le libre-échange et la modernisation de l'économie, tout en tenant le peuple à distance grâce au régime électoral censitaire. Pour les nouveaux dirigeants libéraux, cette ambition de mettre fin au conflit et à l'instabilité politique passe par un gouvernement des esprits, un encadrement strict de l'éducation auquel s'attelle un François Guizot qui met en place des écoles pour les tout-petits, préludes de nos écoles maternelles, et conduit une politique cohérente de la mémoire nationale, venant asseoir

1. Christian Paul, « Macron : s'adapter ou ne pas s'adapter ? », *AOC (Analyse, Opinion, Critique)*, 2 mai 2019.
2. Charles Palomba, « La monarchie de mai. De Louis-Philippe à Emmanuel Macron », *Le Débat*, n° 201, 2018 / 4, p. 22-29.

le nouveau consensus sur un legs national commun qui doit devenir le socle solide de l'identité et de la fraternité entre Français.

Le moment Macron intervient comme une réplique de ce moment libéral de la vie politique française que fut le début du XIXᵉ siècle, ce qui pondère déjà sérieusement les annonces d'édification d'un monde nouveau :

> Comme le régime de Juillet avant elle, La République en marche se veut une force de synthèse politique, prenant le meilleur de la gauche et de la droite dans une grande coalition centrale, à laquelle pourrait s'appliquer presque mot pour mot cette phrase de Guizot : « Que le gouvernement lève son propre étendard : autour de ce centre viendront bientôt se rallier les intérêts nationaux, les opinions modérées, les sentiments seuls patriotiques. »[1]

Parmi les symboles forts de l'histoire nationale, la réintégration dans une histoire pacifiée des Français du château de Versailles est un élément unifiant des deux périodes. Ce château qui a incarné le pouvoir absolu du Roi-Soleil et des prébendes des privilégiés, des dépenses fastueuses, a d'abord été déserté par la Révolution, puis par les monarques, jusqu'à la monarchie de Juillet où il est transformé en musée officiel de l'histoire de France en 1837, devenu un des fleurons du patrimoine national dédié à toutes les gloires du pays. À l'occasion de son ouverture au public, on construit la galerie des Batailles. Le 22 janvier 2018, c'est justement dans cette galerie que Macron réunit autour de lui cent quarante dirigeants de multinationales pour vanter les mérites de la France. Il y a comme une tension extrême entre ce désir d'ancrage dans le lointain

1. *Ibid.*, p. 23.

passé royal du pays et la volonté de transformer l'État en start-up, souligne Raymond Gori :

> Comment affirmer que la fonction présidentielle est hantée par le fantôme du roi et la transformer en dirigeant de start-up ? C'est un défi extraordinaire, mais c'est aussi une contradiction structurale[1].

À plusieurs reprises, Macron prend des initiatives pour montrer sa volonté de réunir tous les Français, de les réconcilier avec leur histoire en utilisant un certain nombre de temps forts de la mémoire nationale. Déjà, au cours de sa campagne électorale, il a prononcé à Orléans un discours consensuel sur l'héroïne Jeanne d'Arc, récupérée depuis quelques décennies par le Front national ; par ailleurs, « sa candidature à l'élection présidentielle sitôt annoncée, il part se recueillir à la basilique Saint-Denis, sépulture des rois de France[2] ». Poursuivant son analogie, Charles Palomba met en garde contre les faiblesses de la monarchie de Juillet qui a cru représenter la fin des conflits, la fin de l'histoire, et est tombée assez vite sous les coups de la révolution de février 1848, mettant en évidence son déficit démocratique, son indifférence à la question sociale, ainsi que la crise de représentativité des partis politiques et le transfert des responsabilités aux experts :

> Aucun pouvoir n'avait depuis 1848 autant mis l'accent sur les capacités et les compétences, ni autant exalté la culture du résultat. Mais aucun pouvoir n'avait non plus autant

1. Raymond Gori, *La Nudité du pouvoir. Comprendre le moment Macron*, Les Liens qui libèrent, 2018, p. 66.
2. Charles Palomba, « La monarchie de mai. De Louis-Philippe à Emmanuel Macron », *op. cit.*, p. 24.

dissous la politique dans l'apologie du « bon sens » et la négation de la conflictualité[1].

Ce qui est célébré entre 1830 et 1848, c'est la réussite sociale, l'enrichissement, la spéculation, alors que le peuple est tenu comme une entité extérieure à intégrer par le consentement aux inégalités. De la même manière, selon Macron, ce qui compte, ce sont ceux qui ont démontré leur capabilité : les autres n'auraient tout simplement pas eu la volonté nécessaire pour réussir dans la vie. C'est ce que découvre avec stupéfaction et beaucoup d'amertume Marie Tanguy, une jeune plume de Macron, venue à ses côtés pour sa campagne électorale par conviction politique. Issue des milieux de la deuxième gauche, de la CFDT, elle découvre horrifiée que Macron et son entourage immédiat, évoquant les mieux populaires, parlent « des faibles » comme d'une disposition naturelle, en lieu et place de la notion de précaires ou de défavorisés[2]. Son expérience vécue dans le premier cercle lui permet de constater à quel point les nouveaux dirigeants véhiculent une conception élitiste, autour d'une vision unique sûre d'elle-même, arrogante au point de se dispenser de s'interroger sur la vie ordinaire des citoyens. Venue avec des idées rocardiennes, elle mesure le vide qui ressort des réunions stratégiques autour de Macron, de simples slogans qui sonnent creux pour mieux appâter le chaland. Engagée pour faire avancer un projet de justice sociale, Marie Tanguy se trouve plongée dans un univers de marketing politique. Obligée de suivre un rythme infernal, arrivée au bureau à 10 heures du matin, elle n'en repart qu'à minuit en ayant à peine

1. *Ibid.*, p. 29.
2. Marie Tanguy, *Confusions*, JC Lattès, 2020.

mangé de la journée. Elle ne sortira pas indemne de ce stress, son engagement entraînant un sévère *burn out*.

Cependant, entre le début du XIXe siècle et le début du XXIe siècle, le contraste est saisissant et l'on ne peut assimiler ces deux régimes, d'autant que le néolibéralisme n'est plus le libéralisme classique, notamment parce que l'État joue un rôle plus décisif, plus contraignant quant à la gestion du bon ordre de la société dans le néolibéralisme.

Dans ce régime néolibéral, aucune place n'est faite à la contestation. Il convient de marcher d'un même pas de l'oie, et lorsque le pouvoir se trouve confronté à une avalanche de critiques, comme dans le cas de la gestion de la crise sanitaire, dénonçant le manque de masques, de tests, de produits hydroalcooliques et une campagne de vaccination marquée par la lenteur, le président réagit le 21 janvier 2021 en fustigeant la traque à l'erreur et en contestant la légitimité d'un regard critique sur les décisions du pouvoir : « Nous sommes devenus une nation de 66 millions de procureurs » déplore-t-il, après s'en être déjà pris aux « Gaulois réfractaires » en août 2018.

LREM : un mouvement de porteurs d'eau

L'autre manifestation de la verticalité pratiquée par le nouveau pouvoir et du caractère très personnel de sa direction est la nature même du mouvement qui le soutient. La dénomination de celui-ci renvoie aux initiales de son leader, ce qui est révélateur de son mode de fonctionnement. Même le général de Gaulle, malgré son parcours héroïque, n'aurait pas osé lorsqu'il a lancé, isolé en 1947, le Rassemblement du peuple français (RPF). La transformation de EM en LREM ne fait qu'accentuer cette dimension personnelle, puisqu'on peut lire dans ce sigle : La République d'Emmanuel Macron. Ce qui a fait la force de ce mouvement dans la phase de conquête du pouvoir par le flou de son programme, le vide de ses références idéologiques, la souplesse de son organisation, risque fort de se retourner en handicap à l'épreuve du pouvoir, comme on commence à le percevoir avec la multiplication de ses échecs électoraux et le nombre grandissant des défections de ses soutiens, qu'ils soient cadres du mouvement, élus ou simples adhérents.

Résultat d'une stratégie attrape-tout, LREM est devenue un centre mou. Il ne tient que par la personnalité de son président passé de sa direction à celle de la France. Il s'agit donc de ce que l'on peut qualifier de « parti personnel », qui correspond assez bien à la définition comme idéal-type qu'en donne Duncan McDonnel, spécialiste de la situation politique en Italie, pour décrire le *Forza Italia* de Silvio Berlusconi. Il donne au « parti personnel » quatre caractéristiques :

> 1° une durée de vie aux yeux de ses dirigeants indexée sur celle de son leader-fondateur ;
> 2° une organisation au niveau local ni toujours manifeste ni permanente ;
> 3° une très forte concentration du pouvoir formel ou informel dans les mains du leader-fondateur ;
> 4° une image et des stratégies de campagne dans tous les types d'élection centrées sur le leader-fondateur[1].

Le mouvement EM, puis LREM, ne dispose d'aucune autonomie par rapport au président de la République. Ses

1. Frédéric Sawicki, « Macron pourra-t-il encore longtemps se passer d'un "vrai parti politique ? », *AOC (Analyse, Opinion, Critique)*, 3 janvier 2019.

leaders ne sont élus que s'ils disposent du soutien exprimé par Macron. Ils doivent lui servir à porter la parole présidentielle dans le pays, à convaincre, à assurer le service après-vente des réformes, à vaincre les résistances, à faire et défaire les carrières politiques. On assiste donc à cette situation étonnante et paradoxale d'un parti à la fois tout-puissant, dans la mesure où il dispose d'une majorité absolue à l'Assemblée nationale, et totalement inconsistant. Si le mouvement EM a suscité, surtout chez les jeunes, un enthousiasme et un engagement militant actif dans la phase ascendante de la campagne électorale, le soufflé est vite retombé. Dès juillet 2017, les statuts n'ont été adoptés que par 20 % des inscrits sur le site d'EM. Les groupes locaux sont atones et on comprend bien pourquoi puisqu'il n'y a ni vrais débats, ni structuration en tendances, sous prétexte qu'il ne s'agit pas d'un parti, mais d'un mouvement. Celui-ci ne réunit que des individus solitaires qui peuvent certes s'exprimer, mais pas s'organiser face à la direction qui n'a même pas besoin d'arbitrer, d'élaborer des compromis, puisqu'elle incarne la voie à suivre et que le reste est condamné à l'opacité de points de vue isolés sans prolongement possible.

Macron avait pourtant émis le souhait de redynamiser le politique dans la cité. Dans son livre de campagne, *Révolution*, il assignait un rôle éminent à des partis ayant renoué avec leur vocation à élaborer des idées et à ne plus être seulement des machines électorales :

> Faire en sorte que la société s'empare de la politique ! Pour revivifier les partis, il faut qu'ils retrouvent leur raison d'être : former, réfléchir et proposer[1].

1. Emmanuel Macron, *Révolution*, *op. cit.*, p. 238.

Or, son mouvement En Marche ! est vide d'éventuels repères idéologiques, difficiles à trouver quand on veut regrouper des catégories sociales aux intérêts contradictoires. Ces repères inexistants sont remplacés par des références creuses au terrain et à la libre initiative :

> En Marche ! n'était dès lors pas un parti politique, mais bien plutôt une entreprise dans ce qu'elle a de plus foncier ; mieux encore, elle était une start-up avec son lot de potentialités, de flexibilités, d'innovations et, bien entendu, de simplicités dans ses rapports interpersonnels[1].

Si l'on examine les statuts de ce mouvement, on mesure à quel point la verticalité est toujours la règle, contrairement aux déclarations sur le primat de la base et du terrain. Certes, les comités locaux sont présentés comme la structure cardinale de l'organisation, mais ils sont mis sous l'autorité de référents nommés par le bureau exécutif. À la différence de tous les partis, ce qui singularise le mouvement En Marche ! est son caractère non démocratique qui ne fait jamais prévaloir le mode électif de désignation des responsables, toujours choisis du haut de la pyramide. Les statuts ne prévoient par ailleurs aucune organisation interne transversale qui permettrait des regroupements en fonction d'idéaux et de propositions communes. L'horizontalité dont se réclamait Macron dans *Révolution* n'a pas droit de cité à l'intérieur du mouvement.

On retrouve au sommet les mêmes principes non démocratiques, puisque le bureau exécutif de LREM est composé de membres désignés sur proposition du chef du

1. Julien Fretel, « Comment ça marche ? La forme partisane du macronisme », dans Bernard Dolez *et alii* (dir.), *L'Entreprise Macron*, Presses universitaires de Grenoble, 2019, p. 192.

mouvement habillé du joli qualificatif de « délégué général » au Conseil national. Face à un tel déni de démocratie, certaines oppositions se sont manifestées sans avoir gain de cause :

> En interne, des contestations se sont fait jour. On pense bien sûr aux mouvements « La Démocratie en marche » et « Les Marcheurs en colère », qui sont allés jusqu'à déposer un référé en juillet 2016 pour faire précisément annuler le vote sur les statuts[1].

Ce modèle très hiérarchisé d'organisation, hypercentraliste, ne se calque pourtant pas sur le fonctionnement des partis de régimes totalitaires, mais plutôt sur celui des start-up. À chaque échelon de l'organisation, ce qui compte se calcule en termes d'efficacité. Les membres de l'organisation doivent être performants dans leur implantation et gagner de nouveaux adhérents. C'est au vu de cette efficacité militante que les marcheurs sont récompensés, selon des critères qui relèvent du management. On retrouve d'ailleurs au sommet ces techniques de gestion des ressources humaines à l'œuvre dans les entreprises modernes, avec une cellule RH « chargée de recruter les meilleurs cadres possibles sur curriculum vitae, des outils d'entreprises que sont les contrôles-qualité par le truchement du *reporting*, du *brief* et du recueil des "bonnes conduites", le tout marqué du sceau d'une espèce de toyotisme sacralisé par le "zéro défaut" et le "zéro temps mort"[2] ».

À tous les niveaux hiérarchiques du mouvement s'appliquent ces mêmes principes propres au management,

1. *Ibid.*, p. 195.
2. *Ibid.*, p. 196.

jusque dans les comités locaux où les marcheurs de base sont « coachés » par des membres plus expérimentés et volontaires, les *helpers*, invités à pratiquer le *mapping*, le *targeting* et le *benchmarking*. Les adhérents sont régulièrement évalués sur leurs performances, reçoivent les statistiques rendant compte de leurs activités ; les meilleurs d'entre eux peuvent prétendre à la suprême récompense, qui est d'être désigné référent de son comité local :

> Dans leur vocabulaire courant, le *team building*, le *change manager*, le *brainstorm en mode atelier* ; ils se disent des *helpers*, pratiquent le *benchmarking* pour tout sujet, font des *feedbacks*, *performent*, ont des *deadlines*, ont à leurs côtés un *back-office* et gèrent des *process*[1].

Depuis la campagne de 2017, le mouvement de Macron emprunte au modèle entrepreneurial. La visite du QG du candidat est édifiante, comme l'attestent les slogans et phrases totems affichées sur les murs pour galvaniser les équipes militantes : SKY IS THE LIMIT, le slogan de Nike JUST DO IT, ou encore LA MAISON N'ACCEPTE PAS L'ÉCHEC[2].

La verticalité reste à tous les niveaux la règle intangible. Le premier délégué général, titre dévolu au dirigeant du mouvement, a été attribué à Christophe Castaner, élu en novembre 2017 grâce au soutien explicite de Macron après un vote à la polonaise faute de candidat concurrent, à mains levées et à l'unanimité des présents moins deux voix. La direction du mouvement a la mainmise totale sur les investitures électorales et peut donc à loisir faire et défaire les

1. Pierre Musso, *Le Temps de l'État-entreprise. Berlusconi, Trump, Macron*, Fayard, 2019, p. 80-81.
2. Émilie Cabot et Mariana Grépinet, « Visite guidée du QG d'Emmanuel Macron », *Paris-Match*, 20 janvier 2017.

carrières politiques en fonction de la capacité d'obéissance des uns ou des autres. Les responsables ne sont même pas élus, mais cooptés.

Quant à ceux qui oseraient émettre des doutes sur les décisions prises par le pouvoir, ils peuvent faire le deuil de leur appartenance à LREM. Jean-Michel Clément, député de la Vienne, en sait quelque chose. Pour avoir émis des réserves sur le projet de loi relatif au droit d'asile des immigrés qu'il trouvait trop répressif, il s'est fait immédiatement exclure des députés LREM par le président du groupe Richard Ferrand, qui commentera :

> Si s'abstenir est un péché véniel, voter contre un texte est un péché mortel qui mérite l'exclusion.

Le 17 septembre, la députée des Hauts-de-Seine, Frédérique Dumas, écœurée par l'affaire Benalla, donne sa démission. Elle déclare : « On a le sentiment d'être sur le *Titanic.* » Elle conçoit son départ comme un avertissement pour éviter que le bateau ne coule. Ayant une grande expérience de l'univers des politiques professionnels, Frédérique Dumas appartenait à la sensibilité de centre-droit (l'UDF) avant d'adhérer à LREM. En tant que parlementaire, elle a pu constater à quel point le centre décisionnel s'est réduit à un quarteron composé de Macron, Alexis Kohler, Édouard Philippe et son directeur de cabinet. Fondamentalement honnête, cette députée refuse de sombrer dans le cynisme et déclare qu'il n'est pas possible pour elle d'aller contre ses convictions. Le type de pratiques que l'on croyait révolues et qu'a révélées l'affaire Benalla lui impose de manifester sa réprobation.

Le témoignage de cette députée est éclairant quant au degré de servilité exigé des élus de LREM. Dès le lendemain de l'élection de l'Assemblée nationale, en juillet, les députés du groupe sont sommés de voter les textes que l'exécutif leur présente. On leur interdit de s'abstenir sur les amendements proposés par leur famille politique. Quant au mouvement, il ne dispose que de moyens dérisoires. Dans le département des Hauts-de-Seine, il ne reçoit que la modique somme de 3 000 euros. Frédérique Dumas juge que ce pouvoir est devenu déraisonnable, de plus en plus coupé des réalités, aveugle aux fractures qu'il suscite dans le corps social, et qu'il conduit une politique fondamentalement technocratique : « C'est la technocratie au pouvoir[1] », ce qu'elle a pu mesurer en constatant que la plupart des décisions tombent du cabinet de l'Élysée, prises par Alexis Kohler, sans qu'on en connaisse vraiment la provenance, ce qui lui permet de n'avoir de comptes à rendre à personne. Elle confirme qu'on a pu mesurer, lors de la pandémie, l'incapacité de ce petit monde à anticiper, d'où sa propension à se contredire, faute d'être en adéquation avec le réel.

Un collectif de hauts fonctionnaires qui se fait appeler Léa Guessier confirme, dans une tribune publiée par *Le Monde* en février 2018, cette confusion :

> Dès la campagne présidentielle d'Emmanuel Macron, la porosité entre cette « haute » administration et l'équipe de campagne a été très nette[2].

En s'assimilant à la haute administration, le mouvement de Macron renonce au rôle en général dévolu aux partis d'être des lieux d'élaboration de programmes politiques,

1. Frédérique Dumas, *Le Média*, 27 avril 2020.
2. Tribune, collectif, « Macronisme. La haute administration, le véritable parti présidentiel », *Le Monde*, 21 février 2018.

d'idées nouvelles. Désormais, on attend des fonctionnaires les propositions politiques. De cette fusion entre l'idéologie gouvernementale et celle des administrations, il résulte selon ce collectif de hauts fonctionnaires un risque majeur, « le remplacement de la démocratie par la technocratie[1] ».

Un certain nombre d'élus suivront l'exemple de Frédérique Dumas : Paul Molac, François-Michel Lambert, Sébastien Nadot et Matthieu Orphelin. Malgré ces défections,

> l'ordre règne au Palais-Bourbon comme rue Sainte-Anne : au siège du parti-qui-n'est-pas-un-parti-mais-un-mouvement, Stanislas Guerini peut gérer les affaires courantes depuis décembre, après que les pressions de l'exécutif lui ont assuré une élection confortable en dissuadant ceux qui auraient pu fragiliser cette dernière. Trois mois plus tôt, c'était Richard Ferrand qui bénéficiait d'un déminage en règle de sa route vers le perchoir de l'Assemblée, Yaël Braun-Pivet ayant été aimablement priée de s'écarter[2].

Alors qu'un parti a pour fonction de fixer un cap, de réfléchir à un horizon d'attente et d'espérance, de tracer les grandes lignes d'un futur désirable, LREM est réduit à un rôle de « service après-vente » des décisions de l'exécutif tenu de les expliciter et de contrôler leur application. Pour faciliter ce travail, les responsables ont mis à la disposition des militants des instruments qui renforcent encore la verticalité du pouvoir et réduisent la pratique politique à une activité communicationnelle, publicitaire :

> Un *mooc*[3] (entendez : cours en ligne) a été diffusé afin d'apprendre aux adhérents à « agir près de chez eux ». Des

1. *Ibid.*
2. Olivier Sanchez, « Quels contre-pouvoirs en Macronie ? », *art. cit.*
3. *Massive open online course.*

microlearning sur divers sujets sont conçus. Soixante-dix mille « événements-tractage » ont été organisés[1].

À force de tourner à vide dans l'entre-soi sans possibilité de débattre, LREM se trouve confronté à une hémorragie d'adhérents qui quittent le mouvement sur la pointe des pieds.

Lors des élections régionales de juin 2021, LREM a fait la preuve de son absence d'implantation locale et de son atonie. Ne recueillant que 7 % des voix, LREM a pourtant mobilisé le ban et l'arrière-ban pour s'imposer sous l'injonction du président. C'est ainsi que les ministres de l'Intérieur et de la Justice, Gérald Darmanin et Éric Dupond-Moretti, se sont présentés sur la liste du candidat de la majorité, Laurent Pietraszewski, tête de liste dans les Hauts-de-France. Dans cette région, hautement stratégique, la liste LREM, dotée de cinq ministres, affrontait Xavier Bertrand, candidat annoncé de la droite pour la présidentielle de 2022. Le résultat de la liste de la majorité, 9,13 % des voix, est édifiant et la liste est éliminée d'office au premier tour. Comme le souligne Solenn de Royer-Dupré dans *Le Monde*, LREM est devenue « le vaisseau fantôme de la Macronie[2] ». Ce bel instrument de conquête du pouvoir a vite été transformé en coquille vide, dénuée de toute autonomie, simple instrument de propagande de la politique gouvernementale ; et lorsqu'un fidèle parmi les fidèles comme Christophe Castaner, alors délégué de LREM, déclare à la rentrée 2018 vouloir ouvrir

1. Jean-Pierre Bédeï, Christelle Bertrand, *La Macronie ou le « nouveau monde » au pouvoir*, *op. cit.*, p. 49.
2. Solenn de Royer-Dupré, « LREM, le vaisseau fantôme de la Macronie », *Le Monde*, 4 juillet 2021.

une réflexion sans tabou sur la fiscalité des successions, il est immédiatement recadré par Macron qui lui signifie : « On n'y touchera pas tant que je suis là ! »

Au printemps suivant, la députée de l'Allier Bénédicte Peyrol

> est missionnée par le mouvement pour piloter un groupe de travail sur la fiscalité. Une remise à plat des droits de succession fait partie de ses propositions, mais la direction de LREM lui demande d'expurger cette partie avant publication. Déçue, l'élue a cessé de proposer ses services au parti. « Il faut une indépendance du mouvement plus grande, résume-t-elle. On est là aussi pour faire vivre les débats dans la société. »[1]

Le résultat est l'incapacité de ce nouveau parti de proposer la moindre idée nouvelle et encore moins de définir un cap, un horizon d'avenir pour la société. La tâche était déjà délicate pour un mouvement se distinguant par son caractère hétéroclite, rassemblant des adhérents de droite comme de gauche pour définir une doctrine, une visée unifiante autour d'une colonne vertébrale idéologique. Il n'y aura même pas eu de tentative dans ce sens, LREM en est resté à un état gazeux d'impuissance, d'atonie :

> En claquant la porte du parti à la rentrée 2020, Pierre Person a établi un long diagnostic détaillé, envoyé, via Telegram, aux plus hautes autorités de la Macronie, dont le président lui-même. Il décrivait un mouvement « exsangue », un « astre mort », « sans projet ni idée ». « Le peu de militants qui restent ne savent plus où ils habitent, à quoi ils servent », notait-il. Il concluait ainsi : « Soit on tue l'organisation, soit on la refonde. » Macron lui a fait savoir qu'« une bonne partie de [son] constat [était] juste », même

1. *Ibid.*

s'il ne partageait pas tant de sévérité. « Mais il est clair que le *statu quo* n'est plus durable », ajoutait-il[1].

François Patriat, le patron des sénateurs LREM, considère que le mouvement, c'est zéro, et il a ce bon mot : « Chez nous, c'est comme la surprise-partie chez les adultes : la surprise, c'est qu'il n'y a pas de parti[2] ! »

Une crise structurelle de la démocratie représentative

Fort d'une majorité de godillots tenue d'une main de fer par une direction aux ordres, Macron veut vider encore davantage de ce qui leur reste de pouvoir tous les corps intermédiaires qui risquent de freiner ses projets de réformes : au nom de l'efficacité, ils sont considérés comme quantité négligeable. Parmi eux, il y a les élus locaux : en ne se rendant pas à leur congrès, le président leur signifie qu'il entend secondariser leurs prérogatives. Ces élus de terrain, en majorité dans l'opposition de droite, constituent un potentiel contre-pouvoir grâce au Sénat. Alors qu'ils craignent d'être victimes de la marée LREM, la décision provocatrice de Matignon de supprimer des subventions de 300 millions pour l'investissement local permet à la droite de sauver les meubles et de conserver une majorité sénatoriale. Fort de sa majorité absolue à l'Assemblée nationale, Macron relègue les élus locaux à l'ancien monde, revitalisant par-là même l'Association des maires de France

1. *Ibid.*
2. François Patriat, cité par Gérard Davet, Fabrice Lhomme, *Le Traître et le néant*, Fayard, 2021, p. 487.

(AMF) sous la houlette de François Baroin, son président. En novembre 2017, des huées et sifflets accueillent le président au centième congrès des maires :

> Plus les semaines passent, plus la grogne s'intensifie. Et plus le fossé se creuse[1].

Le coup porté aux finances des collectivités locales est sévère, d'autant qu'elles sont déjà touchées par la décision de mettre un terme aux emplois aidés, pourtant essentiels à la vie des petites communes rurales, qui perdent également des rentrées avec le projet de renoncer aux impôts locaux. Les collectivités territoriales, qui auront à supporter les économies requises par l'État, sont à mettre au pas :

> Plusieurs corps intermédiaires ont eu depuis un an et demi à se plaindre du président Macron : les élus locaux et les territoires, les syndicats, les associations, auxquels on pourrait ajouter les journalistes et les médias[2].

Les premières mesures budgétaires prises pendant l'été 2017 attisent la colère latente des élus locaux qui se considéraient comme les laissés-pour-compte de la modernisation et de la mondialisation.

Parmi les intermédiaires, le monde syndical, traditionnellement faible en France, ne représente que 10 % des salariés, contre le double en moyenne dans l'Union européenne. Le président considère les syndicats comme des adversaires, des privilégiés, d'incurables défenseurs du

1. Arthur Berdah, *Emmanuel Macron. Vérités et légendes*, Perrin, 2021, p. 134.
2. Roland Cayrol, *Le Président sur la corde raide. Les enjeux du macronisme*, Calmann-Lévy, 2019, p. 131.

monde ancien, et les a même assimilés à des *insiders*, par opposition aux *outsiders* que sont les chômeurs, les exclus, les jeunes de banlieue :

> Lors d'un déjeuner, au moment d'évoquer les enjeux de la deuxième loi Travail, qui n'était pas encore appelée « loi El Khomri », je fus surpris de l'entendre tirer à bout portant dès la première prise de parole sur les « *insiders* qui font tout pour maintenir les *outsiders* à leur place, en dehors. Ils protègent le bifteck du CDI et laissent les autres dehors sans manger »[1].

Rémi Bourguignon souligne la manière dont le pouvoir mise sur l'affaiblissement de syndicats déjà en mal de représentativité : « Aujourd'hui, on n'est ni dans la concertation ni dans la négociation, mais dans la consultation[2]. » Cette loi s'inscrit en continuité avec l'action de détricotage du code du travail entrepris par la loi Fillon de 2014 et la loi Bertrand de 2008 :

> Désormais, la primauté très générale des accords d'entreprise marginalise les négociations de branche et installe l'entreprise au cœur du dispositif dans un rapport de force nécessairement défavorable aux syndicats[3].

Critiquant la manière dont son prédécesseur François Hollande était à l'écoute des syndicats, Macron entend bien remettre à leur place leurs représentants en leur opposant la primauté du pouvoir présidentiel :

> Au début du quinquennat, j'ai tenu à clarifier le champ : ce qui relève de la puissance publique peut

1. Michaël Darmon, *Macron ou la démocratie de fer*, *op. cit.*, p. 78-79.
2. Rémi Bourguignon, *Marianne*, 12 avril 2018.
3. Gilles Dorronsoro, *Le Reniement démocratique*, Fayard, 2019, p. 49.

> faire l'objet d'information et de concertation, mais pas de négociation[1] !

Mettre à genoux les élus locaux comme les représentants syndicaux aggrave encore la crise de la démocratie représentative qui ne trouve plus d'interlocuteurs pour un éventuel dialogue et de possibles compromis. En novembre 2017, le président Macron confie la réalisation d'un rapport sur les banlieues à l'ancien ministre de la Ville Jean-Louis Borloo. Bon connaisseur d'un sujet particulièrement explosif tant il met en évidence les zones délaissées de la République, Borloo remet un dossier qui préconise un programme ambitieux pour remédier à la déshérence de ces zones périurbaines :

> Dans les quartiers, il y a moins de services publics, moins de crèches, moins d'équipements sportifs, moins de capacités financières des communes, moins d'accès à la culture, moins de policiers, des professeurs et des agents de police plus jeunes, qui coûtent donc moins cher... C'est un scandale absolu[2].

Ce rapport, qui traduit au mieux le triste état de ces zones d'exclusion sociale, est pourtant aussitôt enterré par un président qui juge qu'il y a plus urgent.

Faute de corps intermédiaires, il ne restait plus à l'État que la force répressive pour répondre à la révolte sociale exprimée par les gilets jaunes. Le 17 novembre 2018, un énorme mouvement de contestation s'oppose à la taxe carbone : 282 000 personnes manifestent dans le pays,

---

1. Emmanuel Macron, entretien le 24 septembre 2020 avec Arthur Berdah, *Emmanuel Macron. Vérités et légendes*, Perrin, 2021, p. 124.
2. Rapport Borloo, cité par Michel Winock, « La République mise en doute », *Le Débat*, n° 210, 2020 / 3, p. 152.

se regroupant sur les ronds-points munies de leurs gilets jaunes. Devant l'ampleur imprévisible du mouvement, le gouvernement, qui affirme être à l'écoute, ne cède rien. La contestation monte en puissance, soutenue par une opinion publique qui considère ses revendications tout à fait légitimes.

Le 1er décembre un grand rassemblement est organisé aux Champs-Élysées. Il revêt des formes particulièrement violentes avec la prise d'assaut de l'Arc de triomphe et la destruction de commerces. La répression est brutale. Critiqué pour avoir laissé faire le saccage des magasins sur les Champs-Élysées, le ministre de l'Intérieur Castaner adopte une nouvelle stratégie ; le samedi 8 décembre 2018 est une journée encore plus violente. L'acte IV des gilets jaunes se solde en effet par 1 723 interpellations, 1 220 gardes à vue et 264 blessés, dont 39 parmi les forces de l'ordre. Pas moins de 120 000 policiers, gendarmes et pompiers ont été mobilisés contre 125 000 manifestants : un taux exceptionnel d'encadrement, où les responsables du maintien de l'ordre n'avaient plus pour fonction de calmer les passions et de favoriser la dispersion des manifestants, mais au contraire de chercher le contact et de « nasser » un maximum de gens.

Le nombre élevé de blessés graves a été mis au passif de quelques débordements intempestifs. Il n'en est rien : la violence policière a été préparée au plus haut niveau. La veille, les responsables présentent à leurs subordonnés la journée du 8 décembre comme une opération exceptionnelle :

> « Si vous vous demandez pourquoi vous êtes entrés dans la police, c'est pour un jour comme celui-ci ! », clame un

> haut gradé. À la salle de commandement de la préfecture de police, sur l'île de la Cité à Paris, le dernier briefing a des allures de veillée d'armes, vendredi 7 décembre[1].

Pour rendre les policiers plus mobiles, on ressort l'équivalent des voltigeurs (des équipes de brigades motorisées, à deux sur la moto, l'un pour conduire, l'autre pour taper sur les manifestants à toute volée), interdits car trop dangereux depuis la mort de Malik Oussekine en 1986.

C'est la panique à bord au plus haut niveau de l'État. La tension monte au point qu'on croit sérieusement à un possible investissement du palais présidentiel par les gilets jaunes. On sort les blindés à roues de la gendarmerie (VBRG) :

> L'inquiétude est à son comble. Brigitte Macron est secrètement invitée à prendre ses repères dans le bunker antiatomique du palais de l'Élysée, le « PC Jupiter »[2].

Le dispositif policier déployé dans la capitale est au niveau des craintes que suscite ce mouvement social : on redoute vraiment une guerre civile. Cyril Graziani et Cécile Amar révéleront en février 2019 l'état de flottement au plus haut sommet de l'État[3]. Si l'on en croit le témoignage de certains membres des forces de l'ordre, l'Élysée aurait même pu tomber sous les coups de l'acte III des gilets jaunes le 1er décembre. Un CRS racontera en effet que 3 000 gilets jaunes passent alors devant lui, à 100 mètres du château

---

1. Yann Bouchez, Nicolas Chapuis, Samuel Laurent, « "Allez-y franchement, n'hésitez pas à percuter. Ça fera réfléchir les suivants" : le jour où la doctrine du maintien de l'ordre a basculé », *Le Monde*, 7 décembre 2019.
2. Arthur Berdah, *Emmanuel Macron. Vérités et légendes*, Perrin, 2021, p. 116.
3. Cécile Amar et Cyril Graziani, *Le Peuple et le président*, Michel Lafon, 2019.

qui n'est alors protégé que par une simple barrière de quelques policiers[1].

Nombre de manifestants arrivés de province ne pourront jamais rallier le lieu du rassemblement, car la police est partout dès 6 heures du matin et arrête tout présumé gilet jaune, le prend en photo, mains sur la tête et l'envoie dans un commissariat de police qui le place en garde à vue :

> À la radio, les ordres fusent dans tous les sens. À 13 h 04, « Lutèce », l'indicatif du commandement, demande à « Vulcain 9 », une unité de CRS présente sur les Champs, d'empêcher « l'installation d'obstacles de chaussée ». À 13 h 06, « Lutèce » encourage les CRS, qui progressent sur l'avenue : « Oui, vous pouvez y aller franchement, allez-y franchement, n'hésitez pas à percuter ceux qui sont à votre contact, à proximité… Ça fera réfléchir les suivants. »[2]

La violence se déchaîne, la police tire à bout portant avec leurs LBD, touchant des manifestants à la tête, dont certains y perdront un œil :

> Alexandre Frey, intermittent du spectacle en gilet jaune, originaire de la région parisienne, reçoit un tir de LBD à la tête. « Je ne suis pas tombé, j'ai tenu mon œil dans ma main, mon pote m'a dit "tu n'as plus d'œil". Je l'ai jeté par terre. Après, une dame nous a ouvert le sas de son immeuble pour qu'on se réfugie, on était deux ou trois, mais j'étais l'un des plus gravement atteints, on m'a laissé passer un barrage parce que je pissais le sang, ils ont vu la gravité », raconte ce jeune père de famille. Finalement

---

1. Thibault Lefèvre et Lisa Guyenne, « "Le 1er décembre, l'Élysée aurait pu tomber" : un CRS raconte le chaos des Gilets jaunes l'hiver dernier », *France Inter*, 12 novembre 2019.
2. Yann Bouchez, Nicolas Chapuis, Samuel Laurent, « "Allez-y franchement, n'hésitez pas à percuter. Ça fera réfléchir les suivants" : le jour où la doctrine du maintien de l'ordre a basculé », *art. cit.*

transporté à l'hôpital par les pompiers, il assure qu'« aucun policier ne [l']a aidé »[1].

Les manifestations deviennent régulières et les affrontements avec les forces de l'ordre de plus en plus vifs. Entre décembre 2018 et juin 2019, on dénombre 860 cas de violences policières. Le président Macron, dans le déni total, déclare encore en mars 2019 : « Ne parlez pas de répression ou de violences policières, ces mots sont inacceptables dans un État de droit », alors qu'on « ramasse à la pelle » les manifestants à jamais meurtris par la brutalité de certains policiers : plus de 100 personnes visées à la tête, 24 qui ont perdu un œil. La France est condamnée pour cette brutalité par le Conseil de l'Europe, le parlement européen et l'Onu. Un tel déni du pouvoir sert de déclencheur au livre du journaliste, écrivain et documentariste David Dufresne, qui affirme que « la police a blessé en quelques mois plus de manifestants qu'en vingt ans[2] ». En 2020, il réalise un film[3] sur ces violences donnant la parole aussi bien aux manifestants qu'aux responsables du service d'ordre.

La situation est d'autant plus grave qu'elle se prête à tous les débordements. Contrairement à Mai 1968 où la responsabilité du maintien de l'ordre était assurée par le préfet de police de Paris, Maurice Grimaud, un vrai démocrate soucieux d'éviter le pire dans une situation pourtant beaucoup plus conflictuelle, en 2018, le préfet de police de Paris est un certain Didier Lallement, de nature plutôt guerrière, qui n'hésite pas à lancer à

1. *Ibid.*
2. David Dufresne, *Dernière sommation*, Grasset, 2019.
3. David Dufresne, *Un pays qui se tient sage*, film sorti sur les écrans en septembre 2020.

une manifestante : « On n'est pas du même camp ! » Il avait osé prétendre que les hospitalisations pour cause de Covid-19 étaient le résultat du non-respect du confinement, déclarant au premier jour des vacances de Pâques le 3 avril 2020 : « Ceux qui sont aujourd'hui hospitalisés, ceux qu'on trouve dans les réanimations, ce sont ceux qui au départ du confinement ne l'ont pas respecté. » C'est non seulement une ineptie, puisque, compte tenu de la durée d'incubation, ceux qui se trouvent hospitalisés ont été atteints avant la décision du confinement, mais aussi une déclaration scandaleuse, qui n'est passible d'aucune sanction, au grand étonnement d'un grand serviteur de l'État comme Jean-Pierre Jouyet :

> Les hauts fonctionnaires sont tellement livrés à eux-mêmes que le préfet de police de Paris, Didier Lallement, peut proférer les pires énormités sans être relevé de ses fonctions[1].

La multiplication des violences policières tient par ailleurs à un certain nombre de mutations mises en évidence par le sociologue Fabien Jobard[2]. En 1986, lors de la contestation de la réforme Devaquet qui a mis dans la rue une bonne part de la jeunesse scolarisée, les voltigeurs mobiles ont provoqué, rue Monsieur-le-Prince, la mort d'un lycéen, Malik Oussekine. Cet événement dramatique a suscité la réunion de deux commissions parlementaires, à l'Assemblée et au Sénat, qui ont élaboré une doctrine du maintien de l'ordre soulignant la nécessité d'éviter autant qu'il est possible le contact, de démontrer sa force pour

1. Jean-Pierre Jouyet, *L'Envers du décor*, *op. cit.*, p. 242.
2. Fabien Jobard et Olivier Fillieule, *Politiques du désordre. La police des manifestations en France*, Seuil, 2020.

ne pas avoir à s'en servir, ou le moins possible. Avec le temps, la diminution du nombre de manifestations a laissé penser que l'on pouvait réduire de manière drastique les effectifs des forces de l'ordre. À la fin du XXe siècle, les policiers ont surtout eu à s'opposer à des violences suburbaines, comme cela fut le cas de manière spectaculaire en 1995. La seconde mutation perçue par Fabien Jobard est une autre gestion du temps, à l'heure du *live* sur les chaînes de télévision continues, qui accentue la tension et la rapidité des interventions au moindre incident, alors que précédemment les forces de l'ordre comptaient sur la lassitude pour voir s'éteindre peu à peu les braises de la révolte. Enfin, les effets du néolibéralisme se font sentir des deux côtés.

Le mouvement de contestation refuse toute forme d'organisation et ne désigne donc pas, comme dans les cortèges syndicaux, des représentants pour négocier avec la police un parcours et des horaires. D'un côté, les contestataires, pour se faire entendre, choisissent des formes disruptives de protestation, plus susceptibles de surprendre et donc de faire événement. De l'autre côté, on a inconsidérément réduit les effectifs de la gendarmerie nationale et des CRS, et l'on doit faire appel à des policiers soit non formés, soit ayant pour seule expérience les violences suburbaines. Il en résulte une tout autre stratégie, qui préconise d'entrer au plus vite au contact des manifestants, de prioriser la célérité et l'interpellation et, plutôt que de tenter la dispersion progressive des manifestants, d'enfermer les protestataires dans un périmètre dont ils ne peuvent s'échapper en les nassant. Le terme de « dispersion », qui décrivait jusque-là la mission de la police, est devenu caduc. La « technique des nasses », pratique coutumière dans les régimes dictatoriaux et totalitaires, est à ce point contraire aux principes d'une démocratie qu'en juin 2021 le Conseil d'État l'a jugée illégale lors des manifestations, annulant même quatre dispositions du schéma national de maintien de l'ordre. Outre cette pratique d'encerclement des manifestants, le Conseil d'État rejette aussi l'injonction aux journalistes de quitter les lieux lors de la dispersion, considérant que « les journalistes doivent pouvoir continuer d'exercer librement leur mission d'information, même lors de la dispersion d'un attroupement ». Il annule enfin une disposition qui avait soulevé l'indignation des journalistes en leur imposant leur accréditation auprès des autorités administratives avant d'avoir accès au canal d'informations en temps réel mis en place lors des manifestations.

Pour mener à bien sa nouvelle stratégie policière, le ministère de l'Intérieur a généralisé l'équipement offensif, rendu de nouveau licites les voltigeurs mobiles et déployé l'usage d'armes de guerre comme les flash-balls (interdits après 1995), les LBD et les grenades lacrymogènes assourdissantes contenant du TNT (les GLI-F4). On assiste à une véritable militarisation de la police, dont les dérapages sont à ce point nombreux que Macron a dû reconnaître (tardivement) le 14 janvier 2020 que, face à la contestation de la réforme de la retraite, il y avait bien eu des « comportements qui ne sont pas acceptables » de la part des forces de l'ordre.

Ces excès suscitent l'indignation de personnalités pourtant éloignées de l'univers de la contestation. C'est le cas, entre autres, de Laurent Bigot, qui a été dix ans diplomate, puis cinq ans sous-préfet. Responsable notamment du maintien de l'ordre en Dordogne, en Corse puis en Martinique, il a filmé la contestation des gilets jaunes à Bordeaux en juin 2019 et a été tabassé par la police, tandis que sa fille a été blessée en recevant une balle de désencerclement sous l'œil. Lors de la manifestation suivante, le 16 juin, Laurent Bigot reçoit un tir de LBD dans le bras. Ce n'est manifestement plus le maintien de l'ordre qui motive la police, mais la volonté de punir ceux qui ont l'audace de se trouver sur les lieux d'une manifestation et de dissuader ceux qui auraient envie de s'y rendre à l'avenir. Le général de gendarmerie Bertrand Cavalier a, lui aussi, exprimé sa réprobation devant les violences policières. Il rappelle que la vocation du gendarme est de gérer la violence en évitant la confrontation avec les protestataires.

L'ancien diplomate Laurent Bigot n'est pas au bout de ses déconvenues. Le 9 janvier 2020, il filme à Paris la manifestation contre la réforme des retraites qui démarre à République et doit se rendre à Madeleine, lieu prévu pour la dispersion. Sur son parcours, au niveau de la gare Saint-Lazare, les charges de la police particulièrement brutales se multiplient contre la tête du cortège sans qu'il y ait eu la moindre violence. Laurent Bigot filme un tir de LBD à bout portant et voit un commissaire de police qui frappe tellement violemment un militant syndicaliste qu'il en casse sa matraque :

> Ce défoulement de violences a duré presqu'une heure et la manifestation n'a jamais atteint la Madeleine. Je me suis retrouvé seul à la Madeleine dans un tel état de choc que je me suis assis et j'en ai pleuré[1].

1. Laurent Bigot, propos tenus lors d'une réunion organisée par X-Alternative (association de polytechniciens), *Le Média*, 2 octobre 2020.

L'affaire Benalla

L'affaire confirme la brutalisation des méthodes du pouvoir. On découvre sur une vidéo qu'un certain Alexandre Benalla, adjoint au chef de cabinet de Macron à l'Élysée ne figurant pourtant sur aucun organigramme officiel, coiffé d'un casque de policier et muni d'un brassard de police, a frappé un jeune manifestant, place de la Contrescarpe à Paris, à l'occasion de la manifestation syndicale du 1er mai 2018. Benalla, qui s'en prend à un couple de jeunes devant un bistrot pour un « apéro postmanif », prétextera qu'il y avait sur cette place une atmosphère de « guérilla urbaine ». Le gendarme réserviste chargé de la sécurité à LREM, Vincent Crase, présent sur les lieux, désigne à Benalla ce couple qui avait lancé des projectiles sur les forces de l'ordre. Avec l'aide des CRS, Benalla attrape la jeune femme par le cou, l'entraîne et la contraint à s'asseoir sur le trottoir. Pendant ce temps, Vincent Crase maîtrise son compagnon traîné au sol. Benalla revient, sans brassard cette fois, et relève l'homme pour lui asséner des coups tout en le tenant par l'arrière en l'étranglant.

On s'interroge sur cet individu qui fait montre d'une extrême violence. L'affaire éclate vraiment le 18 juillet lorsque *Le Monde*, menant enquête, identifie le dénommé Benalla, un protégé de Macron. Mis au courant de ce débordement et de cette usurpation de fonction et d'identité dès le 2 mai, l'Élysée avait simplement étouffé l'affaire en mettant Benalla à pied pour une quinzaine de jours. Il aura fallu deux mois et demi pour que Macron, acculé par les dénonciations médiatiques, concède une condamnation publique d'actes « inacceptables ». L'affaire, entre-temps, devient le feuilleton de l'été 2018, bien triste série révélatrice de mœurs que l'on croyait enterrées.

Ayant rejoint la campagne électorale de Macron, Benalla avait été désigné responsable de la sécurité du candidat. Le 17 avril 2017 à Paris, lorsque ce dernier rassemble son plus grand meeting, on craint une opération terroriste. Celui qui deviendra l'homme de main aux manières fortes a déjà des idées :

> Une trappe avait été sciée, racontera à *Midi Libre* Ludovic Chaker, coordinateur des meetings. En cas de tir, le pupitre devait basculer et M. Macron se retrouver dans la partie creuse de la scène où avaient été placés un kit de secours et un gilet pare-balles[1].

Le personnage, connu à l'Élysée pour être particulièrement impulsif et violent, fait à de multiples occasions la démonstration de sa force physique et de son faible taux de tolérance, comme le 4 mars 2017 à Caen, lorsqu'il évacue *manu militari* un journaliste local qui avait commis l'imprudence de se rapprocher un peu trop du candidat. Alors que le couple présidentiel passe ses vacances en août 2017 dans une grande villa, prêtée par le préfet de la région, qui surplombe la ville de Marseille, un reporter photographe, Thibaut Daliphard, s'approche un peu trop de la villa, alors que la présidence entend accorder un monopole des images à la société Bestimage de Mimi Marchand. Ce photographe non accrédité se fait interpeller par Benalla qui se saisit de ses papiers et le place en garde à vue :

---

1. Ariane Chemin, Cédric Pietralunga et François Krug, « Qui est Alexandre Benalla, ce proche de M. Macron, auteur des violences le 1er mai ? », *Le Monde*, 18 juillet 2018.

> Il a ajouté : « Vous allez passer quarante-huit heures au frais, cela vous changera les idées » […] Il s'est jeté sur moi pour tenter d'arracher mon téléphone quand il a vu que je voulais répondre à un appel[1].

Benalla, devenu un intime du couple Macron, ouvre et ferme leur maison du Touquet lors de leurs virées le week-end. L'homme a ses lettres de noblesse :

> Selon un CV adressé par le jeune homme à de potentiels employeurs et que *Le Monde* s'est procuré, il est recruté à la fin de 2012 par Velours International, fondé par deux anciens policiers de l'antigang[2].

Benalla est aussi un grand démocrate, comme l'atteste la manière dont il traite les opposants éventuels au moment où Macron vient présenter sa candidature en novembre 2016 :

> Il expulse *manu militari* un militant communiste venu poser une question. « Il l'a jeté violemment hors de la salle », raconte au *Monde* le photographe de l'agence Sipa Mario Fourmy, qui assistait à la scène[3].

Au cours de leur enquête, Ariane Chemin et François Krug dévoilent les liens étroits qui unissent le premier cercle de Macron et Benalla. En premier lieu, Ismaël Emelien, « Monsieur crises », chargé de déminer tout ce qui pourrait porter atteinte au président.

En second lieu, Ludovic Chaker, qui a recruté Benalla. Cet homme de l'ombre, qui a été le disciple d'un maître

1. Thibaut Daliphard, entretien avec Alexis Lévrier, *Jupiter et Mercure. Le pouvoir présidentiel face à la presse*, Les Petits Matins, 2021, p. 248.
2. Ariane Chemin et François Krug, « Alexandre Benalla, les mystères d'une ascension », *Le Monde*, 24 juillet 2018.
3. *Ibid.*

de l'art martial chinois, est surnommé « Ninja » par ses camarades. Fasciné par l'Asie, il décroche un diplôme en chinois mandarin à l'Inalco et devient à 24 ans officier de réserve, ne se déplaçant jamais sans son couteau de kung-fu : « C'est son ami Ismaël Emelien, alors conseiller spécial d'Emmanuel Macron, qui lui demande de rallier l'aventure[1]. » Il devient le secrétaire général du mouvement En Marche ! et embauche Benalla comme garde du corps en décembre 2016.

Ludovic Chaker est un agent secret, promu en 2017 au grade de commandant de réserve dans l'armée de terre. En cette année d'élection de Macron, Benalla fait la demande auprès de la préfecture de police de Paris d'autorisations de port d'arme pour lui-même et cinq membres de son service d'ordre, dont Vincent Crase et Ludovic Chaker. Il dispose de rétributions substantielles, ce qui ne gâche rien : un salaire de 10 000 euros, 180 000 euros de budget de la présidence pour refaire un appartement quai Branly, plus un certain nombre d'avantages liés à sa fonction, comme la clé de la maison des Macron au Touquet. La perquisition effectuée le 20 juillet à son domicile révélera que Benalla disposait d'un véritable arsenal militaire.

La position privilégiée de Benalla tient non seulement à ses gros bras, mais aussi à ses liens avec le système Françafrique, avec lequel le gouvernement prétend officiellement avoir rompu. Il est notamment l'ami de Farid Belkacemi, puissant homme d'affaires franco-algérien qui a fait fortune dans les années 1980. Lorsque l'affaire Benalla éclate en juillet, c'est Vincent Miclet, multimillionnaire qui œuvrait

1. Marc Endeweld, *Le Grand Manipulateur. Les réseaux secrets de Macron*, *op. cit.*, p. 57.

depuis des décennies dans les coulisses de la Françafrique, qui vient à son secours :

> M. Miclet invite d'abord le collaborateur banni « à se refaire une santé » dans son palais de Marrakech. Puis ensuite, en août 2018, à séjourner dans son fastueux château de Fleurac, en Dordogne. Cette fois, l'ancien salarié de l'Élysée se retrouve en compagnie de camarades d'affaires de son hôte venus de la République démocratique du Congo (RDC)[1].

Macron ne sortira pas indemne de cette affaire Benalla. Comme le fait remarquer avec humour Michaël Darmon, « s'il est sorti de la bagarre de la présidentielle sans une tache sur son costume – tel un James Bond s'époussetant avec détachement après une explosion –, le scénario a changé[2] ».

Dérives liberticides

Au fil du quinquennat, un certain nombre de mesures ont été adoptées, remettant en cause les libertés fondamentales garanties par la Constitution. Certains se sont étonnés, se demandant comment un candidat qui se disait libéral pouvait ainsi adopter un arsenal juridique aussi autoritaire. On comprend mieux la logique de cette évolution lorsqu'on prend conscience, comme l'a montré Barbara Stiegler, que le néolibéralisme comporte un volet étatique tout à fait essentiel pour contraindre la population à adopter son sens de l'histoire. Ce pouvoir aura de plus profité avec cynisme

1. Ariane Chemin, Simon Piel, François Krug et Joan Tilouine, « Alexandre Benalla et les intermédiaires de Françafrique », *Le Monde*, 31 janvier 2019.
2. Michaël Darmon, *La politique est un métier*, *op. cit.*, p. 43.

d'une période de confinement nécessaire et acceptée par l'opinion comme un moindre mal par rapport au risque de surcharge des capacités hospitalières, pour s'attaquer aux libertés fondamentales. La période du second confinement aura été un temps fort de ces attaques, non sans arrière-pensées car, à l'approche de l'échéance de 2022, il s'agit de gagner de l'influence dans l'électorat de droite et de l'extrême droite. Au point que la presse s'en alarme : *Libération* fait sa couverture du 20 novembre 2020 avec ce titre : « État de droit : libertés flouées », tandis que *Le Monde* du 21 novembre titre : « Inquiétudes sur l'inflexion sécuritaire du quinquennat. »

À la suite des durs affrontements entre la police et les manifestants qui ont marqué la fin de l'année 2018 pendant le mouvement des gilets jaunes, le pouvoir a décidé d'adopter une loi anticasseurs inspirée par la droite sénatoriale. Adoptée par l'Assemblée le 5 février 2019 et entérinée par le Sénat le 12 février 2019, elle prévoit de porter atteinte à la liberté de manifester en permettant aux préfets d'interdire de manifestation des individus considérés comme pouvant « troubler l'ordre public ». En outre, la loi autorise la fouille des véhicules et les individus se rendant en manifestation, l'établissement d'un fichier national des personnes interdites de manifestation, et la création d'un délit pour avoir masqué son visage au cours d'une manifestation. Au sein de la majorité, cette loi a provoqué quelques malaises : 50 des députés LREM se sont abstenus et le député du Maine-et-Loire, Matthieu Orphelin, a décidé de quitter le groupe. Pour faire adopter cette loi liberticide, l'exécutif a usé d'un subterfuge en cachant aux députés l'avis du Conseil d'État rendu le 28 janvier, « accablant pour les points principaux de la loi, notamment sur le fait de déléguer à l'autorité administrative la possibilité d'interdire des manifestations[1] ».

On assiste à une avalanche de propositions de lois hétéroclites qui vont dans le sens de la restriction des libertés citoyennes. Dans l'opposition, mais aussi chez certains élus de la majorité, on parle de « dérive liberticide ». La gauche dénonce les nouvelles mesures adoptées. Olivier Faure, le premier secrétaire du Parti socialiste, s'alarme :

> Emmanuel Macron se présentait comme un rempart contre les dérives liberticides, il en est devenu le promoteur. Sa gouvernance solitaire et opaque, sa volonté d'affaiblir tous les contre-pouvoirs, le Parlement, la presse, les partenaires sociaux, traduisent une dérive très inquiétante pour la démocratie.

Le Modem renchérit en critiquant « une atteinte disproportionnée à la liberté d'expression et de communication » à propos de l'article 24 de la loi de « sécurité globale ». Proposé par deux parlementaires LREM, Alice Thourot et Jean-Michel Fauvergue, cet article prévoit d'infliger un an de prison et 45 000 euros d'amende à quiconque s'aviserait de diffuser le visage ou « tout autre élément d'identification » d'un policier ou gendarme lorsqu'une telle diffusion a pour but de porter « atteinte à son intégrité physique ou psychique ». Les centristes du Modem ajoutent que « punir un comportement légal en soi, du seul fait de l'intention malveillante de son auteur, n'est pas conforme à la tradition libérale de notre droit pénal depuis les Lumières ». Les passants, les manifestants ne pourront donc plus faire circuler les photos qu'ils prennent au cours des manifestations, ce

1. *Ibid.*, p. 175.

qui permettra aux policiers de commettre en toute impunité les violences qui sont déjà trop souvent le lot commun des opérations de maintien de l'ordre.

Quant aux journalistes, ils ne pourront plus faire leur travail ; le ministre de l'Intérieur, Gérald Darmanin, claironne qu'ils doivent se signaler auprès des préfets pour couvrir les manifestations publiques. Provoquant un tollé, il doit rétropédaler, sans pour autant remettre en question le sens de cet article 24 de la loi. Quant aux forces de l'ordre, la loi les autorise à surveiller et à utiliser ce qu'ils peuvent tirer d'images des drones et autres caméras-piétons. En novembre 2020, ce désir d'entraver le travail des journalistes n'est pas vraiment nouveau : le syndicat national des journalistes (SNJ) avait déjà enregistré que 200 journalistes avaient été empêchés de travailler pendant les manifestations des gilets jaunes. On est loin du moment où, en 2016, Macron écrivait qu'« on sait bien d'ailleurs que la diminution de la liberté de tous, et de la dignité de chaque citoyen, n'a jamais provoqué nulle part l'accroissement de la sécurité[1] ».

Le pouvoir ne cesse de progresser dans une politique de contrôle de la population attentatoire aux libertés. Les décrets, publiés le 4 décembre après un avis favorable du Conseil d'État, autorisent désormais policiers et gendarmes à faire mention des « opinions politiques », des « convictions philosophiques et religieuses » et de l'« appartenance syndicale » de leurs cibles. Le Conseil d'État, saisi par des syndicats, dont le Syndicat de la magistrature, dénonçant le « spectre Big Brother en 2021 », a rejeté cette assignation en référé ; désormais la police et la gendarmerie sont en

1. Emmanuel Macron, *Révolution*, *op. cit.*, p. 185.

mesure de ficher les opinions des citoyens au nom de la sûreté de l'État.

De manière prémonitoire, Deleuze avait vu cette évolution sociale conduisant vers un surcroît de contrôle et l'avait exposée dans « Post-Scriptum sur les sociétés de contrôle », publié en 1990[1]. Comme Foucault, Deleuze est alors interpellé par l'actualité et la nécessité de penser ce qui change. Il part de l'historicisation proposée par Foucault qui a mis en évidence un modèle de société traditionnelle fondée sur la souveraineté, dans lequel le pouvoir se révèle par sa capacité à donner la mort. Par la suite, à l'époque moderne, aux XVIIIe et XIXe siècles, s'est imposé un modèle disciplinaire assignant des limites à l'activité humaine selon le schéma d'un « grand renfermement », qui a conduit à une généralisation des univers clos avec leur discipline touchant chaque particule du corps social. Sur le modèle du panoptique se sont multipliées les constructions des prisons, des casernes, des écoles, des usines, etc. Le pouvoir n'a plus la fonction de donner la mort, mais de discipliner les corps, de les faire vivre, d'optimiser leurs potentialités et de les laisser mourir.

En 1990, Deleuze discerne l'avènement d'un nouveau type de société : celui des sociétés de contrôle, qui se seraient mises en place à la fin du second conflit mondial, lequel se termine par la crise généralisée de tous les milieux d'enfermement : « Il s'agit seulement de gérer leur agonie[2]. » Dans cette analyse, Deleuze fait œuvre de prémonition en percevant ce qui n'a cessé de s'avérer

---

1. Gilles Deleuze, « Post-Scriptum sur les sociétés de contrôle » *L'Autre Journal*, n° 1, mai 1990 ; repris dans *Pourparlers*, Minuit, 1990, p. 240-247.
2. *Ibid.*, p. 241.

depuis, avec ce contrôle dans des espaces ouverts. Par ailleurs s'impose une transformation du sujet de droit, non limité à la personne, comme à l'âge humaniste, impliquant à l'âge anthropocène de nombreuses autres populations non humaines : les céréales, les troupeaux de vaches, les moutons, la volaille et tout autre être vivant. Le sujet de droit devient, à l'âge de la société de contrôle, le vivant : « Le vivant dans l'homme[1]. »

On n'a plus besoin de l'enfermement, « puisque l'on sait qu'on les retrouvera tous sur l'autoroute à telle heure. Les calculs de probabilités sont bien meilleurs qu'une prison[2]. » Dès les années 1980, Deleuze constate l'éclatement de tout le tissu d'enfermement, notamment celui de l'usine qui ne cesse de se décomposer sous les coups du travail intérimaire, du travail à domicile ou encore des aménagements du temps de travail. À l'école, on vit dans un monde moins disciplinaire, mais on y multiplie les contrôles :

> Les individus sont devenus des « dividuels », et les masses, des échantillons, des données, des marchés, des « banques »[3].

Dans toutes ces transformations qui brisent les vieilles rigidités disciplinaires pour laisser place aux puces électroniques, aux portables qui permettent d'avoir un contrôle constant sur chacun dans un espace ouvert où l'on ne distingue plus l'intériorité et l'extériorité, ce qui compte

1. Gilles Deleuze, cours sur Foucault, université Paris VIII, 8 avril 1986, archives sonores de la BnF.
2. *Ibid.*
3. Gilles Deleuze, « Post-Scriptum sur les sociétés de contrôle », in *op. cit.*, p. 244.

« c'est que nous sommes au début de quelque chose[1] ». De nouvelles formes de subjectivation et de résistance au contrôle doivent s'engager dans des voies inédites.

À l'heure du smartphone et des réseaux sociaux, cette société de contrôle aux mailles de plus en plus resserrées sur les individus aura conduit à ce que Vanessa Codaccioni nomme une « société de vigilance[2] », laquelle est appelée de ses vœux par Macron à l'occasion tragique de l'assassinat au couteau de quatre fonctionnaires de la préfecture de Police de Paris le 3 octobre 2019 :

> Une société de vigilance, voilà ce qu'il nous revient de bâtir. La vigilance, et non le soupçon qui corrompt. La vigilance : l'écoute attentive de l'autre, l'éveil raisonnable des consciences. C'est tout simplement savoir repérer à l'école, au travail, dans les lieux de culte, près de chez soi les relâchements, les déviations, les petits gestes qui signalent un éloignement avec les lois et les valeurs de la République. Une séparation. Cela commence par vous, forces de l'ordre, fonctionnaires, serviteurs de l'État[3].

Vanessa Codaccioni fait état d'un glissement de la vigilance conçue comme protection vers un système de surveillance sécuritaire qui implique de voir en l'autre un ennemi potentiel dont il faut se méfier. Le président s'achemine vers la délation qui invite chaque citoyen à surveiller ses congénères. Dans son ouvrage sur la société de vigilance, Vanessa Codaccioni souligne, sous couvert de la nécessaire lutte contre le terrorisme, le renforcement de l'arsenal dirigé contre la contestation politique, avec le développement

1. *Ibid.*, p. 246.
2. Vanessa Codaccioni, *La Société de vigilance*, Textuel, 2021.
3. Emmanuel Macon, discours d'hommage aux victimes à la préfecture de police de Paris, 8 octobre 2019.

d'une répression invisible contre les militants et les militantes, à base de surveillance physique, d'écoutes, de captation d'images, de sonorisation des lieux publics et privés, de géolocalisation ou encore d'exploitation du matériel informatique. Il en résulte une invisibilisation des moyens mis à disposition de la répression et une aspiration de l'État à l'omniscience. Le pouvoir veut tout savoir sur les citoyens qui doivent devenir transparents à ses yeux. Vanessa Codaccioni dénonce l'intention des gouvernants de restreindre à la portion congrue le champ de la légitime contestation politique et la propension à criminaliser toute forme d'opposition, voire à la faire relever de pathologies psychiques. Comme le souligne Hélène Lheuillet, non seulement cette vigilance citoyenne reste inefficace dans la mesure où elle ne permet pas de détecter le passage à l'acte, mais de plus elle enferme toute une société dans l'univers traumatique :

> Le vigilant ne dort pas, non parce qu'il n'a pas sommeil, mais parce qu'il est en état d'alerte. L'hypervigilance est pour cette raison un élément du tableau des traumatismes […] Une société de vigilance ne rompt pas avec la logique traumatique et nous transforme en citoyens guerriers, toujours en état d'alerte[1].

La France n'a pas le monopole de ce type de modèle, bien plus avancé dans les pays totalitaires comme la Chine ou la Russie, mais semble reprendre à son compte ce transfert de responsabilité du maintien de l'ordre public de l'État central vers les individus dans leur quartier, leur entreprise et leur famille. L'État serait ainsi épaulé dans sa tâche répressive par une pratique généralisée de dénonciation

1. Hélène Lheuillet, « Société de vigilance : l'introuvable signal du passage à l'acte », *AOC (Analyse, Opinion, Critique)*, 29 octobre 2019.

assimilable à la délation. Certes la Chine, avec ses caméras partout, ses reconnaissances faciales, ses carnets à points, détient quelques longueurs d'avance sur les démocraties occidentales en matière de contrôle. Elle a même mis en place un programme spécifique dans les campagnes, le programme « Yeux perçants », par lequel les paysans peuvent brancher leur téléphone portable sur les caméras de vidéosurveillance des villes et se trouver à même de dénoncer la moindre infraction ou malversation.

En novembre 2020, Mediapart publie un appel de 33 personnalités ayant voté pour Macron, l'enjoignant de renoncer à sa politique liberticide et à ses projets de lois qui font « reculer les libertés d'information, d'opinion, de croyance, d'éducation, d'association, de manifestation et de contestation », affirmant n'avoir pas voté pour ça :

> En 2017, nous avons voté pour vous. Certains dès le premier tour, en adhérant à votre promesse d'une rupture libérale et progressiste avec des politiques autoritaires et conservatrices. Les autres au second tour, pour faire barrage à la candidature d'une extrême droite nationaliste, xénophobe et raciste. C'est au nom de ces votes que nous vous interpellons, dans la diversité de nos sensibilités. Car, au prétexte d'une illusoire sécurité face aux désordres du monde, le gouvernement et la majorité qui agissent en votre nom sont en train de restreindre nos libertés fondamentales. Celles qui garantissent la vitalité de la démocratie française, permettant la libre expression des critiques, protestations et oppositions. Les projets de lois dites « Sécurité globale » et « Séparatisme », devenue « Loi confortant les principes républicains », font en effet reculer les libertés d'information, d'opinion, de croyance, d'éducation, d'association, de manifestation et de contestation. Toutes celles et tous ceux qui défendent ces droits le disent et s'en alarment, de la Commission consultative des droits de l'homme à

la Défenseure des droits, sans oublier les organisations internationales. Monsieur le président, laisser faire cette atteinte à nos libertés et à nos droits, c'est installer ce dont l'extrême droite néofasciste rêve : un État autoritaire où l'État de droit devient un État de police, criminalisant les mobilisations de la société et certaines revendications populaires. Si vous n'empêchez pas cette perdition, vous porterez la terrible responsabilité historique d'avoir fait la courte échelle aux idéologies mortifères contre lesquelles vous avez été élu ; et à votre tour, vous serez emporté et ne pourrez plus rien empêcher. C'est pourquoi nous vous demandons avec force et gravité d'interrompre cette course à l'abîme en vous opposant à ces lois liberticides et à cette exacerbation des déchirures de notre société. Car elles abîment la République dont la promesse d'égalité des droits est indissociable de son exigence démocratique et sociale, inscrite dans notre Constitution[1].

1. Appel à Emmanuel Macron, signé par : Olivier Abel, philosophe ; Régis Aubry, médecin, membre du Comité consultatif national d'éthique ; Pascal Beauvais, juriste, membre de la CNCDH ; Julien Bétaille, juriste ; William Bourdon, avocat ; Vincent Brengarth, avocat ; Michel Broué, mathématicien ; Dominique Cardon, sociologue ; Paul Cassia, juriste ; Patrick Chamoiseau, écrivain ; Hélène Cixous, écrivaine, Constantin Costa-Gavras, cinéaste ; Christophe Deltombe, avocat honoraire ; Jacques Donzelot, sociologue ; Geneviève Garrigos, ancienne présidente d'une ONG ; Christine Lazerges, juriste, ancienne présidente de la CNCDH ; Michel Lussault, géographe ; Sébastien Mabille, avocat ; Philippe Meirieu, pédagogue ; Jean-Pierre Mignard, avocat ; Ariane Mnouchkine, metteur en scène de théâtre ; Olivier Mongin, écrivain ; Véronique Nahoum-Grappe, anthropologue ; Raphaële Parizot, juriste ; Joël Roman, philosophe ; Olivier Roy, politologue ; Valérie Sagant, magistrate ; Jean-Louis Schlegel, éditeur ; Lucile Schmid, haut-fonctionnaire ; Didier Sicard, médecin, ancien président du Comité national d'éthique ; Lilian Thuram, président de la Fondation Éducation contre le racisme ; Georges Vigarello, historien ; Cédric Villani, député, médaille Fields.

Caporaliser l'Éducation nationale

Dans la construction de son nouveau monde, ce gouvernement va jusqu'à opérer une régression en deçà du XIIIe siècle en considérant les universités comme à l'époque où elles ne bénéficiaient pas encore de franchises universitaires. En 1253, Sorbon avait arraché à l'Église le respect de la franchise universitaire et fondé la Sorbonne, devenue depuis le symbole même de l'indépendance à l'égard de tous les pouvoirs. La disposition adoptée en novembre 2020 de la loi de programmation de la recherche prévoit un délit d'entrave dans les universités pour préserver « la tranquillité et le bon ordre de l'établissement ». La ministre de la Recherche Frédérique Vidal a en effet fait voter un article qui pénalise quiconque entraverait le bon fonctionnement de l'université de un an de prison, et en cas d'entrave collective de trois ans de prison et de 45 000 euros d'amende. Le pouvoir se préserve ainsi de toute contestation universitaire, immédiatement susceptible de très lourdes peines. Sylvie Bauer, présidente de la commission permanente du CNU, remarque :

> C'est une façon de couper tout ce qui relève du débat politique et polémique. L'université doit continuer à être un lieu de dissensus… Cela s'apparente à de la censure.

Quant au recrutement des enseignants du supérieur, la nouvelle loi minore le poids du CNU au profit de logiques localistes. Le 25 novembre 2020, une tribune dans *Le Monde* signée par un collectif de plus de 4 600 chercheurs demande en vain au chef de l'État de recourir à l'article 10 alinéa 2 de la Constitution pour procéder à une nouvelle délibération de la loi, afin qu'un débat véritablement démocratique et un dialogue puissent se tenir.

Cette mise au pas du monde universitaire, qui perd au passage toute autonomie, correspond à la volonté de transformer la recherche sur le modèle des start-up. Là encore, il est question de passer d'un monde universitaire composé de fonctionnaires à une somme d'entrepreneurs précarisés et évalués selon leurs mérites. C'est dans cet esprit qu'a été adoptée la loi de programmation pluriannuelle de la recherche (LPPR) en 2020. Elle correspond tout à fait à la logique gouvernementale globale et aux souhaits exprimés par Antoine Petit, le P-DG du CNRS, qui avait dit vouloir « une loi ambitieuse, inégalitaire – oui, inégalitaire, une loi vertueuse et darwinienne, qui encourage les scientifiques, équipes, laboratoires, établissements les plus performants à l'échelle internationale[1] ». Jamais on n'avait exprimé avec autant de cynisme le darwinisme sous-jacent du néolibéralisme. La loi adoptée va dans ce sens, imposant une logique managériale au monde universitaire, renforçant les prérogatives des présidents d'université, précarisant les enseignants-chercheurs en remettant en cause leur statut, en fragilisant le corps des maîtres de conférences (MCF) au profit des seuls professeurs des universités. Pour le reste, les chercheurs ne seraient embauchés que pour une durée limitée au temps de réalisation de projets financés sur la base de contrats à durée limitée. La loi prévoit une politique d'évaluation constante, accorde le primat à la compétition entre individus sur la coopération entre des collectifs de chercheurs, n'attribuant des financements qu'après avoir

1. Antoine Petit, *Les Échos*, 26 novembre 2019.

soigneusement hiérarchisé les projets en concurrence, et instaurant, dans un monde déjà très porté à l'individualisme, la guerre de tous contre tous.

La transformation du système universitaire va bénéficier aux investissements court-termistes et aux sources de profit rapide. Dans cette nouvelle logique, la part des disciplines réflexives et critiques, réduite à la portion congrue, est condamnée à terme. L'évolution de l'institution Éducation nationale conduite par Jean-Michel Blanquer va tout à fait dans ce sens ; le ministre a nommé un conseil scientifique de l'Éducation nationale composé pour l'essentiel de scientistes et de neuroscientifiques. Placé à sa tête, Stanislas Dehaene, professeur de psychologie cognitive et expérimentale au Collège de France, ne cesse de stigmatiser « l'idéologie », et défend la neutralité absolue de la science. Ce comité ne comporte aucun représentant des sciences humaines et sociales :

> Les humanistes et les humanités semblent avoir disparu des préoccupations politiques de notre système d'éducation[1].

Fini l'esprit critique : c'est le sens de la réforme des concours de recrutement des professeurs (les Capes externes) qui prévoit de réduire les deux oraux à un seul (c'est plus économique), et d'éliminer l'épreuve d'analyse de situation professionnelle (ASP) qui privilégiait une mise à distance épistémologique de la discipline enseignée pour mieux en évaluer les conditions de scientificité, ses limites, la portée heuristique des notions majeures à transmettre. Cette épreuve, qui permettait d'articuler

---

1. Raymond Gori, *La Nudité du pouvoir. Comprendre le moment Macron*, *op. cit.*, p. 103.

au mieux savoir savant et savoir scolaire, est purement et simplement rayée du cursus de formation au profit d'une épreuve devant jury où le candidat doit exposer ses motivations, soit un entretien d'embauche pour mesurer le degré de conformité du candidat, et ce dans toutes les disciplines.

Blanquer, qui n'apprécie pas la contestation, aura été servi sur ce plan, se mettant à dos tout le corps enseignant – ce qui ne l'empêche pas d'affirmer haut et fort que 99 % des professeurs soutiennent ses réformes. Fin 2018, il est confronté à un début de fronde lycéenne contre son projet de réforme du baccalauréat, dans un contexte explosif où la jeunesse scolarisée commence à rejoindre les gilets jaunes dans la rue. Il lance alors, avec le concours de Jean-Marc Huart, directeur général de l'enseignement scolaire (DGesco), un syndicat maison, n'hésitant pas à mettre les moyens financiers pour instrumentaliser quelques lycéens en créant une association à sa botte : « Avenir lycéen. »

Le 6 décembre 2018, lorsque 360 lycées sont bloqués par la mobilisation montante, le ministère de l'Éducation nationale, prenant peur, choisit de manipuler de jeunes élus lycéens en leur promettant d'être à leur écoute. Ceux-ci sont encadrés pour rédiger leurs messages sur les réseaux sociaux. Pendant que le ministère refuse le dialogue avec les syndicats lycéens, le ministère pousse ces jeunes à édulcorer le contenu de leurs échanges, à exprimer leur souhait de solutions pacifiques et de privilégier le dialogue et l'accord avec les responsables. Ces jeunes, inexpérimentés, mettent un certain temps avant de comprendre qu'ils ont été instrumentalisés. Lorsqu'ils sont invités à faire circuler une pétition qui s'en prend à

« une poignée d'enseignants syndicalistes [qui] veut imposer sa loi » et proclame qu'« aucun élève ne doit être pris en otage de ces blocages syndicaux. Nous réclamons des sanctions envers ces récidivistes qui tentent de réduire à néant plusieurs années d'études pour un combat politique sans consistance », la manœuvre devient transparente pour nombre d'entre eux. Les autres sont récompensés, recevant 65 000 euros de subventions publiques pour organiser un colloque qui n'aura jamais lieu et se transformera en agapes : des dépenses d'hôtels de luxe (plus de 300 euros la nuit) et caisses de champagne.

Tout le milieu enseignant, toutes disciplines confondues, et pas moins de 33 associations ont signé une tribune parue dans le *JDD* le 12 février 2021 pour s'élever contre la réforme du recrutement des enseignants, le Capes. Les signataires dénoncent la précipitation du gouvernement qui profite de la pandémie pour faire passer sa réforme au forceps, sans concertation, en sommant les universités et les instituts nationaux supérieurs de professorat et de l'éducation (Inspe) de préparer des maquettes pour la rentrée de septembre 2021. La baisse d'exigence quant au niveau de compétence disciplinaire ainsi que la précarisation du statut des enseignants soulèvent l'indignation de ces derniers :

> Une épreuve orale à fort coefficient consistera désormais en un entretien de motivation non disciplinaire, qui aboutira sans doute à la récitation mécanique et creuse d'une leçon de morale civique, réduisant d'autant la possibilité d'évaluer les connaissances que le futur professeur devra transmettre à ses élèves, et ce dans l'ensemble des disciplines qu'il devra enseigner. Par ailleurs, dans la nouvelle organisation du master, les étudiants devront, au cours de

la deuxième année, cumuler la préparation du concours, la rédaction d'un mémoire de recherche et un stage très lourd devant plusieurs classes, alors que jusqu'à présent ce stage s'effectuait une fois le concours obtenu, laissant à l'enseignant en formation le temps et la disponibilité pour apprendre véritablement le métier. Cela offrira au ministère de gros bataillons de stagiaires scandaleusement sous-payés[1].

1. « Recruter les professeurs au rabais : quelles promesses pour la jeunesse ? », tribune parue dans le *JDD*, 12 février 2021.

4

De la pluralité mémorielle à l'héroïsation nationale

Un candidat dans les pas de Ricœur

Dans la mesure où il a assisté de très près Ricœur dans la finalisation de son grand ouvrage *La Mémoire, l'histoire, l'oubli*, et qu'il en a été remercié[1], Macron était mieux placé que quiconque pour ne pas pratiquer à la tête de l'État de confusion entre la mémoire et l'histoire. Dans cet opus, Ricœur précise d'emblée son ambition civique :

> Je reste troublé par l'inquiétant spectacle que donnent le trop de mémoire ici, le trop d'oubli ailleurs, pour ne rien dire de l'influence des commémorations et des abus de mémoire – et d'oubli. L'idée d'une politique de la juste mémoire est à cet égard un de mes thèmes civiques avoués[2].

Par son intervention, il entend distinguer ces deux dimensions, l'histoire et la mémoire, pour mieux les penser ensemble. À l'origine, c'est dans cet esprit que Macron

1. Cf. François Dosse, *Le philosophe et le président*, *op. cit.*
2. Paul Ricœur, *La Mémoire, l'histoire, l'oubli*, Seuil, 2000, p. I.

avait conçu son rôle de président, confronté à ce qu'il savait, malgré son jeune âge, être le tragique de l'histoire, et même « un malaise dans l'identité historique[1] ».

Dans son ouvrage, Ricœur défend la dette des générations présentes vis-à-vis du passé, source de l'éthique de responsabilité. La fonction de l'histoire reste donc vive. La minoration des déterminismes, induite par la réouverture sur les possibles non avérés du passé – prévisions, expectations, désirs et craintes des hommes qui nous ont précédés –, permet d'atténuer la fracture postulée entre une quête de la vérité, qui serait l'apanage de l'historien, et une quête de fidélité, qui serait du ressort du mémorialiste. Il importe surtout de penser ensemble ces deux exigences :

> Une mémoire soumise à l'épreuve critique de l'histoire ne peut plus viser à la fidélité sans être passée au crible de la vérité. Et une histoire, replacée par la mémoire dans le mouvement de la dialectique de la rétrospection et du projet, ne peut plus séparer la vérité de la fidélité qui s'attache en dernière analyse aux promesses non tenues du passé[2].

Le moment mémoriel que nous vivons invite à suivre les métamorphoses du sens dans les mutations et glissements successifs de l'écriture historienne entre l'événement lui-même et la position de son observation. L'historien s'interroge sur les diverses modalités de fabrication et de perception de l'événement à partir de sa trame textuelle. En revisitant le passé, l'écriture historienne accompagne l'exhumation de la mémoire nationale et conforte encore le moment mémoriel actuel. Cette inflexion récente rejoint

---

1. Pierre Nora, *Le Débat*, septembre-octobre 2006.
2. Paul Ricœur, « La marque du passé », *Revue de métaphysique et de morale*, n° 1, 1998, p. 31.

cette déprise / reprise de toute la tradition historique amorcée par Pierre Nora dans *Les Lieux de mémoire*, qui ouvre la voie à une tout autre histoire, enrichie de la réflexivité nécessaire sur les traces du passé dans le présent. Les historiens « ne doivent pas oublier que ce sont les citoyens qui font réellement l'histoire – les historiens ne font que la dire ; mais ils sont eux aussi des citoyens responsables de ce qu'ils disent, surtout lorsque leur travail touche aux mémoires blessées[1] ».

Macron, candidat à la présidentielle, a fait totalement sien l'horizon de travail et d'espérance que s'est donné Ricœur. En contribuant à une réconciliation des mémoires concurrentes et à un apaisement, non en croyant naïvement à un *happy end*, mais en étant persuadé de l'efficacité d'un travail de mémoire à valeur cathartique, Macron pensait que la politique d'un président de la République devait aller dans ce sens :

> En premier lieu, il est indispensable de réconcilier les mémoires. Cette mission de réconciliation incombe au président de la République. Il doit incarner une mémoire française en paix avec elle-même. Or la France s'est installée dans une situation où la mémoire nationale est clivée, fracturée entre deux mémoires qui ne se reconnaissent pas mutuellement. Nous avons laissé se créer des histoires parallèles, ouvrant de nouvelles fractures et émiettant les références culturelles qui devraient pourtant unifier la France. C'est ainsi qu'une partie de la gauche s'est construite [*sic*] une mémoire reposant sur la lutte des classes et l'anticolonialisme, thématiques devenues les clefs de lecture quasi exclusives de la situation sociale de la France d'aujourd'hui.

1. Paul Ricœur, « Mémoire, Histoire, Oubli », conférence écrite et prononcée en anglais le 8 mars 2003 à la Central European University de Budapest, *Esprit*, mars-avril 2006, p. 26.

> Cette gauche s'est en outre fourvoyée en opposant le social à l'économique. Dans le même temps, une partie de la droite s'est ancrée dans une vision historique rétrécie à un identitarisme dont elle nourrit désormais son rapport à la République. Or la capacité à regarder l'histoire de France en face, dans toute sa complexité et dans toute sa globalité, est nécessaire pour affronter l'avenir[1].

Invité à l'émission d'Emmanuel Laurentin, « La Fabrique de l'histoire », sur France Culture le 9 mars 2017, le candidat à la présidence précisait sa conception des rapports entre histoire et mémoire, et le rôle de l'enseignement dans la transmission du passé. Il soulignait à cette occasion que ce n'est pas au président de la République de prescrire une conception particulière de l'histoire, mais aux historiens eux-mêmes de faire évoluer leur discipline. Il n'était pas alors question de rétablir le roman national d'Ernest Lavisse, même s'il ne considérait pas qu'il faille oublier cette geste tissée autour de grands héros et de grands moments de l'histoire nationale. Il estimait qu'il fallait les transmettre avec l'appareil critique des travaux les plus récents des historiens, dans leur épaisseur temporelle et historiographique. Selon Macron, l'enseignement de l'histoire à l'école se devait de tresser trois choses : un objectif cognitif avec la construction et déconstruction du rapport au temps par une mise à distance, une étude de la multiplicité des traces, et enfin la construction d'« une appartenance à la France[2] ».

Sous le discours historique d'une République édifiante, le candidat à la présidence était conscient d'une série de mémoires oubliées, de zones d'ombre refoulées, de

1. Emmanuel Macron, entretien, *Challenges*, 16 octobre 2016.
2. Emmanuel Macron, « La Fabrique de l'histoire », entretien avec Emmanuel Laurentin, *France Culture*, 9 mars 2017.

pratiques allant à l'encontre des valeurs proclamées par la République, comme celle de la torture pendant la guerre d'Algérie. D'un certain nombre de moments traumatiques ont résulté des mémoires plurielles, opposées et blessées dont celles des appelés, des pieds noirs, des harkis, des immigrés algériens, oubliées au nom de l'unité nationale autour du général de Gaulle. Pour Macron, il était question de leur faire place et de leur donner voix au chapitre, non seulement comme acte de justice, mais pour contribuer à la réconciliation : « Nous devons pacifier cette histoire[1] » pour ne pas laisser s'enkyster des mémoires juxtaposées en situation d'extériorité, mais au contraire œuvrer à ce que se renoue un dialogue pour qu'elles comprennent qu'elles font toutes partie d'une même histoire, y compris dans sa part tragique.

Cette intention, loin de relever d'un vœu pieu, était portée par une volonté de désenclaver, de faire communiquer entre elles ces mémoires plurielles pour qu'elles se reconnaissent mutuellement avant de pouvoir s'accepter dans la différence :

> La construction d'un vrai avenir passe par la prise en compte d'un ciment, d'une mémoire commune[2].

Les citoyens d'un pays ont besoin d'un enracinement pour avoir un avenir. La conception de Macron, comme celle de Ricœur, faisait prévaloir la complexité propre à la discipline historique, qui manie à la fois la vérité en restituant le passé à partir de traces, et la représentation historique qui relève d'un désir de recréer une présence

1. *Ibid.*
2. *Ibid.*

du passé, et renvoie donc aussi à la fictionnalisation et à l'imaginaire. Récusant toute forme de réductionnisme dans la gestion de la mémoire, il refusait d'avoir à choisir entre un discours de glorification et un discours de repentance. Sur ce plan, le chef de l'État revêt une valeur symbolique et dispose de moyens avec les déclarations solennelles, les reconnaissances, les commémorations, les inaugurations de mémoriaux… :

> Ricœur le dit : il y a toujours plusieurs options qui dépendent des circonstances et de quelques décisions[1].

S'exprimant à Nantes, le candidat à la présidence y célébrait une ville incarnant la réconciliation mémorielle avec l'édit qui porte son nom. Au sortir d'une guerre de religion aux effets désastreux, cet édit royal en appelle à ce qui sera une devise républicaine que le futur président souhaite valoriser, la fraternité. Cette ambition républicaine, « c'est cela qui nous tient et nous devons le porter[2] ». Cet édit de tolérance entre protestants et catholiques revêt en outre une portée historique plus longue, qui se prolonge à l'ère républicaine : l'État doit garantir une totale liberté de croire ou de ne pas croire.

Un travail de mémoire

Le passage du candidat Macron au président Macron change la donne. Dans son rapport à l'histoire et à la mémoire nationale, il ne s'exprime plus désormais à titre personnel, mais au nom de la nation qu'il incarne. S'il

1. *Ibid.*
2. Emmanuel Macron, meeting à Nantes, 19 avril 2017.

assume évidemment tous les termes de ses interventions, ces dernières sont le résultat du travail collectif de ses conseillers. Dans ce domaine, Sylvain Fort a joué un rôle décisif, comme Paul Bernard sous la présidence de Hollande ou Camille Pascal sous celle de Sarkozy. Il faut resituer tout discours dans son contexte discursif pour se rappeler à qui il s'adresse, quelle est la singularité de chaque public. Dans le rôle d'incarnation qui est le sien, le président de la République est astreint à un certain nombre d'interventions, de déclarations, de commémorations ritualisées par lesquelles il n'exprime pas forcément ses convictions profondes, mais les devoirs de sa fonction.

On peut néanmoins attester l'ambition de Macron de vouloir, comme y invitait Ricœur, réconcilier les mémoires, apaiser leurs confrontations, sans pour autant mener une politique de l'oubli ni édulcorer un passé souvent douloureux et traumatique. Dans la filiation des enseignements de Ricœur, il distingue la dimension mémorielle de la dimension historique en les articulant et les pensant ensemble, convaincu qu'un travail véritatif propre à la fonction historienne sera utile pour éviter la compulsion de répétition des violences et le ressassement stérile du passé. Dès son élection, Macron intervient sur le traumatisme de la Seconde Guerre mondiale. En à peine plus de un mois, il préside la 73e cérémonie qui commémore le massacre d'Oradour-sur-Glane le 10 juin, célèbre une semaine plus tard l'appel du 18 juin du général de Gaulle au mont Valérien, et commémore le 16 juillet le 75e anniversaire de la rafle du Vél' d'Hiv'.

La réconciliation ne signifie pas l'oubli, mais la nécessité d'un travail de mémoire, de deuil des pages traumatiques du passé, avec la remémoration des victimes, comme celle des 642 martyrs du village d'Oradour brûlés le 10 juin 1944 par les nazis. Le 28 avril 2017, dans l'entre-deux-tours de la campagne présidentielle, Macron rend hommage aux victimes de la barbarie nazie à Oradour, se faisant raconter le drame par le dernier survivant de ce massacre, Bernard Hébras. En cette occasion de rappel mémoriel, il affirme : « Oublier ou décider de ne pas se souvenir, c'est prendre le risque de répéter l'histoire[1]. » Le sens de ces rappels du passé renvoie toujours à un sens présent. À Oradour, il s'agit de se préserver des pulsions de haine, de la barbarie qui peut naître, on le sait d'expérience en Europe, au cœur même de la culture.

Le 16 juillet 2017, c'est dans le même esprit que le nouveau président a conçu la commémoration des 75 ans de la rafle du Vél' d'Hiv' de 1942. Face à la montée de la xénophobie, de la banalisation des propos racistes et antisémites, Macron tient à exprimer haut et fort à quel degré de barbarie peuvent conduire ces discours de haine. En cette occasion solennelle, il confirme et amplifie la reconnaissance déjà accomplie par Jacques Chirac de la responsabilité de la France dans la rafle du Vél' d'Hiv', contre l'argument de ceux qui estimaient qu'il ne s'agissait pas de la France, mais d'un régime de Vichy qui n'aurait été qu'une parenthèse extérieure à l'histoire nationale :

> C'est bien la France qui organisa la rafle, puis la déportation et donc, pour presque tous, la mort de 13 152 personnes de confession juive [...], et parmi elles 4 115 enfants de 2 à 16 ans, dont aujourd'hui nous honorons plus

1. Emmanuel Macron à Oradour-sur-Glane, 28 avril 2017.

> particulièrement la mémoire et pour lesquelles je souhaiterais que nous fassions silence[1].

Macron rappelle en cette occasion que pas un Allemand ne prêta la main à cette rafle assurée par la police française de Vichy, et que si ce régime n'était pas toute la France, il n'en était pas moins, en ce 16 juillet 1942, le gouvernement officiel de la France.

Dans son allocution, Macron fait usage des notions théorisées par Ricœur dans *La Mémoire, l'histoire, l'oubli*, que ce soit celle de travail de mémoire ou de l'horizon d'un apaisement à venir de mémoires blessées défini par le philosophe. Comme le pense Ricœur, davantage de vérité dans la fidélité mémorielle peut permettre cet apaisement grâce à un travail de mémoire collectif. Et le nouveau président d'affirmer :

> Il est des vérités dont l'état de la société, les traumatismes encore vifs des uns, le déni des autres, a pu brouiller l'expression [...] Les déchirures vives qui ont traversé la société française ont pu faire primer l'apaisement et la réconciliation. Nos sociétés ainsi s'offrent de ces répits pendant lesquels le travail de la mémoire reste souterrain, pendant lesquels les peuples reprennent leur force et doivent se réconcilier peu à peu pour reconstruire, avant de trouver les mots de vérité qui les guérissent vraiment, avant aussi de retrouver le courage collectif d'affronter les fautes et les crimes[2].

Le temps fait son œuvre et les témoins s'expriment pour que les générations à venir deviennent les porteurs de leur

---

1. Emmanuel Macron, discours de commémoration de la rafle du Vél' d'Hiv', 16 juillet 2017.
2. *Ibid.*

mémoire meurtrie, que les archives s'ouvrent et que les historiens se mettent au travail pour historiciser les moments traumatiques :

> La société mûrit ses drames et ses deuils. Alors, la vérité se fait jour et elle est implacable, irrévocable. Elle s'impose à tous. La cacher ou l'amoindrir insulte notre mémoire collective. La France, en reconnaissant ses fautes, a ouvert la voie à leur réparation. C'est sa grandeur, c'est le signe d'une nation vivante qui ose regarder la vérité en face [...] Ce n'est pas s'humilier par je ne sais quelle repentance, c'est se grandir, c'est être fort. C'est l'indispensable travail de mémoire et d'histoire[1].

Si le nouveau président salue au passage le nombre de « justes » qui ont protégé les juifs et sont le ferment de la fierté nationale, il rappelle que l'État français reste le régime de Vichy et sa politique collaborationniste, et il insiste sur le fait qu'il serait trop facile de considérer que cette période n'aurait été qu'une période temporaire de monstruosité tenant à l'occupation des nazis, alors que Pétain a simplement porté à son paroxysme un certain nombre de vices qui avaient libre cours sous la IIIe République, le racisme et l'antisémitisme, comme l'affaire Dreyfus le révèle de manière spectaculaire :

> L'antisémitisme avait fait son chemin, insidieusement, jusqu'à en faire une évidence, jusqu'à en faire une politique d'État, la politique collaborationniste[2].

Si la barbarie n'est pas née de Vichy, elle ne meurt pas avec l'effondrement de ce régime :

1. *Ibid.*
2. *Ibid.*

> La barbarie est ici, au coin de la rue[1].

Et d'en appeler à l'impérieuse nécessité de se rappeler, pour que « ces voix ne s'éteignent jamais, car nous avons décidé qu'elles ne s'éteignent pas » :

> La République se tient debout car elle sait regarder tous ces passés et ne renoncera à rien de toutes ses valeurs[2].

L'historien Patrick Garcia remarque que les médias ont surtout retenu la présence de Benyamin Netanyahou qui a occulté une dimension capitale de ce discours prononcé sur la rafle du Vél' d'Hiv :

> En insistant sur le fait que ni le racisme ni l'antisémitisme n'étaient nés avec le régime de Vichy, qu'ils étaient là, vivaces, sous la IIIe République, lors de l'affaire Dreyfus et dans les années 1930, Emmanuel Macron prend en compte l'extrême droite sur la longue durée. Cette perspective n'était présente ni dans le discours de Chirac de 1995, ni dans celui de Fillon de 2007, ni dans celui de Hollande de 2012[3].

L'autre grande avancée véritative réalisée par Macron aura été la reconnaissance du crime d'État commis en 1957 par les militaires français qui ont assassiné le militant communiste algérois Maurice Audin. Assistant de mathématiques à la faculté des sciences d'Alger, il est arrêté par l'armée, et on n'a plus de nouvelles de lui. Josette Audin, son épouse, alerte l'opinion publique dans *Le Monde* :

1. *Ibid.*
2. *Ibid.*
3. Patrick Garcia, entretien avec Antoine Flandrin, « L'histoire de France selon Macron », *Le Monde*, 16 septembre 2017.

> Depuis quelques jours, des bruits courent à Alger selon lesquels mon mari serait actuellement dans un camp secret, en très mauvaise condition physique, et j'ai la preuve absolue que mon mari a été torturé après son arrestation[1].

L'information officielle parle d'une évasion de l'universitaire communiste, mis en état d'arrestation. Le 1er juillet 1957, Josette Audin est reçue par le lieutenant-colonel Roger Trinquier qui lui donne lecture du rapport du lieutenant-colonel Mayer, lequel prétend que son mari a profité d'un transfert en Jeep pour s'évader, et que l'on serait depuis sans nouvelle de lui. La version est d'autant plus invraisemblable que l'on comprend mal comment Maurice Audin n'aurait donné aucune nouvelle à sa famille ou à ses proches depuis sa pseudo-évasion.

La hiérarchie militaire est soupçonnée de l'avoir torturé jusqu'à ce que mort s'ensuive ; encore faut-il le prouver. L'historien Pierre Vidal-Naquet propose à Josette Audin son aide pour faire éclater la vérité dans cette affaire. En 1958, il mène une scrupuleuse enquête qui aboutit à la publication de *L'Affaire Audin*[2] chez son ami Jérôme Lindon, aux Éditions de Minuit. Après avoir soigneusement démonté la version militaire, l'historien avance l'hypothèse qui lui semble la plus crédible. Il apparaît évident qu'Audin, soumis à un nouvel interrogatoire, a succombé à la torture. Il n'en conclut pas pour autant à une mort intentionnelle :

> Audin a-t-il reçu un coup particulièrement violent, une décharge d'électricité trop brusque, lui a-t-on fait avaler

1. Josette Audin, lettre au *Monde*, 13 août 1957.
2. Pierre Vidal-Naquet, *L'Affaire Audin*, Minuit, 1958.

> trop de litres d'eau ? Toujours est-il qu'on s'aperçoit à un moment donné qu'il ne revient plus à lui[1].

Le combat pour la vérité dans cette affaire Audin n'en est alors qu'à ses débuts.

Face au déni de justice de l'armée, il a fallu installer cette cause dans la durée. Un Comité Maurice Audin s'est constitué pour sensibiliser l'opinion publique et exiger la vérité. Ce Comité obtient la poursuite de l'instruction de l'affaire qui échappe aux militaires d'Alger : transférée à Rennes, elle est confiée le 11 avril 1959 au doyen des juges d'instruction, Étienne Hardy, par Edmond Michelet, nouveau garde des Sceaux. Le 16 juin 1961, peu après la tentative de putsch des généraux, un nouveau procureur général est nommé, René Cénac, pour enterrer sur pied le procès de Rennes. L'amnistie prévue par les accords d'Évian du 18 mars 1962 concernant tous ceux qui ont été poursuivis et condamnés dans le cadre de l'insurrection algérienne permet cette fois au juge Hardy de conclure à un non-lieu le 20 avril.

La bataille contre ce « déni de justice », se poursuit et obtient quelques satisfactions partielles. En 2004, sur décision de la mairie de Paris, une place Maurice-Audin est inaugurée dans le 5e arrondissement de la capitale. En 2012, la journaliste Nathalie Funès découvre un document inédit du colonel Godard selon lequel Audin aurait été poignardé par un sous-officier, Gérard Garcet, qui l'aurait confondu avec Henri Alleg. Cette version a été confirmée par Aussaresses, coordonnateur des services de renseignements pendant la bataille d'Alger. En 2014, un appel de

1. *Ibid.*, p. 106-107.

171 signataires demande que la vérité soit établie sur le cas Audin ; à la suite de quoi Josette Audin est reçue à l'Élysée par François Hollande qui fait un premier pas dans la reconnaissance de l'assassinat et l'abandon de la thèse de la fuite en déclarant qu'« Audin est mort durant sa détention ».

En 2018, c'est Macron qui fait aboutir le processus de reconnaissance et admettre la vérité refoulée jusque-là. Parmi les élus LREM à l'Assemblée nationale après l'élection de Macron, le mathématicien Cédric Villani se mobilise à son tour pour que la vérité sur l'affaire Audin soit reconnue par les nouvelles autorités de l'État. Le président Macron le consulte, ainsi que le député communiste Sébastien Jumel, et ces échanges débouchent sur le geste historique de Macron qui, le 13 septembre 2018, reconnaît officiellement la responsabilité de l'État français dans la mort de Maurice Audin, torturé et tué en Algérie en 1957, soulignant que cette disparition a été rendue possible « par un système légalement institué d'arrestation-détention » confié « par voie légale » à l'armée. Il se rend à Bagnolet au domicile de Josette Audin, qui a alors 87 ans, pour lui porter en main propre le texte de sa déclaration sur la mort de son mari. Alors que Josette Audin ne cesse de le remercier pour cet acte de reconnaissance, Macron lui répond : « Vous n'avez jamais cédé pour faire reconnaître la vérité. La seule chose que je fais, c'est la reconnaître. » Et il ajoute qu'il lui demande « pardon », au nom de l'État français, pour la mort de son mari. Josette Audin a confié à la presse qui l'interrogeait qu'elle ne pensait pas voir arriver cette reconnaissance de son vivant.

Si l'acte de Macron est l'aboutissement de tout un processus de longue durée, rien ne le poussait à sortir de l'opacité qui prévalait jusque-là, sinon ce souci d'avancer dans la vérité pour pacifier les mémoires. Sylvie Thénault, historienne spécialiste de l'histoire de la guerre d'Algérie, qui a combattu auprès de Josette Audin pour cette reconnaissance et qui était présente lors la visite présidentielle au domicile de celle-ci, étonnée de l'audace de Macron, lui a posé la question de savoir ce qui l'avait motivé : « Il m'a répondu avoir été convaincu par Ricœur[1]. » Sylvie Thénault émet aussi l'hypothèse d'un rapprochement entre le moment où Macron a assisté Ricœur dans l'élaboration de *La Mémoire, l'histoire, l'oubli* en 1999-2000, et le vif débat public sur la torture autour de la publication du livre d'Aussaresses[2], qui a pu sensibiliser le futur président.

Accordant la priorité au dossier algérien, le président a confié à l'historien Benjamin Stora une mission pour favoriser la pacification des mémoires entre la France et l'Algérie. Le rapport que lui a remis Stora le 20 janvier 2021 va tout à fait dans le sens des souhaits qu'avait exprimés Ricœur quant aux relations entre histoire et mémoire et porte son ambition dans cette filiation :

> Il faut trouver la « juste mémoire », comme le dit le philosophe Paul Ricœur, entre répétition des guerres anciennes dans le présent et effacement des faits pouvant ouvrir à un négationnisme généralisé[3].

Pour transformer une mémoire communautarisée en proie aux écueils de la concurrence victimaire, Stora suggère

1. Sylvie Thénault, Conférence-débat sur « Emmanuel Macron et l'histoire », EHESS, 25 janvier 2019.
2. Paul Aussaresses, *Services spéciaux, Algérie 1955-1957. Mon témoignage sur la torture*, Perrin, 2001.
3. Benjamin Stora, rapport remis au président le 20 janvier 2021.

de construire une mémoire commune via une commission « Mémoire et Vérité » qui serait chargée d'impulser des initiatives menées par la France et l'Algérie en s'appuyant sur les vingt-deux recommandations figurant dans le rapport.

Donnant suite à ce rapport, Cécile Renault, chargée du projet « Mémoire » par l'Élysée, réunit à l'Institut d'études politiques de jeunes étudiants marqués par la guerre d'Algérie pour débattre d'un rapprochement possible des mémoires dont ils ont hérité. Le 30 septembre 2021, c'est Macron en personne qui reçoit dix-huit de ces jeunes à l'Élysée pour se mettre à leur écoute, dans le souci d'apaiser le traumatisme qu'ils ont connu :

> J'étais frappé, durant ces dernières années, de voir à quel point l'histoire et les mémoires de la guerre d'Algérie étaient la matrice d'une grande partie de nos traumatismes. Il y a des souffrances qui ont été tues, et qui se sont construites comme étant irréconciliables. Or, je pense tout l'inverse[1].

Après avoir pris le temps de les écouter, le chef de l'État intervient en se félicitant que la France se soit saisie de cette question de la pacification des mémoires franco-algériennes. Regrettant l'absence de symétrie de l'autre côté de la Méditerranée,

> il dénonce une « histoire officielle » selon lui « totalement réécrit[e] qui ne s'appuie pas sur des vérités » mais sur « un discours qui, il faut bien le dire, repose sur une haine de la France ». La nation algérienne post-1962 s'est construite sur une rente mémorielle, assure-t-il, et qui dit : tout le problème, c'est la France[2].

1. Emmanuel Macron, cité dans *Le Monde*, 2 octobre 2021.
2. Mustapha Kessous, *ibid.*

Cette déclaration, tout à fait véridique, provoque un tollé du côté algérien qui la ressent comme une agression.

Macron poursuit ce travail de mémoire à propos du passé esclavagiste de la nation française. Le 10 mai 2019, il est le premier président à être présent à la Journée nationale des mémoires de la traite, de l'esclavage et de leurs abolitions, organisée dans le jardin du Luxembourg :

> [Je mesure] ce que l'esclavage, la traite, les abolitions et leurs héritages représentent dans l'histoire de notre pays, dans notre culture et dans notre âme [...] Cette histoire est notre histoire. Elle a donné à la France un destin mondial, forgé les combats et les valeurs de la République, elle explique la diversité de notre société, elle nous relie à l'Afrique, aux Caraïbes, à l'Amérique, à l'océan Indien...

En cette occasion solennelle, Macron rend hommage aux esclaves qui ont toujours résisté à leur servitude et évoque ceux qui, partout en Europe, ont combattu ces pratiques au nom de l'humanité. Mentionnant aussi bien l'abbé Grégoire, Condorcet, Toussaint Louverture, Louis Delgrès que Victor Schœlcher, il rappelle que certains de ces grands intellectuels ou philanthropes « reposent aujourd'hui au Panthéon où ils sont honorés [...] Ces combats jalonnent notre histoire et l'histoire de la République ».

L'intervention du chef de l'État s'inscrit là aussi dans un processus qui a débuté dans la fin des années 1990, marqué par la loi Taubira de 2001 qui qualifie la traite et l'esclavage de crime contre l'humanité, et annonce de nouvelles initiatives pour continuer le travail de mémoire nécessaire. Macron promet l'installation de la Fondation pour la mémoire de l'esclavage à l'hôtel de la Marine, où son président Jean-Marc Ayrault bénéficiera d'un comité de soutien présidé par Christiane Taubira. Il annonce aussi la construction d'un mémorial qui sera érigé dans les jardins des Tuileries en 2021, déclarant :

> [Je souhaite] que ce moment soit pour notre pays l'occasion de rendre aux victimes de l'esclavage et à leurs descendants l'hommage solennel de la nation qu'ils méritent en y associant toutes les composantes de la société française [...] Nous ne saurions en rester là car l'esclavage n'appartient pas qu'à notre passé. Oui, l'esclavage demeure une terrible réalité contemporaine vécue par plus de 20 millions de personnes, par des enfants et des femmes en grande majorité[1].

Toujours dans ce souci d'avancer sur le terrain de la vérité historique, Macron prend l'initiative de créer une commission sur le génocide au Rwanda de 1994. Il décide d'ouvrir les archives aux historiens pour déterminer le rôle joué par la France avant, pendant et après le génocide. Entre avril et juillet 1994, 800 000 personnes, essentiellement des Tutsi, ont été massacrées par les Hutu. On s'interroge toujours sur l'ampleur de l'assistance apportée à l'époque par la France au président rwandais, le Hutu Juvénal Habyarimana, ainsi que sur les circonstances de sa mort le 6 avril 1994 dans un attentat qui visait son avion et qui a été le déclencheur du génocide. Dès avant le début de ce génocide, en 1993, des voix se font entendre pour dénoncer le rôle joué par le gouvernement français dans le soutien aux Hutu au pouvoir au Rwanda. Contre cette thèse, Pierre Péan publie en 2005 *Noires fureurs, blancs menteurs*, accusant les Tutsi de manipulations et de mensonges.

1. Emmanuel Macron, discours à l'occasion de la 14e journée nationale des mémoires de la Traite, de l'esclavage et de leurs abolitions, 10 mai 2019.

En 2019, à l'occasion du 25e anniversaire de ce génocide, une lettre ouverte comportant plus de 300 signataires s'adresse à Macron pour qu'il intervienne à Kigali et aille plus loin que son prédécesseur Sarkozy, qui avait déjà reconnu en 2010 « des erreurs d'appréciation et des erreurs politiques ». Les pétitionnaires appellent Macron à faire un pas supplémentaire dans la reconnaissance des responsabilités françaises dans ce dossier particulièrement opaque.

Alors que le président est en pleine commémoration de la fin de la Grande Guerre dans un programme continu d'itinérance mémorielle, il est accueilli le 9 novembre 2018 à l'Historial de Péronne (Somme) par l'historien Stéphane Audoin-Rouzeau, qui dirige le centre de recherche historique du site. Ce dernier a élargi son champ d'investigation, d'abord concentré sur 14-18, aux cas de violences extrêmes de masse, ce qui l'a conduit à enquêter au Rwanda. Attirant l'attention de Macron sur la nécessité d'un travail des historiens sur la question, il se voit promettre la création d'une commission dont il assurera la présidence. À la surprise générale, lorsque, fin février 2018, Macron décide en effet de constituer cette commission d'enquête et de lui ouvrir les archives, Stéphane Audoin-Rouzeau n'en fait pas partie. On déplore aussi l'absence de la meilleure spécialiste de la question, Hélène Dumas, l'une des rares chercheuses à parler la langue locale, le kinyarwanda. Christian Ingrao, historien de l'IHTP (Institut d'histoire du temps présent), lance une pétition qui recueille immédiatement près de 300 signatures d'historiens pour dénoncer ces deux absences.

La présidence de la commission est confiée à l'historien Vincent Duclert, spécialiste de l'affaire Dreyfus. Dans sa lettre du 8 avril 2019 à la commission nouvellement nommée, Macron précise ses intentions :

> « Je souhaite que ce 25e anniversaire marque une véritable rupture dans la manière dont la France appréhende et enseigne le génocide des Tutsi, tournée vers une meilleure prise en compte de la douleur des victimes et des aspirations des rescapés. »

Il demande à la commission d'« offrir un regard critique d'historien sur les sources consultées » et, pour parvenir à cet objectif, il décide de faire bénéficier les membres de la commission, « à titre exceptionnel, personnel et confidentiel, d'une procédure d'habilitation d'accès et de consultation de l'ensemble des fonds d'archives français concernant le Rwanda, entre 1990 et 1994[1] ».

Si la volte-face de Macron concernant Stéphane Audoin-Rouzeau reste mystérieuse, le sérieux du travail réalisé par la commission de Vincent Duclert dément les craintes suscitées lors de sa nomination. Le rapport remis le 26 mars 2021 au président Macron sur le rôle de la France au Rwanda entre 1990 et 1994 ne fait aucunement l'impasse sur « un ensemble de responsabilités lourdes et accablantes au sein de l'État français », tout en écartant l'hypothèse d'une complicité génocidaire de la part d'un gouvernement français qui s'est obstiné à soutenir le régime hutu. La commission a étudié 8 000 documents et en a tiré 1 200 pages d'un rapport qui représente un pas en avant vers davantage de transparence et de vérité dans la connaissance de ce tragique génocide qui a vu disparaître 800 000 Tutsi.

1. Emmanuel Macron, lettre à la commission sur le Rwanda, 8 avril 2019.

La dynamique véritative sur ce génocide, ce nécessaire travail de mémoire lancé par Macron a débouché sur des avancées substantielles qui ont été immédiatement relayées au plus haut niveau de l'État, puisque Macron s'est rendu le 27 mai 2021 à Kigali pour l'inauguration du Mémorial. Il y a prononcé un discours important dans lequel il a, pour l'essentiel, repris les leçons tirées par la commission d'historiens. Il a en effet reconnu que « la France est restée de fait aux côtés d'un régime génocidaire » et qu'elle a donc « une responsabilité accablante » dans cette tragédie. Pour autant, et suivant le point de vue de l'enquête historienne, on ne peut présenter le gouvernement français de l'époque comme complice du génocide :

> Les tueurs qui hantaient les marais, les collines, les églises n'avaient pas le visage de la France.

Sans exprimer à vingt-sept ans de distance un sentiment de repentance, Macron formule l'espoir d'un pardon accordé par les rescapés du génocide :

> Sur ce chemin, seuls ceux qui ont traversé la nuit peuvent peut-être pardonner, nous faire le don, alors, de nous pardonner.

Toujours dans cette perspective du travail de mémoire, Macron a eu l'excellente idée de confier en 2018 à l'historien Henry Rousso, qui a longtemps dirigé l'Institut d'histoire du temps présent (IHTP), la mission de créer un mémorial-musée des victimes françaises du terrorisme, dont l'ouverture officielle est prévue pour 2027. Une équipe d'une vingtaine de personnes y travaille sous la présidence d'Henry Rousso et une première pierre est posée en mars 2022 sur le lieu choisi, non loin du mont

Valérien à Suresnes. Ce musée est aussi conçu comme un lieu de recherche lié à une nouvelle politique publique de la mémoire dans laquelle toutes les victimes sont traitées à égalité et toutes les formes de terrorisme prises en compte.

Faire bloc : le roman national

Si Macron a incontestablement eu le courage d'avancer sur des brisées épineuses dans l'exploration de la mémoire collective pour aller y traquer la vérité, il a en même temps, c'est le cas de le dire, entretenu avec l'histoire un rapport très intense et affirmé haut et fort l'unité nationale, sa puissance, son ancrage de longue durée. En faisant sienne, comme le disait le général de Gaulle, une certaine idée de la France, une essence quasi éternelle de la nation, il s'éloigne considérablement des apports de Ricœur pour se parer des habits de Lavisse et de son roman national. Comme le grand historien du XIXe siècle dont les conceptions de l'histoire de France et de son légendaire ont été portées par de nombreuses générations, Macron considère que la France plonge ses racines dans la très longue durée et que son acte de naissance remonte bien avant la Révolution française.

Le souci de réconcilier les Français autour d'une histoire de France redevenue consensuelle était déjà l'ambition de Lavisse ; pour ce faire, il fallait réhabiliter l'Ancien Régime sans renier les apports de la Révolution française et son débouché républicain. Avant même son élection, Macron multiplie les signes selon lesquels il entend inscrire son action dans le prolongement du long roman national d'une France éternelle réconciliée avec son passé d'Ancien

Régime. Sitôt après sa déclaration de candidature, Macron se rend en la basilique Saint-Denis, nécropole des rois de France, pour s'y recueillir. À peine élu, il y retourne en tant que chef d'État en compagnie de son épouse et d'un cercle de proches : « Il s'est attardé devant les tombes de Dagobert, Henri II et François Ier, son préféré[1]. » Peu après, le 21 décembre, il fête son 40e anniversaire à Chambord. De ces pèlerinages, il ressort que l'onction des huiles essentielles du suffrage universel ne lui semble pas suffisante pour lui conférer l'autorité transcendantale propre à la fonction de chef de l'État telle qu'il la conçoit.

Parmi les grandes figures héroïques qui se sont prêtées à des instrumentalisations les plus diverses, Jeanne d'Arc, la pucelle d'Orléans, a été portée au firmament au point d'être devenue une figure consensuelle. Il faut dire qu'elle a été à la fois condamnée au bûcher par l'Église catholique et canonisée par Rome par la suite ; elle a été la figure même de la France éternelle pour le républicain Jules Michelet comme l'héroïne de Jean-Marie Le Pen et du Front national. Son parcours exceptionnel a donné lieu à des narrations multiples au point que, morte sur le bûcher en 1431, elle continue à être célébrée tous les 8 mai à Orléans où un cortège de 60 000 personnes lui rend annuellement hommage. Macron, non encore candidat officiel aux présidentielles, s'empare de cette figure historique idéale qui se prête à merveille à une lecture du « en même temps », assumant des narrations contradictoires. Le 8 mai 2016, non sans susciter une certaine surprise, Macron fête ainsi avec solennité la fête de Jeanne d'Arc à

1. Nicolas Domenach, Maurice Szafran, *Le Tueur et le Poète*, *op. cit.*, p. 181.

Orléans. Pour lui, célébrer Jeanne d'Arc revient à la fois à livrer le message politique et national le plus adéquat aux grands défis contemporains en projetant un sens nouveau sur cette figure patrimoniale qu'il sort de la muséographie pour l'intégrer dans le présent de l'action contemporaine, et à ancrer son rapport à la nation dans un long passé qui plonge ses racines dans le Moyen Âge.

Lors de cette célébration, Macron livre un message très actuel en reliant cette fête à celle qui a lieu le lendemain, le 9 mai, jour de célébration de l'Europe. Il profite de cette commémoration pour évoquer les obstacles à surmonter et inviter au sursaut nécessaire dans la consolidation de l'Union européenne, sans céder à la peur et au scepticisme. Il rappelle que le présent est gros de ce qui a été et que le passé brûle toujours notre époque. S'il entend réintégrer Jeanne d'Arc dans le fil de l'histoire de la France, ce n'est pas celle au visage grimaçant de haine du Front national, mais celle de Jules Michelet qui incarne à la fois le peuple, la nation et la féminité, le courage, la détermination devant les grands de ce monde :

> La vie de Jeanne, c'est avant tout la puissance d'un destin montrant que l'ordre des choses ne tient pas si cet ordre est injuste[1].

Comme Henri-Irénée Marrou et Ricœur, Macron a bien compris que l'histoire s'écrit au présent et devient un enjeu pour l'action de transformation et d'émancipation. On peut rapprocher son pari qui apparaît comme totalement fou, défiant toutes les lois de la science politique (on n'est alors qu'en mai 2016, encore très loin de la présidentielle) et le

1. Emmanuel Macron, discours d'Orléans, 8 mai 2016.

parcours tout aussi insensé de Jeanne d'Arc. Ses propos ont quelque chose de prophétique sur son aventure politique personnelle :

> Au commencement Jeanne est un sujet comme les autres [...] Mais elle sent déjà en elle une liberté qui sommeille, un désir irrépressible de justice. Elle sait qu'elle n'est pas née pour vivre, mais pour tenter l'impossible. Comme une flèche, sa trajectoire est nette. Elle fend le système [...] Jeanne n'est personne, mais elle porte sur ses épaules un rêve de justice de tout un peuple. Elle était un rêve fou, elle s'impose comme une évidence[1].

Macron assume l'analogie avec son propre pari de transformer le pays par-delà ses divisions. Il tisse la filiation du passé historique de cette intrigue jusqu'à lui en évoquant le petit royaume de Bourges de 1429, la France libre de 1940 et le désir actuel de renouer avec la grande histoire, « car la France ne réussira que si elle parvient à réconcilier les France[2] ».

Ce détour par l'histoire et par ce qui constitue le sens sédimenté, toujours changeant de l'identité nationale par son récit, sert à trouver des raisons d'espérer, des ressources de volonté pour déplacer les montagnes et relever les défis les plus audacieux. Si cette histoire nous parle encore au présent, cela signifie aussi, et Macron insiste sur ce point, que la France ne date pas d'hier, que son histoire ne débute pas en l'An I de la République en 1792, mais remonte à un passé bien plus lointain. C'est sur ce socle que Macron retrouve l'ambition de Lavisse et de son roman national : inscrire l'histoire de France dans un passé millénaire.

1. *Ibid.*
2. *Ibid.*

> Dans notre passé, il est des traces, vibrantes, qui doivent nous éclairer, nous aider à retrouver le fil de cette histoire millénaire qui tient notre peuple debout. Jeanne d'Arc appartient à cette histoire, notre histoire. [...] C'est parce que, fidèles à notre histoire, fidèles à cette histoire, le désir de justice, l'énergie du peuple, la volonté de rassemblement, le triptyque de Jeanne d'Arc, c'est celui qui scelle notre République. Ce fil qui nous relie à Jeanne, en passant par Michelet, Jaurès, Gambetta ou Péguy, c'est celui de l'esprit républicain. Car notre République ne commence pas avec la République, elle commence bien avant. Elle s'ancre dans cette histoire millénaire avec laquelle nous devons avoir renoué, du sacre de Reims à la fête de la Fédération, comme le disait Marc Bloch. Jeanne d'Arc est beaucoup plus qu'elle-même ou que son époque. Elle contribue à forger cette identité française. Cette identité, c'est une langue, c'est un territoire, c'est une nation, c'est aussi le fruit de notre passé, car elle est faite de celui-ci[1].

Lors de ma première analyse de ce discours dans *Le philosophe et le président*, je ne retenais que la partie novatrice de l'intervention de Macron sur Jeanne d'Arc, la déconstruction de sa légende et l'actualisation de son message possible pour construire le futur. En fait, il faut ajouter à cette interprétation partielle le regard critique sur l'instrumentalisation du passé au profit d'une conception lavissienne, ce que souligne avec justesse Marc-Olivier Baruch qui considère que, à l'occasion de ce discours d'Orléans sur Jeanne d'Arc, « il met en place les trois éléments clés – le roman national, l'histoire millénaire, l'indistinction de la République – qui caractérisent la conception que se fait Emmanuel Macron de

1. *Ibid.*

l'histoire[1] ». Dans son ouvrage-programme pour l'élection présidentielle, un chapitre est consacré à « Ce que nous sommes », nous Français, dans lequel il retrouve les accents lyriques de Michelet et unitaires de Lavisse pour célébrer la nation immuable dans sa concrétude à la fois spatiale et temporelle :

> Je ne me lasserai jamais de contempler l'âme immobile et fugitive de la France. C'est le temps fait géographie. C'est un héritage antérieur à la mémoire consciente, et le goût d'un avenir qui resterait fidèle aux espoirs du passé. Pays faits de mots, de terres, de roches et de mers. C'est cela la France. Mais pas uniquement[2].

Les toutes dernières pages de *Révolution* expriment très clairement cette adhésion à une conception lavissienne d'une France éternelle, au passé millénaire, à l'évolution continue, et d'une république qui plonge ses racines bien avant la Révolution française :

> Je veux que mon pays redresse la tête et, pour cela, retrouve le fil de notre histoire millénaire : ce projet fou d'émancipation des personnes et de la société[3].

Il y a là, avec l'enrôlement de Jeanne d'Arc, une forme d'instrumentalisation de l'histoire, que souligne Jean-Noël Jeanneney :

> Un moment, on a pu craindre qu'Emmanuel Macron chercherait seulement dans l'Histoire, comme font beaucoup d'acteurs politiques, un simple réservoir pour des

---

1. Marc-Olivier Baruch, « Emmanuel Macron et l'histoire », conférence-débat, EHESS, 25 janvier 2019.
2. Emmanuel Macron, *Révolution*, XO, *op. cit.*, p. 45-46.
3. *Ibid.*, p. 264.

similitudes instrumentalisées. Son discours d'Orléans, le 8 mai 2016, à l'occasion de la fête de Jeanne d'Arc, anniversaire de la prise de la ville de 1429, signifia cela, entre naïveté et rouerie[1].

Le panthéon de Macron confirme cette conception très traditionnelle qui s'inspire très directement du *Petit Lavisse.* C'est sur cet héritage assumé qu'il construit son propre programme :

> On ne construit pas la France, on ne se projette pas en elle si on ne s'inscrit pas dans son histoire, sa culture, ses racines, ses figures : Clovis, Henri IV, Napoléon, Danton, Gambetta, de Gaulle, Jeanne d'Arc, les soldats de l'An II, les tirailleurs sénégalais, les résistants, tous ceux qui ont marqué l'histoire de notre pays… La France est un bloc[2].

On comprend mieux pourquoi Macron a confié à Jean-Michel Blanquer le ministère de l'Éducation nationale où il est en charge de transmettre aux jeunes générations le roman national, à Stéphane Bern le soin de s'occuper du patrimoine national, et à Philippe de Villiers le soin de glorifier le Puy du Fou dans sa résistance contre la Révolution française. En compagnie de Stéphane Bern et de Philippe de Villiers, Macron ne cache pas son goût immodéré pour les châteaux et manoirs, sans parler des chasses.

Curieuse nomination que celle de Stéphane Bern, chargé de la Mission du patrimoine, de la part d'un président qui se réclame de l'héritage de Ricœur, ce qui implique dans le rapport à l'histoire une distanciation réflexive, une pluralité critique des approches, alors qu'avec Stéphane Bern, il prend le parti inverse de l'identification aux figures

1. Jean-Noël Jeanneney, *Le Moment Macron*, Seuil, 2017, p. 135.
2. Emmanuel Macron, *Révolution*, *op. cit.*, p. 176.

héroïques du passé dans la plus pure tradition hagiographique. Tournant le dos à ce qu'il a appris aux côtés de Ricœur, il confie la gestion de l'héritage historique du pays non à un historien, mais à un amuseur public, animateur d'émissions à succès sur France Télévisions. Stéphane Bern n'a d'ailleurs jamais caché sa conception de l'histoire, sa nostalgie des familles royales et des beaux châteaux de la France éternelle. Avec un fervent royaliste, Lorànt Deutsch, il a consacré une émission de sa série *Laissez-vous guider* à « La Révolution française comme vous ne l'avez jamais vue », déambulant dans un Paris tragique et violent pour mieux juguler cette rupture contestée. Nommé à la tête du patrimoine, Stéphane Bern, grand ami du couple Macron, suscite néanmoins un moment de grave tension lorsqu'en septembre 2018 il menace de démissionner s'il ne reçoit pas les moyens d'entretenir les monuments identifiés pour réfection : « Je ne veux pas être un cache-misère », déclare-t-il. Le « nouveau monde » prend parfois une coloration très Ancien Régime :

> Tout souverain a son amuseur, son saltimbanque ; celui d'Emmanuel Macron s'appelle donc Stéphane Bern. Lui aussi, du coup, a droit à son surnom dans les allées du pouvoir, il sonne comme une évidence : « le bouffon du roi »[1].

Les deux hommes se connaissent et s'apprécient depuis qu'en 2014, alors que Macron, qui vient d'être nommé ministre de l'Économie et sort du Sénat encombré d'une pile de dossiers, manque d'être écrasé par une voiture. Reconnaissant Stéphane Bern au volant, il lui lance une invitation à dîner en lui disant que lui et son épouse

1. Gérard Davet, Fabrice Lhomme, *Le traître et le néant*, *op. cit.*, p. 443.

adorent *Secrets d'histoire*. L'amuseur public devient alors un intime du couple présidentiel, appréciant particulièrement ces références récurrentes du chef d'État aux monarques du passé.

Avec Philippe de Villiers, Macron, qui se retrouve aussi dans un rapport à l'histoire cherchant à évacuer la rupture révolutionnaire en valorisant au Puy du Fou la révolte vendéenne contre les républicains, lui écrit : « Ce qui nous sépare est beaucoup moins fort que ce qui nous lie. » Or, Philippe de Villiers incarne la droite catholique traditionaliste la plus conservatrice, adossée à l'idée d'une France éternelle. C'est le 19 août 2016 que Macron, alors ministre de l'Économie, découvre le spectacle de reconstitution historique du Puy du Fou et sort ébahi au point de promettre : « Quoi qu'il arrive, vous pouvez compter sur mon amitié. Je suis un Puyfollais. » C'est à cette occasion qu'il déclare aux journalistes : « L'honnêteté m'oblige à vous dire que je ne suis pas socialiste. » Macron et de Villiers vont alors vivre une véritable lune de miel. Aux dires de Philippe de Villiers, le ministre de l'Économie lui aurait confié son intention de se présenter aux élections de 2017 et leur discussion aurait rendu manifestes leurs positions communes sur le « moins d'État » et la question de l'identité nationale : à en croire Philippe de Villers, « Macron est d'accord avec [lui] sur tout[1] » ! La pandémie va à la fois mettre à l'épreuve cette relation amicale et attester sa force. Tous les sites culturels devant être fermés au public, de Villiers espère que sa relation avec le président permettra au Puy du Fou de rester ouvert. Macron lui dit y être favorable, mais le Premier ministre Édouard Philippe s'y

1. *Ibid.*, p. 256.

oppose, suscitant des réactions furibardes du Vendéen qui, ayant recours au président,

> fait publiquement état de leur conversation et des propos désagréables que le chef de l'État aurait tenus sur son Premier ministre : « Si Philippe est prudent, c'est qu'il gère son risque pénal. » Villiers confie, en privé, que le chef de l'État aurait ajouté ce commentaire doucereux : « Vous la connaissez, cette droite molle européiste. » Celle que le créateur du Puy du Fou déteste[1].

En définitive, le site ne peut pas rouvrir et Philippe de Villiers multiplie l'envoi de balises de détresse qui restent sans réponse. Il se considère trahi par son ami président et décide de le menacer, envisageant même de se présenter aux élections de 2022 ! L'orage s'apaise cependant et, le 11 juin, le site bénéficie d'une réouverture d'autant plus exceptionnelle et surprenante que tous les grands festivals de l'été sont condamnés à l'annulation au nom de la pandémie. L'accalmie sera pourtant de courte durée, car, les distances réglementaires n'étant pas respectées, le gouvernement doit fermer le site. Cette fois, le divorce est acté entre le président et le Vendéen.

Pour compenser son jeune âge qui ne lui a pas permis d'inscrire son action dans le feu de l'événement avant son élection, Macron entend donner à son mandat présidentiel une forte assise historique. Il s'emploie donc à instrumentaliser l'histoire grâce à sa fonction d'incarnation et grâce aux leviers dont il dispose : les déclarations de l'État français, les commémorations, les oraisons funèbres, les exaltations du patrimoine national. Le contexte mémoriel s'y prête, et le calendrier qui attend le nouveau président lui offre

1. Corinne Lhaïk, *Président cambrioleur*, Fayard, 2020.

de nombreuses possibilités de manifestations officielles. L'année 2018 est particulièrement riche en occasions de commémorations d'État, avec les 100 ans de la fin de la Première Guerre mondiale, les 60 ans de la Constitution de la Ve République en 1958 et les 70 ans de la Déclaration universelle des droits de l'homme de 1948. Il a même été question de célébrer les 50 ans de Mai 1968, mais ce projet, compliqué pour rassembler tous les Français, a vite été abandonné.

La célébration du centenaire de la fin de la Grande Guerre donne lieu à une mobilisation exceptionnelle du président, qui entreprend une « itinérance mémorielle » de sept jours dans deux régions, onze départements et dix-sept villes du nord et de l'est de la France particulièrement meurtris par quatre années de violence extrême. Il s'agit de célébrer l'héroïsme des poilus qui se sont sacrifiés pour la défense de la patrie et de porter le message au présent d'une dette que nos contemporains ont à leur égard, en faisant en sorte que ces derniers puisent dans le legs laissé par le courage de leurs ancêtres pour faire face aux difficultés de régions industrielles en pleine crise de reconversion.

Après une première étape à Strasbourg, le président Macron est attendu sur le site de la bataille de Morhange en Moselle pour honorer la mémoire des 5 000 soldats tombés les 19 et 20 août 1914 lors d'une bataille « oubliée ». Il se rend ensuite à Verdun, puis à la nécropole de Notre-Dame-de-Lorette dans le Pas-de-Calais. Macron veut ainsi renforcer le lien entre passé et présent en tenant son Conseil des ministres le 7 novembre à Charleville-Mézières, au cœur de territoires particulièrement frappés par les difficultés économiques et sociales. Puis, le 9 novembre, il commémore la bataille de la Somme à Albert en compagnie de

Theresa May. Lors de ces cérémonies, il n'oublie pas la France lointaine des colonies, venue prêter main forte. En compagnie du président du Mali Ibrahim Boubacar Keïta, Macron rend hommage « aux héros de la Force noire » sacrifiés pour la défense de la ville de Reims en 1918. Le 10 novembre, une cérémonie est prévue avec la chancelière allemande Angela Merkel dans la clairière de Rethondes, à Compiègne dans l'Oise, où a été signé l'armistice. Enfin, pour clore ce long périple présidentiel, le jour J de l'armistice, le 11 novembre, de nombreux dirigeants étrangers sont attendus à la traditionnelle cérémonie à l'Arc de triomphe autour de la tombe du soldat inconnu. Parmi les 80 chefs d'État conviés, Macron a invité le président des États-Unis, Donald Trump, et le président russe Vladimir Poutine.

Cette itinérance mémorielle, préparée par la Mission du centenaire de la Grande Guerre dirigée par l'historien Joseph Zimet, revêt un enjeu très actuel, d'ordre politique. Il s'agit pour le président de regagner, à l'est et au nord, des terres non seulement meurtries par la guerre, mais à présent par la crise économique, et qui sont en train de basculer dans le camp du Front national de Marine Le Pen, celle-ci y ayant fait, au second tour de la présidentielle dans la Meuse, presque autant de voix que Macron (48,38 % des voix).

La volonté de faire bloc autour de cette commémoration a conduit le chef de l'État à un aveuglement qui a suscité de nombreuses critiques lorsqu'il a émis le souhait de rendre hommage aux qualités de soldat de Philippe Pétain et de le célébrer aux Invalides avec les autres maréchaux de la Grande Guerre. Malgré la forte réprobation de la gauche réunie vent debout contre cette initiative intempestive, Macron a persisté et assumé. En arrivant à la préfecture des Ardennes au cours de son itinérance mémorielle, il a déclaré :

> La vie politique comme l'humaine nature sont parfois plus complexes que ce qu'on voudrait croire [...] J'ai toujours regardé l'histoire de notre pays en face.

Le Crif (Conseil représentatif des institutions juives de France) rappelle de son côté que Pétain a été frappé d'indignité nationale lors de son procès en 1945 et que cette condamnation a automatiquement entraîné la perte de son rang dans les forces armées. En définitive, il s'est agi d'un faux pas significatif, et le nom de Pétain a été discrètement retiré des maréchaux honorés.

On ne peut pourtant nullement imputer à Macron quelque velléité de relativisation du traumatisme qu'a été la Shoah pour l'histoire de l'humanité, qu'il a tenu à commémorer à l'occasion du 75e anniversaire de la libération du camp d'Auschwitz-Birkenau par sa présence et par un discours au Mémorial de la Shoah. Dans sa déclaration de janvier 2020, il a rendu hommage au chef-d'œuvre de Primo Levi[1] et au courage des survivants qui ont trouvé la force de témoigner, de raconter et de diffuser leur parole. Il évoque les recherches d'Isaac Schneersohn qui a commencé un travail souterrain à Grenoble, ainsi que celles de Léon Poliakov qui ont permis d'ouvrir en 1953 ce Mémorial de la Shoah, le premier au monde :

> Nous continuerons, oui, à nous remémorer leurs histoires, en Israël à Yad Vashem où j'étais la semaine dernière, à Auschwitz, comme ici au plus près de ce drame français à nous incliner et nous recueillir devant leurs noms, à les lire

1. *Si c'est un homme*, Julliard, 1987.

> tous les ans pendant vingt-quatre heures, en un psaume de douleur et de rédemption que nos voix intérieures relaieront à jamais encore et encore, car le récit des vies de ceux qui sont tombés, le récit des vies de ceux qui ont survécu est désormais inarrêtable et sera toujours transmis. *Mir zaynen do*, nous sommes là. C'est le soupir que beaucoup d'entre vous ont poussé lorsque vous êtes rentrés chez vous après avoir échappé à la mort[1].

Il avait déjà rendu avec éclat hommage aux victimes de la Shoah au moment de la disparition de Simone Veil, survivante des camps d'extermination, décédée le 30 juin 2017. Très peu de temps après sa disparition, le président décide de la faire entrer avec son époux au Panthéon à l'occasion d'une célébration officielle le 1er juillet 2018 :

> Nous avons voulu que Simone Veil entre au Panthéon sans attendre que passent les générations, comme nous en avons pris l'habitude, parce que ses combats, sa dignité, son expérience restent une boussole dans les temps troublés que nous traversons[2].

La référence majeure de Macron en quête de figures héroïques d'identification est le général de Gaulle ; ce choix de poser pour sa photo officielle de président avec, sur sa table de travail, les *Mémoires de guerre* du général n'a rien d'anodin. Il entend revêtir à la fois les habits de celui que Jean Lacouture a nommé « le rebelle », avec son appel au sursaut du 18 juin 1940, et ceux du pouvoir jupitérien dont la légitimité s'enracine dans la longue durée de la nation.

1. Emmanuel Macron, discours pour les 75 ans de la libération des camps de concentration d'Auschwitz-Birkenau, 27 janvier 2020.
2. Emmanuel Macron, discours pour la panthéonisation de Simone Veil, 1er juillet 2018.

À partir de son élection, Macron n'a cessé de puiser dans le patrimoine du mythe gaullien parfaitement adapté à sa volonté d'incarnation jupitérienne, projetant l'image du « rebelle » devenu l'icône d'une France réunie, pacifiée autour d'un État fort donnant l'illusion de conduire la destinée héroïque d'une grande puissance. Fin 2018, il introduit la croix de Lorraine au centre du logo de l'Élysée et il a devant lui, sur son bureau de l'Élysée, le portrait du général que lui a offert Jacques Chirac, qui le tenait lui-même de Georges Pompidou.

À la fin de l'année 2020, malgré le contexte peu porteur de la pandémie et des risques d'attentats terroristes islamistes, le président est encore fortement sollicité par le calendrier commémoratif, qui est pour lui une opportunité nouvelle de réaffirmer l'unité de la nation. Se référant sans cesse à la figure du général, Macron entend le commémorer avec faste, ce que confirme son conseiller mémoire Bruno Roger-Petit : « Il a donc voulu célébrer "l'année de Gaulle" à la hauteur de la considération qu'il lui porte[1]. »

Lorsque le 9 novembre 2020 sont célébrés les 50 ans de la disparition du général de Gaulle, Macron se rend à Colombey-les-Deux-Églises. Il s'appuie sur les commémorations pour rassembler les Français autour de lui et faire bloc face à l'adversité, comme condition d'un sursaut pour surmonter les tragédies et épreuves qui se multiplient sur les plans tant personnel que collectif. C'est l'occasion pour lui de renforcer dans l'opinion publique le sentiment qu'il incarne le roman national animé par

1. Roger-Petit, entretien avec Arthur Berdah, *Emmanuel Macron. Vérités et légendes*, Perrin, 2021, p. 49.

une flamme qui vient de loin. Deux jours plus tard, le 11 novembre, il préside la cérémonie de l'armistice de 1918, puis dans la foulée l'entrée au Panthéon de l'écrivain Maurice Genevoix, auteur de *Ceux de 14*. L'écrivain, célébré en tant qu'incarnation de tous ceux qui ont combattu un siècle avant cette date pour défendre la France, qui a été un lieutenant blessé au combat, hospitalisé et sauvé, a redonné noms et visages aux foules d'anonymes tombés sur le champ de bataille :

> Sur la crête des Éparges, au printemps 1915, les orages d'acier grondent sans cesse. Comme plus tard dans la Somme, au chemin des Dames, à Verdun ou Viny, des milliers d'hommes perdent leur jeunesse, leurs camarades, leur raison, souvent leur vie[1].

En la seule année 2020, souligne Antoine Flandrin, le chef de l'État aura rendu hommage au général à trois reprises : le 17 mai, pour le 80e anniversaire de la bataille de Montcornet dans l'Aisne, « où le colonel de Gaulle, en stratège, parvint à freiner avec ses blindés l'avancée allemande ; au mont Valérien, puis à Londres, pour les 80 ans de l'appel du 18 juin ; et le 9 novembre enfin, à Colombey-les-Deux-Églises. Autant de commémorations qui ont donné l'occasion à Emmanuel Macron de revendiquer l'héritage du général et de s'identifier à lui[2] ». Il rejoint là le point de vue de l'historien britannique Julian Jackson, biographe du général de Gaulle[3], qui considère

1. Emmanuel Macron, discours pour la panthéonisation de Maurice Genevoix, le 11 novembre 2020.
2. Antoine Flandrin, « Le général de Gaulle, grand inspirateur d'Emmanuel Macron », *Le Monde*, 8 janvier 2021.
3. Julian Jackson, *De Gaulle. Une certaine idée de la France*, Seuil, 2019.

qu'« aucun homme politique français contemporain n'a plus ouvertement cherché l'inspiration dans la figure du général de Gaulle qu'Emmanuel Macron[1] ».

Cependant, le problème auquel se trouve confronté Macron en s'identifiant à de Gaulle est bien perçu par Pierre Nora :

> Le problème avec Macron, c'est qu'il donne toujours l'impression de jouer un rôle, et non de l'habiter. L'inverse de De Gaulle. Le général était fait pour les tempêtes qui sont venues lui donner son destin et à travers lesquelles il s'est exprimé. Macron est un homme supérieurement doué, mais dont la nature heureuse et réformatrice est faite pour les temps tranquilles. Or le malheureux s'est trouvé embarrassé tout son quinquennat par les tempêtes[2].

Le 20 novembre 2020, la disparition à l'âge de 100 ans de Daniel Cordier est l'occasion pour le chef de l'État de célébrer une nouvelle fois des Français qui ont trouvé la force de libérer le pays de quatre années d'occupation nazie. Macron célèbre en ce compagnon de Jean Moulin les valeurs de la Résistance et le parcours d'un homme transcendé par son attachement à la patrie. Il est donc présenté comme une figure majeure du roman national :

> Il avait en lui une part du roman national et de tant d'autres, plus intimes. Le goût de l'action et du dépassement, une bravoure impétueuse, une soif d'absolu, une liberté totale et surtout l'amour de sa patrie, la France [...] Cher Daniel, cette flamme que vous avez allumée avec vos compagnons ne s'éteindra jamais. J'y veillerai. Et elle

1. Antoine Flandrin, « Le général de Gaulle, grand inspirateur d'Emmanuel Macron », *art. cit.*
2. Pierre Nora, cité par Antoine Flandrin, *Ibid.*

> continuera à en inspirer bien d'autres. Adieu Caracalla ! Merci[1].

L'appel de Macron à l'identification des Français aux héros disparus comme socle de leur unité s'est évidemment poursuivi avec la disparition de ses prédécesseurs à l'Élysée. Lorsque Jacques Chirac meurt le 26 septembre 2019, le soir même, Macron s'adresse à la nation et décrète une journée de deuil national. Dans son éloge funèbre, il vante la capacité affective du personnage, le transfert émotionnel qu'il pratiquait avec les Français et que reçoit de plein fouet le nouveau chef d'État dans sa fonction, jouant la carte de l'identification avec la figure magnifiée :

> C'est avec beaucoup de tristesse et d'émotion que je m'adresse à vous ce soir. Le président Jacques Chirac nous a quittés ce matin. Nous, Français, perdons un homme d'État que nous aimions autant qu'il nous aimait. Nous nous reconnaissions tous en cet homme qui nous ressemblait et nous rassemblait[2].

Avec Chirac, Macron glorifie une figure qui a incarné pour lui la France unifiée dans un même élan, celui d'une âme qui travaille son histoire de manière continue : « Jacques Chirac était un destin français », proclame-t-il, et à ce titre, chaque Français peut se reconnaître en lui :

> Libre, épris de notre terre, pétri de notre histoire et amoureux taiseux de notre culture.
> Lui qui attirait la sympathie de l'agriculteur et du capitaine d'industrie, lui qui prenait le temps d'échanger longuement

1. Emmanuel Macron, discours d'hommage à Daniel Cordier, 25 novembre 2020.
2. Emmanuel Macron, allocution en hommage à Jacques Chirac, 26 septembre 2019.

> avec l'ouvrier d'usine comme avec les plus grands artistes, aimait profondément les gens, dans toute leur diversité, quelles que soient leurs convictions, leurs professions, leurs conditions. Il aimait les Français pour les saluer, leur parler, leur sourire… les embrasser[1].

S'il est une figure présidentielle avec laquelle Macron se sent des affinités particulières en tant que néolibéral, c'est celle de Valéry Giscard d'Estaing. Sa disparition le 2 décembre 2020 est l'occasion de l'affirmer, lors de l'hommage rendu à son prédécesseur. Macron retrouve chez lui le parcours précoce qui est le sien, l'élan de la jeunesse avec le souci de procéder à des réformes profondes de notre monde pour le moderniser, la volonté de sortir des corsets trop serrés qui enferment les individus dans des conventions rigides, une conviction européenne chevillée au corps, un parcours qui passe par les grandes écoles, l'Ena, l'Inspection générale des finances, une même fascination pour les grands entrepreneurs et pour un exercice personnel du pouvoir politique.

On peut ajouter, avec Marc-Olivier Baruch, un autre aspect, certes anecdotique, mais révélateur d'un goût commun pour la France d'Ancien Régime :

> On se souvient que Valéry Giscard d'Estaing laissait courir le bruit qu'il pouvait descendre, par les branches latérales, de Louis XV. Rien de tel chez Emmanuel Macron, mais un rapprochement trop fréquent et trop ostensible avec les amateurs de manoirs et de châteaux […] qui témoigne, décidément, d'une forme de nostalgie pour la France prérévolutionnaire[2].

1. *Ibid.*
2. Marc-Olivier Baruch, « Emmanuel Macron et l'histoire », conférence citée.

Macron s'exprime cette fois à titre personnel dans son hommage en mettant en avant le « je » en relation avec le legs reçu de son prédécesseur, non sans témoigner d'un certain regret de n'avoir pris la mesure de son apport que tardivement :

> J'appartiens à une génération qui est née sous sa présidence et qui, sans doute, n'a pas toujours mesuré à quel point Valéry Giscard d'Estaing avait, pour elle, changé la France [...] Soyez sûrs que je mettrai avec vous tout en œuvre pour faire vivre cette flamme de progrès et de l'optimisme qui ne cessa de l'animer[1].

Une autre filiation mise en évidence par beaucoup est celle du modèle bonapartiste, dont la paternité est soulignée par Alain Duhamel qui voit en lui un « bonapartiste du XXIe siècle ». Il inscrit cette tradition dans la longue durée des XIXe et XXe siècles qui relie le Premier Empire de Napoléon Bonaparte au Second Empire de Louis Napoléon, puis au gaullisme avec une propension à un exécutif fort, un pouvoir très incarné, une ambition à la réconciliation de moments et de courants très opposés entre les partisans de la Révolution française et leurs adversaires, les croyants et les incroyants, tous unis dans le creuset commun de la nation et de son destin unitaire. Certes, Alain Duhamel reconnaît que Macron est loin de revendiquer une telle filiation, « mais s'il s'en défend, c'est qu'il en est suspecté, voire estampillé par ses adversaires. L'étiquette n'a rien d'infamant[2] ». Alain Duhamel l'utilise effectivement pour dresser un portrait tout à fait positif d'un jeune

1. Emmanuel Macron, allocution en hommage à Valéry Giscard d'Estaing, 3 décembre 2020.
2. Alain Duhamel, *Emmanuel le hardi*, L'Observatoire, 2021, p. 26.

président aussi hardi que téméraire. Sans être une réplique de Bonaparte :

> [Macron serait bonapartiste] bien plus qu'il ne le croit et qu'il ne le veut. Le bonapartisme, c'est d'abord une rupture, une ambition, une autorité, une incarnation. Sur chacun de ces points, Emmanuel Macron coche la case[1].

Macron aura d'ailleurs été le premier président de la République à offrir à Napoléon une commémoration nationale, à l'exception de Georges Pompidou, qui ne lui avait consacré qu'une cérémonie modeste dans sa ville natale d'Ajaccio, à l'occasion du bicentenaire de sa naissance en 1969. C'est aux Invalides que Macron célèbre le bicentenaire de la mort de l'empereur en accompagnant son allocution par le dépôt d'une gerbe sur son tombeau le 5 mai 2021, à l'heure même de son décès, à 17 h 49. Pris en tenailles entre une droite avide de héros d'une grandeur nationale disparue et une gauche qui a toujours tenu ses distances vis-à-vis de celui qui a mis à bas la République pour lui substituer un régime impérial, Macron a voulu une commémoration qu'il a qualifiée d'« éclairée ». Affirmant que Napoléon (comme il l'a dit de Johnny Halliday) est « une part de nous », il a dressé dans son allocution le portrait contrasté de celui qui a été « aigle et ogre », « bâtisseur et législateur » et en même temps symbole de l'arbitraire d'un « pouvoir solitaire » :

> Il pouvait en effet être à la fois l'âme du monde décrite par Hegel à Iéna et le démon de l'Europe [...] De l'empire, nous avons renoncé au pire ; de l'empereur, nous avons embelli le meilleur[2].

1. *Ibid.*, p. 28.
2. Emmanuel Macron, discours commémoratif de la disparition de Napoléon, le 5 mai 2021.

Le souci d'héroïsation pour donner aux nouvelles générations des figures exemplaires à imiter peut aussi conduire à mettre sur l'avant-scène des anonymes qui, par leur comportement, font preuve d'héroïsme. C'est le cas du commandant de gendarmerie Arnaud Beltrame, qui s'est livré aux djihadistes pour obtenir la libération des otages détenus dans un supermarché de Trèbes dans l'Aude. Se sacrifiant pour protéger les otages, il est assassiné par les terroristes. Le président décide immédiatement un hommage national aux Invalides, la scénographie des obsèques comme son discours faisant de Beltrame la figure nouvelle d'un martyr animé autant par sa foi de catholique que par son abnégation dans son engagement républicain.

Statufier l'histoire ?

La controverse de 2020 sur le déboulonnage des statues a suscité tout un débat sur le caractère intangible ou non des icônes célébrées par la société. On a compris à quel point le rapport au passé ne peut être figé dans le marbre. Le passé bouge, ou plutôt on le fait bouger à partir du présent. La prise de position du chef de l'État atteste son évolution personnelle, passant d'une adhésion à l'héritage ricœurien d'un rapport réflexif au passé à une position lavissienne d'un rapport identificatoire au roman national pour faire bloc. Cette notion montante lui vient de Clemenceau, qui déclarait en 1891 que la Révolution française était un bloc. Chez Macron, ce qui fait bloc n'est plus la Révolution française, mais la nation, le passé national qui remonte aux prolégomènes de la formation d'un sentiment national. Cette plongée dans le temps long lui permet de subsumer les divisions entre droite et gauche, entre partisans de la monarchie et partisans de la république.

Tout commence aux États-Unis, avec l'assassinat par la police de l'Afro-Américain George Floyd le 25 mai 2020 à Minneapolis dans le Minnesota, déclenchant de nombreuses manifestations contre le racisme. Plusieurs statues sont déboulonnées et vandalisées, pour débarrasser l'espace public des statues de marchands d'esclaves et de personnalités liées à l'esclavage et au colonialisme. À Boston, la statue de Christophe Colomb est décapitée, les statues sont vandalisées à Charleston en Caroline du Sud. À Bristol, au Royaume-Uni, la statue d'Edward Colston, transporteur d'esclaves au XVIIe siècle, qui a fait le legs de sa fortune à des bonnes œuvres, est jetée à la mer par les manifestants antiracisme.

Le vent de révolte qui vient de l'Ouest atteint vite la France d'outre-mer et métropolitaine : deux statues de Victor Schœlcher sont détruites en Martinique, et une vive controverse se cristallise sur les figures de Faidherbe à Lille et de Colbert à Paris. Les associations de militants noirs dénonçant en Colbert l'auteur du Code noir, l'ancien Premier ministre Jean-Marc Ayrault, président de la Fondation pour la mémoire de l'esclavage, reprend une part de leurs revendications et propose de débaptiser la salle Colbert du Palais-Bourbon et le bâtiment Colbert de Bercy. Colbert a bien été l'auteur du Code noir signé par son fils en 1685, contribuant ainsi incontestablement à un système colonial esclavagiste, même s'il avait par ailleurs l'ambition de réglementer les comportements criminels des colons français.

L'affaire prenant une dimension nationale, Macron affirme fermement sa position sur un ton solennel :

> Je vous le dis très clairement [...], la République n'effacera aucune trace ni aucun nom de son histoire. La République ne déboulonnera aucune statue. Nous devons plutôt lucidement regarder ensemble toute notre histoire, toutes nos mémoires [...] avec une volonté de vérité et en aucun cas de revisiter ou nier ce que nous sommes[1].

Le Premier ministre Édouard Philippe renchérit à l'Assemblée nationale :

> Vouloir procéder à une forme d'épuration mémorielle me paraît aussi dangereux que de vouloir procéder à d'autres types d'épurations.

Cette décision de s'opposer à tout effacement de ceux qui ont été les icônes de la nation trouve le soutien d'un collectif d'historiens qui signe une tribune dans *Le Monde* pour dénoncer l'anachronisme qui consisterait à déboulonner les statues d'hier au nom des valeurs d'aujourd'hui, et en appellent à une culture partagée autour de l'héritage historique de la nation :

> La fièvre iconoclaste qui s'est emparée d'un certain nombre de groupes épris de passion justicière, projetant de déboulonner les statues de certaines figures historiques, de débaptiser des lieux publics, de changer le nom de rues et d'établissements scolaires, a paru d'abord dérisoire. Mais sa contagion serait un danger pour les principes républicains[2].

Ce collectif d'historiens en appelle à la prudence dans le rapport au passé, pour éviter d'en arriver à des décisions absurdes :

1. Emmanuel Macron, allocution du 14 juin 2020.
2. « Déboulonnage des statues : l'anachronisme est un péché contre l'intelligence du passé », tribune signée par Jean-Noël Jeanneney, Mona Ozouf, Maurice Sartre, Annie Sartre, Michel Winock, *Le Monde*, 24 juin 2020.

> Observons que si nous cédons à cette frénésie moralisante, il va falloir débaptiser d'urgence nos lycées parisiens. Charlemagne a écrasé les Saxons dans le sang pour les convertir de force. Saint Louis a imposé la rouelle aux juifs, bien avant l'étoile jaune. Louis le Grand a fait ravager la Franche-Comté (entre autres) avec une brutalité sauvage. Voltaire, auteur de la pièce fameuse *Le Fanatisme ou Mahomet*, était d'autre part ouvertement judéophobe[1].

Si l'on peut en effet être amené à ce genre d'absurdités en projetant nos catégories mentales présentes sur le passé, il n'en reste pas moins vrai que l'histoire s'écrit au présent et que c'est en dernier ressort aux citoyens de décider ce qu'ils estiment être digne de mémoire, en fonction de la conception qu'ils ont de la société de leurs vœux.

Le chef de l'État était le mieux placé pour faire la distinction entre mémoire et histoire, mais la controverse des statues, avec son refus solennel de s'ouvrir à un débat, confirme l'abandon du legs ricœurien en la matière, et son retour à une conception de l'histoire-mémoire placée sous le signe de la confusion. Pierre Nora a montré dans *Les Lieux de mémoire* qu'il importe de bien séparer ces deux dimensions pour s'ouvrir à une nouvelle relation au passé, soulignant notamment que ce que l'on appelait jusque-là l'histoire n'était autre que la mémoire de l'État. Avec le modèle d'identification autour des figures de proue du roman national, on y revient à grands pas. Décider de déboulonner une statue n'affecte pas l'histoire, c'est un acte qui correspond à notre rapport à la mémoire ; ce n'est pas nier le passé, c'est affirmer un ressenti nouveau. Lorsque

1. *Ibid.*

les Soviétiques abattent la statue de Staline, cela traduit une rupture d'adhésion à l'égard de celui qui se présentait comme le petit père des peuples, cela ne signifie pas nier l'existence historique de la période stalinienne. Après la chute du communisme, les Moscovites ont rassemblé leurs héros d'hier devenus objets d'opprobre : les statues déboulonnées ont été conservées dans le Parc des statues déchues, ouvert au public.

Dans l'entretien accordé au Journal *Le 1 Hebdo* en juillet 2015, pourtant placé sous le signe de Ricœur[1], un propos de Macron a intrigué quant au passé royaliste de la France :

> La démocratie comporte toujours une forme d'incomplétude, car elle ne se suffit pas à elle-même. Il y a dans le processus démocratique et dans son fonctionnement un absent. Dans la politique française, cet absent est la figure du roi, dont je pense fondamentalement que le peuple français n'a pas voulu la mort. La Terreur a creusé un vide émotionnel, imaginaire, collectif : le roi n'est plus là[2] !

Il affirmait alors l'existence d'un vide au cœur du pouvoir démocratique. On pouvait déceler dans ces propos un écho des analyses de Claude Lefort montrant qu'on était passé d'un régime théologico-politique à une démocratie incarnée par un lieu vide. Il réitère cet éloge inattendu de la royauté dans son entretien accordé à *Challenges*, soulignant « l'ambiguïté fondamentale de la fonction présidentielle, qui, dans notre système institutionnel, a partie liée avec

1. Emmanuel Macron, « J'ai rencontré Ricœur qui m'a rééduqué sur le plan philosophique », entretien avec Éric Fottorino, Laurent Greilsamer et Adèle Van Reeth, *Le 1 Hebdo*, 8 juillet 2015.
2. *Ibid.*, rééd. *Macron par Macron*, éditions de l'Aube, 2017, p. 33.

le traumatisme monarchique[1] ». À la lumière du rapport entretenu par Macron avec le passé, on peut aussi voir ici l'expression d'un deuil impossible à faire et la volonté de le surpasser par une conception jupitérienne du pouvoir, une conception monarcho-présidentielle de la République. Loin d'initier un nouveau rapport au politique, Macron reprend simplement à son compte ce qui est devenu une tradition de plus en plus assumée par les présidents de la Vᵉ République cherchant à réconcilier un double imaginaire, monarchique et républicain. On comprend mieux la référence à la France éternelle et l'adhésion à l'ensemble du patrimoine constitutif du légendaire national.

La cerise sur le gâteau dans cette dérive, qui va jusqu'à la glorification du roman national d'une France éternelle, aura été la nomination comme conseiller « mémoire » auprès de Macron, responsable des commémorations et panthéonisations, de Bruno Roger-Petit, ancien journaliste, spécialiste du sport, animateur d'émissions de télévision. Ayant suivi la campagne de Macron pour *Challenges*, c'est lui qui organise l'entretien du président avec *Valeurs actuelles* dans lequel le président définit sa politique d'immigration :

> Bruno Roger-Petit est en effet très proche de la jeune rédaction de *Valeurs actuelles* […] Une réelle amitié l'unit en particulier à Geoffroy Lejeune[2].

Il est de surcroît fasciné par la chaîne d'information de Vincent Bolloré, CNews, et il incite le président à faire comme l'animateur Pascal Praud, en reprenant à son

1. « Macron ne croit pas au "président normal", cela déstabilise les Français », *Challenges*, 16 octobre 2016.
2. Alexis Lévrier, *Jupiter et Mercure. Le pouvoir présidentiel face à la presse*, Les Petits Matins, 2021, p. 371.

compte et en orchestrant des sujets clivants comme l'immigration, ce qui conduit tout droit Macron à jouer avec le feu en installant au cœur de l'espace public les thèmes de l'extrême droite. D'où cette mise en garde lucide de l'historien Patrick Boucheron :

> Si l'idée est d'organiser l'inéluctabilité d'un face-à-face avec Marine Le Pen en 2022, elle heurte cette loi politique : désigner son adversaire revient à choisir son successeur[1].

Peu avant d'être nommé porte-parole de l'Élysée, Bruno Roger-Petit conseille au président d'abandonner la référence à Jupiter qui commence à lui être nuisible[2]. En même temps, ce proche du couple présidentiel ne cesse de multiplier les références à l'époque monarchique en insistant sur la fidélité de Macron à cette filiation pluriséculaire. Un an après l'élection de Macron, en mai 2018, répondant aux médias qui souhaitent comprendre pourquoi le président affectionne autant le contact qu'il peut avoir avec les foules, il relie cette propension à la vieille croyance dans le pouvoir thaumaturgique des rois que l'on considérait capables de guérir les écrouelles (croyance étudiée par le fameux médiéviste créateur de la revue des *Annales*, Marc Bloch[3]) :

> Pour [Emmanuel Macron], le toucher est fondamental, c'est un deuxième langage. C'est un toucher performatif :

1. Patrick Boucheron, dans l'entretien avec Marie-Laure Delorme, « L'historien Patrick Boucheron : "Emmanuel Macron fait preuve d'un aveuglement historique" sur l'immigration », *JDD*, 16 novembre 2019.
2. Bruno Roger-Petit, « Pourquoi Macron doit absolument abandonner Jupiter », *Challenges*, 3 juillet 2017.
3. Marc Bloch, *Les Rois thaumaturges*, Université de Strasbourg, 1924, rééd. Gallimard, 1983.

> « Le roi te touche, Dieu te guérit. » Il y a là une forme de transcendance[1].

Porte-parole de l'Élysée, Roger-Petit s'illustre également en déclarant que la mise à pied pour quinze jours de Benalla était une sanction d'une gravité telle qu'elle n'avait jamais été prise jusque-là au sommet de l'État. On apprend plus tard que ce haut responsable de la mémoire nationale a invité Marion Maréchal à déjeuner le 14 octobre 2020 dans le petit salon confidentiel de la brasserie Le Dôme à Paris dans la plus grande discrétion.

La droite classique n'aurait jamais fait ce pas vers la petite-fille de Jean-Marie Le Pen et ce qu'elle représente à l'extrême droite. Étonnée de cette initiative, Marion Maréchal accepte en expliquant qu'elle était curieuse de connaître celui qui s'amusait à la traiter de nazie lorsqu'elle était députée. Quant au conseiller de Macron, son objectif est de préparer la prochaine échéance électorale présidentielle de 2022 pour piocher le plus de voix au prix de transgressions tous azimuts des clivages traditionnels renvoyés à l'ancien monde :

> Il évoquait même sa curieuse formule dans une note adressée au président de la République, le 15 novembre 2019, dont *Le Monde* a eu connaissance. Roger-Petit lui proposait de « trianguler avantageusement les positions de tous [ses] adversaires » en célébrant le 200e anniversaire de la mort de Napoléon, en mai 2021, en compagnie de Vladimir Poutine – manière selon lui d'« obliger » les pro-Russes français, présents à droite et à gauche, à « saluer l'initiative »[2].

1. Roger-Petit dans Bastien Bonnefous et Solenn de Royer-Dupré, « Emmanuel Macron. Un an de présidence impérieuse », *Le Monde*, 5 mai 2018.
2. Ariane Chemin et Franck Johannès, « Un conseiller d'Emmanuel Macron a déjeuné secrètement avec Marion Maréchal en octobre », *Le Monde*, 27 décembre 2020.

Tout un programme ! À quand la panthéonisation de Pétain pour réconcilier les Français ?

Cette politique mémorielle est animée d'une conviction qui revient à considérer que la France reste une grande puissance et, comme ce n'est plus le cas depuis longtemps déjà, d'étayer cette conviction sur le roman national mis au point au XIXe siècle. Le chef de l'État affirme :

> Le jour où on a dit à la France qu'elle était une puissance moyenne, quelque chose de grave a commencé. Ce n'est pas vrai, et les Français ne pouvaient pas vivre comme cela[1].

---

1. Emmanuel Macron, entretien avec Laureline Dupont, *L'Express*, 23 décembre 2020.

5

Une politique néolibérale au risque de la fracture sociale

MACRON candidat promettait une politique de justice sociale largement inspirée de l'axiome de l'éthique ricœurienne préconisant la volonté d'une « vie bonne, avec et pour autrui, dans des institutions justes[1] ». C'est là le point essentiel que Ricœur voyait dans la défiance croissante des citoyens et dans la désaffection des électeurs à l'égard des institutions républicaines, analysées comme l'envers de la déception ressentie à l'égard d'un pouvoir ne se donnant finalement pas pour visée le fonctionnement d'institutions justes. Ricœur avait ressenti la fragilité des institutions de l'État démocratique, le désintéressement dont elles étaient l'objet et la crise de confiance qu'elles traversaient :

> Ricœur était sensible à cette fragilité, à ces interrogations nouvelles, moins aux aspects sociétaux sans doute qu'aux thèmes plus sociaux de l'exclusion et de la fracture sociale[2].

1. Paul Ricœur, *Soi-même comme un autre*, *op. cit.*, p. 202.
2. Jean-Louis Schlegel, « Les institutions entre le juste et le bon », *Esprit*, novembre 2017, p. 46.

L'horizon de construction d'institutions justes se tourne vers la réalisation de davantage d'égalité, qui doit être le point nodal de l'action politique :

> L'égalité, de quelque manière qu'on la module, est à la vie dans les institutions ce que l'amitié – ou d'autres diraient la pitié, la sollicitude – est aux relations interpersonnelles[1].

Une institution juste n'est, selon Ricœur, jamais pleinement accomplie, et toujours tournée vers la réalisation du bon. En termes plus concrets, cela signifie « se persuader que l'égalité est toujours à la fois perfectible et nécessaire, mais non suffisante[2] ».

Sur le plan politique, cette éthique implique une stratégie de rupture avec la logique capitaliste qui a pour effet d'accroître les inégalités. On pouvait penser que l'annonce par Macron d'un « nouveau monde » allait progresser dans ce sens. Il n'en a rien été, et le nouveau président n'a jamais remis en question le fonctionnement du système capitaliste ; il en a au contraire renforcé les traits les plus inégalitaires. Ricœur, appelant à une critique de la logique capitalistique comme système, pointait déjà en 1991, dans son dialogue avec Michel Rocard, le risque de dissolution de la gauche dans un ralliement au capitalisme :

> La critique de l'économie administrée est terminée [...] Ce qu'il faut commencer par contre, sans tarder, c'est la critique du capitalisme en tant que système qui identifie la totalité des biens à des biens marchands[3].

1. Paul Ricœur, *Lectures 1. Autour du politique*, *op. cit.*, p. 182, note 1.
2. Jean-Louis Schlegel, « Les institutions entre le juste et le bon », *art. cit.*, p. 50.
3. Paul Ricœur, « Justice et Marché. Entretien entre Michel Rocard et Paul Ricœur », *Esprit*, n° 1, janvier 1991.

Dans son dialogue avec Michel Rocard, Ricœur soulignait cette nécessité de dépasser la seule logique marchande tout en déplaçant l'axe traditionnel d'analyse qui oppose capitalisme et socialisme. Il suggérait

> l'idée que la société en tant que réseau d'institutions consiste avant tout en un vaste système de distribution, non pas au sens étroitement économique du terme distribution opposé à production, mais au sens d'un système qui distribue toutes sortes de biens : des biens marchands, certes, mais aussi des biens tels que la santé, l'éducation, la sécurité, l'identité nationale ou la citoyenneté[1].

Fortement inspiré par les thèses de Michael Walzer[2], Ricœur envisageait des règles de distribution adaptées à telle ou telle sphère de justice, selon la nature des biens distribués. Il invitait Rocard à une remise en question plus sévère du capitalisme, tâche depuis trop longtemps différée à cause de la priorité donnée à la critique de l'économie administrée des systèmes totalitaires – celle-ci, tout à fait légitime et utile, ayant cependant eu pour effet pervers de « tarir toute imagination sociale, tout imaginaire de la transformation sociale[3] ». On ne peut plus se satisfaire de cette crise des ciseaux qui revient à juxtaposer une logique économique livrée à elle-même à un discours purement moral de réprobation. Comme Ricœur, Michel Rocard convenait qu'il « ne faut pas perdre de temps et entreprendre au plus vite la critique du capitalisme[4] ». Il

1. *Ibid.*, p. 6.
2. Michael Walzer, *Sphères de justice. Une défense du pluralisme et de l'égalité*, *op. cit.*
3. Paul Ricœur, « Justice et Marché. Entretien entre Michel Rocard et Paul Ricœur », *op.cit.*, p. 8.
4. Michel Rocard, *ibid.*, p. 9.

plaidait à son tour pour une réinsertion de l'éthique de la responsabilité au sein même de la sphère marchande, faute de quoi les choix à long terme seraient sacrifiés au nom d'une rentabilité financière au seul court terme. À la question posée par Ricœur sur la nécessité d'un projet à forte portée symbolique dans lequel pourrait s'inscrire l'action politique, Rocard admettait que la gauche ne pouvait se satisfaire de la mort des idéologies dans laquelle les intellectuels se complaisent trop souvent.

Au cours de sa campagne présidentielle, c'est de ce courant de la deuxième gauche, de la pensée antitotalitaire qui a toujours défendu des logiques sociétales contre la pensée du tout-État qu'Emmanuel Macron se réclame. Invité à s'exprimer le 3 juillet 2016 au « Grand Rendez-Vous » d'Europe 1 / I-Télé / *Le Monde* juste après la disparition de Michel Rocard, Macron salue en lui « un exemple » qui a marqué « la vie politique du XXe siècle », « l'alliance rare d'un homme de conviction, d'engagement et d'un homme d'État ». Il reconnaît du reste sa dette à l'égard des idées de Michel Rocard :

> C'est quelqu'un qui m'a profondément marqué. Il fait partie de celles et de ceux qui m'ont convaincu de plonger dans l'action publique [...] La France a été injuste avec lui parce qu'elle n'a pas reconnu l'originalité de ses idées. Elle a été injuste au sein de sa propre famille politique, en considérant que ce n'était pas à lui de faire.

On a pu croire que Macron était un libéral au sens anglo-saxon, c'est-à-dire progressiste du terme ; là encore, l'empreinte de la pensée de Ricœur semblait forte. Le titre même de son chapitre de *Révolution* « Faire plus pour ceux qui ont moins » est fortement inspiré par la théorie de la justice de John Rawls qui a eu les faveurs de Ricœur[1]. Apparemment animé par le souci de combiner une libéralisation de l'initiative économique et une politique sociale tournée vers la justice sociale, Macron semblait reprendre à son compte le modèle d'une République contractuelle avec un État assurant ses missions, tout en laissant un maximum de libertés aux initiatives locales.

Candidat à la présidentielle, Macron, tout en se disant convaincu de la nécessité de construire une société qui valorise le libre choix en supprimant les obstacles à la libre entreprise, rappelle les limites de cette orientation qui ne doit pas s'en prendre aux mécanismes de solidarité :

> Sans solidarités, cette société tomberait dans la dislocation, l'exclusion, la violence – la liberté de choisir sa vie serait réservée aux plus forts, et non aux plus faibles[2].

L'État se doit donc de mener une politique de solidarité à l'égard de ceux, de plus en plus nombreux, qui vivent dans la précarité, et prendre des mesures volontaristes et audacieuses pour lutter contre les discriminations de tous ordres. À la manière de Walzer, Macron distingue un certain nombre de sphères de justice qui doivent échapper à la loi marchande pour assumer leur rôle fondamental dans la mise en œuvre d'une politique d'équité sociale et de protection sociale.

Il en est ainsi de la médecine, avec un immense secteur de santé qui fonctionne de manière de plus en plus inégalitaire. L'autre sphère de justice à préserver des logiques marchandes, et qui nécessite une politique

---

1. John Rawls, *Théorie de la justice*, Seuil, 1987.
2. Emmanuel Macron, *Révolution*, *op. cit.*, p. 138.

volontariste en faveur de l'équité sociale, est l'école. Il faut sortir d'un système qui conduit un nombre croissant de jeunes à l'assignation à résidence. Dans ce domaine aussi, il est impératif de donner plus à ceux qui ont moins. Le troisième grand chantier de transformation concerne les inégalités à l'intérieur du territoire entre des espaces urbains bien dotés et des espaces ruraux laissés à l'abandon, condamnés à la désertification. Macron s'engageait à conduire une politique volontariste à l'égard des paysans en leur assurant de vivre du prix payé pour leurs travaux, leurs récoltes ou produits d'élevage : « Nous devrons dans chaque filière ouvrir de vraies négociations et nous entendre sur un prix juste. Si on n'y arrive pas, l'État interviendra[1]. » Que ce soit à la ville ou à la campagne, dans les quartiers urbains et périurbains, Macron prétendait faire prévaloir le principe de justice si cher aux yeux de Ricœur[2]. Il entendait réévaluer le troisième terme marqué au frontispice de la devise républicaine, celui de fraternité :

> La fraternité, de part et d'autre, on l'a laissée faire[3].

De la « noblesse d'État » à la noblesse privée

Laurent Mauduit, cofondateur de Mediapart, rappelle la mise en garde de Ricœur en mai 1968 quant à la menace pesant sur la démocratie :

1. Emmanuel Macron, meeting à Châtellerault, 28 avril 2017.
2. Paul Ricœur, *Le Juste*, tomes 1 et 2, Éditions Esprit, 1995 et 2001.
3. Emmanuel Macron, meeting à Lyon, 5 février 2017.

> Le danger, aujourd'hui, est que la direction des affaires soit accaparée par des oligarchies de compétents, associées [...] aux puissances d'argent[1].

Avec Macron, on est dans la réalisation de ce danger, même si Laurent Mauduit minore l'énigme que représente le succès de Macron à la présidentielle en faisant valoir une fondamentale continuité dans le processus de fusion en cours depuis des années entre l'oligarchie financière et les serviteurs de l'État au plus haut niveau.

Quand bien même le candidat Macron blâmait dans son livre de campagne « les hauts fonctionnaires qui se sont constitués en caste[2] », c'est effectivement une caste qui s'est constituée et a pris le pouvoir à l'insu des citoyens. Il en est pourtant un bon représentant, s'entourant de responsables qui sont autant de révélateurs de cette porosité entre le public et le privé, de ce mariage incestueux d'un milieu endogame dont la pièce maîtresse se trouve à Bercy – les élus de la sélection d'une élite qui doit servir l'État et qui se sont donné la liberté de « pantoufler » dans le privé avant de revenir aux affaires d'État, en ce que Laurent Mauduit appelle un « rétropantouflage ».

Dans ce va-et-vient, cette caste a perdu entre-temps « le sens de l'intérêt général[3] ». Ces hauts fonctionnaires de l'État profitent de leur poste dans le public pour privatiser. Ils retournent dans le privé où ils font bénéficier de leur carnet d'adresses aux entreprises qu'on leur confie, puis,

1. Paul Ricœur, préface à Jean Schwoebel, *La Presse, le Pouvoir et l'Argent*, Seuil, 1969, cité par Laurent Mauduit, *La Caste. Enquête sur cette haute fonction politique qui a pris le pouvoir*, La Découverte, 2018, p. 9.
2. Emmanuel Macron, *Révolution*, *op. cit.*, p. 250.
3. Laurent Mauduit, *La Caste. Enquête sur cette haute fonction politique qui a pris le pouvoir*, *op. cit.*, p. 11.

après quelques affaires juteuses, reviennent à un poste de responsabilité publique où ils sont en position de peser sur les décisions stratégiques de l'État français en matière de politique économique et d'y faire valoir le credo néolibéral qui aspire à moins de réglementation sociale, à plus de flexibilité, au démantèlement du droit du travail, à la libération des profits et à la compression des budgets de fonctionnement selon les critères de maximisation des bénéfices d'un capitalisme des flux.

Il en résulte un pouvoir entre les mains d'une oligarchie qui ne fait plus la différence entre le public et le privé, pour laquelle « servir la France » se traduit par « défendre la finance ». L'arrivée au pouvoir de Macron prend ici sa cohérence en tant que résultat de ce processus fusionnel qui s'est accéléré depuis le milieu des années 1980. La « start-up nation » qu'il entend bâtir, une nation d'entrepreneurs, dispose d'une caste de 250 personnes de l'Inspection des finances, qualifiées par certains d'« intouchables[1] ». Les hauts fonctionnaires de l'Inspection générale des finances servent de vivier à la moitié des P-DG du CAC 40.

Macron a lui-même suivi un parcours qui l'a conduit à faire le va-et-vient entre le privé (la banque Rothschild) et le public (cabinet de l'Élysée, ministère de l'Économie, puis présidence de la République). Il incarne un phénomène collectif qui traduit une véritable captation du pouvoir par cette caste privilégiée. En effet, l'essentiel des hauts responsables viennent du privé : le gouverneur de la Banque de France dirigeait BNP Paribas, le patron de la Caisse des dépôts et consignations vient de l'assureur Generali. Le

1. Ghislaine Ottenheimer, *Les Intouchables, grandeur et décadence d'une caste. L'Inspection des finances*, Albin Michel, 2004.

secrétaire de l'Élysée que se choisit Macron, Alexis Kohler, après un passage à la direction du Trésor et au cabinet de Pierre Moscovici aux Finances, a assumé les fonctions de directeur financier du numéro 2 du fret maritime mondial, la MSC (Mediterranean Shipping Company), qui appartient à la cousine germaine de sa mère et à son mari[1]. Le ministre de l'Économie Bruno Le Maire constitue son cabinet de personnalités qui ont aussi ce double fléchage, privé et public : son directeur de cabinet, Emmanuel Moulin, un ancien du Trésor, a fait fortune dans une grande banque privée, Mediobanca, et le directeur adjoint du cabinet, Bertrand Dumont, après avoir fait ses classes au Trésor, a rejoint la banque privée HSBC. Les parrains historiques des responsables politiques commencent à être bien connus de l'opinion : Michel Pébereau, ancien inspecteur des finances, est ex-P-DG de la BNP et maître d'œuvre de sa privatisation ; Matthieu Pigasse est à la tête de la Banque Lazard ; Stéphane Richard est passé par l'Inspection des finances avant de devenir P-DG d'Orange ; Laurence Boone, venue de la banque, a été conseillère de Hollande avant de repartir vers Axa.

Les effets de cette osmose entre les sphères dirigeantes du privé et du public sont à l'origine d'un transfert massif des fonds publics vers les fonds privés. Ainsi, lorsque l'État a procédé à la privatisation des autoroutes après avoir massivement investi dans cet équipement, il en a retiré 14 milliards d'euros. Trente ans après, l'affaire aura rapporté aux actionnaires quelque 70 milliards d'euros de

1. Informations reprises dans Laurent Mauduit, *La Caste. Enquête sur cette haute fonction politique qui a pris le pouvoir*, *op. cit.*, p. 54 **[? vérifier le n° de page].**

dividendes. À l'autre bout de l'échelle, l'épargne populaire est littéralement spoliée avec la rémunération du Livret A, en partie supervisée par le directeur de la Banque de France qui a passé une dizaine d'années à Paribas. Elle ne rapporte que 0,75 % avec une inflation de 2 %. On croit rêver quand on apprend que TF1 a été privatisée pour une durée de dix ans qui s'est finalement prolongée sans perspective de retour au public, avec l'objectif déclaré d'aller dans le sens du « mieux-disant culturel ».

Le président veut incarner l'innovation, la modernité qu'il espère trouver du côté du privé où s'appliquent les règles du management. C'est l'horizon qu'il donne au « monde nouveau » qu'il entend construire et qui s'appuie sur une situation d'anomie sociale, une société d'individus en compétition les uns par rapport aux autres, impliquant le dépérissement de deux des trois valeurs de la République, la fraternité et l'égalité. Ne conviait-il pas déjà, avant d'être élu, les jeunes Français à « avoir envie de devenir milliardaires[1] » ?

Devenu chef de l'État, Macron fait prévaloir l'efficacité et affaiblir le débat démocratique qui retarde l'application des choix de l'exécutif : « Être efficace, c'est en finir avec le bavardage législatif[2]. » La méthode de gouvernance comme les objectifs stratégiques ressortent d'une logique purement managériale. En fait de « monde nouveau », ce n'est que la perpétuation d'une transformation en cours depuis quelques décennies, constate Aude Harlé dans sa thèse sur les membres des cabinets ministériels. Elle souligne en

1. Emmanuel Macron, « Il faut des jeunes Français qui aient envie de devenir des milliardaires », *L'Obs*, 7 janvier 2015.
2. Emmanuel Macron, *Révolution*, *op. cit.*, p. 243.

effet « l'influence de plus en plus grande de l'esprit gestionnaire et du management privé dans la sphère politique[1] ». Une telle conception repose sur l'idée que les décideurs sont inévitablement les meilleurs, car ils sont porteurs d'un savoir, d'une compétence qui leur assure cette efficacité dans l'action. Quant à la politique menée, elle va privilégier la « gouvernance du nombre » par différence avec le « gouvernement des hommes[2] ».

Un accroissement des inégalités : fracture sociale et territoriale

L'économiste français le plus lu dans le monde, Thomas Piketty, dont le livre[3] a été vendu à plus de 2 millions d'exemplaires, a démontré, maintes statistiques à l'appui, que si les décennies d'après-guerre ont vu un rééquilibrage des disparités, le monde occidental en général a connu à partir des années 1980 un accroissement spectaculaire des inégalités sociales. On ne peut ignorer cette réalité sociale qui alimente inévitablement la colère et l'indignation devant un processus d'injustice croissante que laissent perdurer les pouvoirs publics.

Dans une seconde publication, Thomas Piketty inscrit son analyse de l'augmentation des inégalités dans une perspective historique plus longue[4]. L'économiste pointe un écart croissant entre les rémunérations des plus riches et

1. Aude Harlé, *Le coût et le goût du pouvoir. Le désenchantement politique à l'épreuve managériale*, Dalloz, 2010, p. XIX.
2. Pierre Musso, *Le Temps de l'État-Entreprise, Berlusconi, Trump, Macron*, Fayard, 2019, p. 76.
3. Thomas Piketty, *Le Capital au XXIe siècle*, Seuil, 2013.
4. Thomas Piketty, *Capital et idéologie*, Seuil, 2019.

la masse de la population, aggravé par l'inégalité patrimoniale, encore plus criante que celle des revenus : les 50 % les plus pauvres possèdent moins de 5 % du patrimoine social, tandis que les 1 % les plus riches détiennent 25 % du patrimoine total. Entre la moitié et deux tiers de la population française n'a aucun héritage. Le contraste n'a jamais été aussi frappant et scandaleux entre les parapluies dorés dont bénéficient les dirigeants d'entreprise, les salaires exorbitants comme ceux des hauts fonctionnaires de Bercy, et la paupérisation croissante d'une bonne partie de la population.

On compte en effet 8 millions d'indigents, dont un tiers de moins de 30 ans ; 40 % des Français ont des difficultés à régler leurs frais médicaux ; plus de 30 % d'entre eux peinent à payer leur loyer, leurs notes d'électricité et de chauffage. Dans le même temps, 600 hauts fonctionnaires ont des salaires supérieurs à celui du chef de l'État. Au ministère de l'Économie, en 2015, 150 cadres gagnent 150 000 euros par an. Le gouverneur de la Banque de France gagne 350 000 euros en revenu brut par an auquel s'ajoutent ses bons de présence. Les responsables de l'autorité des marchés financiers et de la sécurité nucléaire ont droit à près de 20 000 euros en revenu brut par mois[1]…

L'arrivée de Macron au pouvoir, au lieu d'aller dans le sens de l'atténuation de ces disparités, n'a fait que consacrer la situation confortable d'une caste de privilégiés qui cumule les avantages du public et du privé. Le chef de l'État a consacré et aggravé ce système en rendant plus attractifs les salaires versés dans le privé. Il avait pourtant

1. Informations reprises dans Vincent Jauvert, *Les Voraces. Les élites et l'argent sous Macron*, Laffont, 2020.

fustigé dans *Révolution* ces hauts fonctionnaires qui se sont constitués en caste, et promis d'en finir :

> Il n'est plus acceptable que les hauts fonctionnaires continuent à jouir de protection hors du temps[1].

Tout au contraire de cette promesse, il s'est entouré à l'Élysée des représentants de cette caste qui ont monopolisé le pouvoir, à l'exclusion de tout autre centre potentiel de décision ou de contrôle.

Dans les années 1980, le contexte international propice au néolibéralisme a été renforcé par Reagan et Thatcher, puis par la chute du mur de Berlin qui a enclenché un mouvement de repli remettant en cause toute politique de réduction des inégalités. Lorsque Macron arrive à l'Élysée en 2017, il est confronté à un processus d'accroissement des inégalités qu'il aurait dû essayer d'enrayer au nom de la justice et de la mission du politique à œuvrer à la mise en place d'institutions justes. Or, il a fait strictement le contraire en favorisant les plus riches. Avant même d'arriver à l'Élysée, il a fait en sorte que l'on ne touche pas à l'héritage. Une de ses plumes de la cellule « Idées » d'En Marche !, Marie Tanguy, raconte que lorsqu'elle arrive au QG de campagne en février 2017, France Stratégie venait de publier une note sur la fiscalité des successions proposant de taxer davantage les plus fortunés pour réduire les inégalités de patrimoine, ce qui aurait permis de financer une dotation pour les jeunes adultes les moins favorisés. Venue de la CFDT, Marie Tanguy se réjouit par avance de cette mesure de justice sociale ; c'est compter sans le candidat Macron, qui ne veut pas en entendre parler : « Il

1. Emmanuel Macron, *Révolution*, *op.cit.*, p. 251.

avait décidé que l'héritage était un sujet tabou, et qu'il n'y toucherait pas[1]. »

Il n'y a rien d'étonnant à ce que Macron se soit trouvé confronté peu après à un mouvement social d'une ampleur et d'une durée exceptionnelles, les gilets jaunes, qui a évoqué chez beaucoup les sans-culottes de la Révolution française, tant il a cyniquement affirmé des principes et pris des décisions allant à l'encontre de la longue tradition égalitaire française depuis 1789. À l'égard de cette exigence pluriséculaire de davantage d'égalité, il a répondu avec mépris et sarcasme, considérant qu'y céder revenait à avoir Cuba sans le soleil. Il enterrait ainsi la grande promesse égalitaire de la Révolution française qui avait mis au frontispice de la République le terme d'égalité au centre de son triptyque : « Liberté, égalité, fraternité. » Certes, ce rêve égalitaire n'a pas eu des effets immédiats ; si l'on a bien rompu en 1789 avec l'organisation tripartite d'une société favorisant la noblesse et le clergé aux dépens du tiers état, la Révolution a renforcé et sacralisé la propriété et les propriétaires. D'où ce que Thomas Piketty appelle une dérive propriétariste qui va dominer au XIXe siècle et qui a conduit à cette situation parisienne très inégalitaire en 1914 où 1 % des plus riches possèdent 65 % des propriétés.

Thomas Piketty montre bien que ce sont les crises, les mobilisations sociales, les contestations, les grèves qui ont permis le développement de l'État social. Au XIXe siècle, le pouvoir social de l'État était encore très limité, réduit pour l'essentiel à des fonctions de maintien de l'ordre. Il faut attendre la loi du 15 juillet 1914 pour que l'État français institue un impôt sur le revenu dans la situation d'urgence

1. Marie Tanguy, *Confusions*, *op. cit.*, p. 31.

de la Grande Guerre. La montée en puissance des dépenses sociales date surtout de l'après-Seconde Guerre mondiale autour de l'État providence, vecteur de la reconstruction. Entre 1968 et 1983, on assiste à une forte remontée des bas salaires, à la suite de l'explosion sociale de Mai 1968 et grâce à un mouvement social vigilant qui a su imposer aux gouvernements successifs des améliorations des conditions d'existence des salariés du bas de l'échelle.

En 2017, la référence à la fracture sociale divisant les Français était déjà un thème bien connu : il avait même été au cœur de la campagne présidentielle de Jacques Chirac. En 2005, cette fracture flagrante a provoqué dans les banlieues des insurrections marquées par des affrontements particulièrement violents et répétés entre les jeunes et les policiers[1]. Elles ont eu la particularité de s'étendre un peu partout en France à partir de la mort de deux adolescents, le 25 octobre à Clichy-sous-Bois, qui a d'abord mis le feu aux poudres de toute la Seine-Saint-Denis. L'autre singularité a été la longueur de ces troubles : trois semaines qui ont conduit le gouvernement à décréter un état d'urgence prolongé pendant trois mois. Ces émeutes ont été le point de paroxysme de nombreux accès de violence qui se sont manifestés en banlieue comme autant de coups de semonce : Vaulx-en-Velin et Vénissieux dans les années 1970, Grigny, Strasbourg, Chanteloup-les-Vignes, Dammarie-les-Lys, Toulouse, Vauvert...

L'absence de réponse sérieuse à ces accès de fièvre, si ce n'est la traditionnelle riposte répressive, n'a fait qu'accentuer

1. Voir le film de Ladj Ly, *365 jours à Clichy-Montfermeil*, 2006 ; et le documentaire de Benoît Grimont, Samuel Luret et Marwan Mohammed, *La Tentation de l'émeute*, 2010.

le potentiel explosif. Ces zones laissées en friche suscitent la désespérance et la conviction des jeunes de ces quartiers qu'ils peuvent s'ériger en pouvoir de substitution d'un État défaillant :

> On se trouve ainsi dans une situation de brutalisation des rapports sociaux, faute de relais et de canaux de discussion, de négociation, de représentation, d'interpellation, d'expression[1].

Tous ces spasmes sont autant de symptômes d'une politique d'abandon qui a conduit à la ghettoïsation de ces lieux périphériques où ont prospéré, faute d'intégration, des rêves de séparatisme social, de haine de l'autre, de racisation, de radicalisations religieuses et de replis identitaires.

À cette jeunesse exclue, Macron, conscient du problème, a proposé de devenir entrepreneurs, de porter des projets pour s'intégrer dans la société de consommation. Diffusant un credo méritocratique, il a réussi à séduire dans un premier temps des jeunes à qui on a fait miroiter qu'il suffisait d'y croire pour arriver à réaliser son rêve. La déception et la colère d'avoir été dupés ont évidemment pris le relais face à la confrontation avec le réel, sauf pour quelques miraculés.

Ayant promis au cours de sa campagne électorale de lutter contre l'assignation à résidence, Macron a demandé à l'ancien ministre de la Ville, Jean-Louis Borloo, de réaliser un rapport sur les banlieues, qu'il lui remet en avril 2018, après six mois d'enquête. Salué comme très solide et prévoyant un ambitieux programme de 5 milliards d'investissement, le rapport commence par affirmer que : « L'heure

---

1. Erwan Ruty, « Les banlieues, laboratoires politiques de la France », *Esprit*, octobre 2019, p. 107.

n'est plus aux rapports d'experts, l'heure est à l'action. » Coup de théâtre, Macron, devant Borloo et son ministre de la Ville Julien Denormandie déconfits, déclare le 22 mai : « Ça n'aurait aucun sens que deux mâles blancs ne vivant pas dans ces quartiers s'échangent un rapport ! » Mis à part quelques mesures homéopathiques, voilà un des espoirs de changement brutalement enterré. Macron avait pourtant été lucide et même prophétique dans *Révolution* lorsqu'il pointait les dangers de la juxtaposition dans un même espace urbain de quartiers richement dotés et de ghettoïsation à leur périphérie :

> Aujourd'hui, dans nos grandes métropoles, on est trop souvent dans un côte-à-côte qui demain, on le sait, pourrait, si nous ne faisons rien, se transformer en face-à-face[1].

Le rapport Borloo ayant été écarté sitôt communiqué, Macron s'est une nouvelle fois comporté de manière incroyablement autoritaire, ce qui permet à Gérard Davet et Fabrice Lhomme d'affirmer que « ce "nouveau monde", c'est d'abord le royaume d'un monarque[2] ».

Le résultat de cette attitude est l'aggravation de la situation des banlieues et le dépérissement de certains quartiers paupérisés abandonnés à la misère et au trafic de drogue. C'est le cas de manière paroxystique dans certains quartiers de Marseille, comme le souligne avec force le film de Cédric Jimenez, *BAC Nord*, sorti sur les écrans en septembre 2021, au moment même où l'on apprenait la mort de trois jeunes tués dans des règlements de comptes sur fond de trafic de drogue dans la nuit du 21 au 22 août, faisant suite au

1. Emmanuel Macron, *Révolution*, *op. cit.*, p. 155.
2. Gérard Davet, Fabrice Lhomme, *Le Traître et le néant*, *op.cit.*, p. 329.

décès d'un jeune de 14 ans tué au fusil d'assaut à l'entrée de la cité des Marronniers dans le 14e arrondissement de Marseille. On compte à la fin de l'été une quinzaine de morts depuis janvier dans la cité phocéenne en liaison avec le trafic de stupéfiants.

Devant la gravité de la situation, et faute d'avoir prévenu le pire, il ne reste plus qu'à colmater ici et là de manière insuffisante. C'est ce que fait Macron début septembre en se rendant à Marseille pour annoncer un plan sanitaire d'urgence de 169 millions d'euros qui doit notamment servir à réhabiliter l'hôpital de la Timone. Quant aux 174 écoles nécessitant des plans de rénovation lourds, du fait de leur infestation par les rats et les punaises de lit, des infiltrations d'eau et de l'exiguïté des locaux, elles n'auront que de vagues promesses, alors que la mairie chiffre à 1,2 milliard d'euros leur nécessaire réhabilitation.

À ces fractures urbaines, il faut ajouter les fractures territoriales affectant aussi bien le périurbain provincial que le monde rural, dont Macron était conscient ; il a consacré un chapitre entier de son livre de campagne, *Révolution*, à la nécessité de réconcilier *les* France :

> Pour la dizaine de départements ruraux qui chaque année perdent des habitants, je souhaite aussi une approche différenciée. Ils ont trop attendu[1].

Niels Planel, auteur d'un ouvrage sur la réduction des inégalités[2], a enquêté dans une grande circonscription de la France profonde, la haute Côte-d'Or, s'entretenant avec tous les corps de métier et les élus locaux, les jeunes comme

1. Emmanuel Macron, *Révolution*, *op. cit.*, p. 163.
2. Niels Planel, *Abolir l'inégalité. Trois propositions radicales*, Librio, 2019.

les vieux, les agriculteurs comme les ouvriers et employés perdus au milieu des vastes champs de colza. Faisant le constat de l'extinction de l'activité industrielle, de la fermeture des services publics et d'une désertification progressive et inexorable, il prend conscience de l'ampleur de la crise :

> J'ai d'abord été marqué par la sourde colère des gens. J'ai perçu une détresse sociale sans fond, un grave désœuvrement, surtout chez les plus jeunes[1].

Faute d'emplois, les jeunes quittent la région, et la traduction politique de cette désespérance est la montée en flèche du Front national sur fond de disparition des partis politiques de gauche. Alors qu'une des personnalités de premier plan dit à Niels Planel que les gens doivent se prendre en main, on se demande bien comment :

> Dans le département, les 10 % les plus pauvres vivent avec près de 700 euros par mois. À Montbard et Châtillon, près du quart de la population a de faibles revenus[2].

Le sociologue Nicolas Renahy avait déjà enquêté sur cette disparition du patronat paternaliste de Bourgogne faisant vivre toute une région autour de l'activité de l'usine. Il y décrivait l'univers autarcique d'autrefois :

> Des rapports de domination personnalisés entre ouvriers et patrons ; un accès familier des jeunes au marché du travail sitôt passé le certificat d'études ; la stabilité d'une classe ouvrière rurale presque assurée pendant un temps de pouvoir repousser les incertitudes du lendemain[3].

1. Niels Planel, « La fracture territoriale », *Le Débat*, 2019, n° 206, p. 93.
2. *Ibid.*, p. 95.
3. Nicolas Renahy, *Les Gars du coin. Enquête sur une jeunesse rurale*, « La Découverte / Poche », 2010, p. 33-34.

Cette opacification de tout avenir, conjuguée au processus de désertification, a pour effet une montée en puissance de l'extrême droite comme mode d'expression du ressentiment :

> C'est dans des villages sans histoires que le RN fait des scores incroyables, comme à Balot, collection de pavillons sages du nord de la Côte-d'Or, qui a voté à 79 % pour Le Pen au second tour en 2017. Un acteur local impliqué dans la lutte contre la pauvreté me confiera que, dans le système concurrentiel actuel, alourdi par la peur du déclassement, chacun se voit comme un « ennemi » de l'autre[1].

Si la situation des banlieues et celle du monde rural sont très contrastées, un vif ressentiment à l'égard des pouvoirs publics leur est commun.

Favoriser les plus riches

Une fois au pouvoir, confronté à l'urgence sociale, Macron a pourtant délaissé l'horizon tracé dans *Révolution*. Ayant pris des mesures qui ont fait de lui un chef d'État qualifié de « président des riches », il est perçu comme tel par l'opinion publique : selon un sondage Odoxa réalisé en mai 2018, 72 % des Français estiment que cette qualification que lui prêtent ses adversaires lui va plutôt bien. Roland Cayrol communique les chiffres de l'OFCE, le laboratoire d'analyse économique de sciences politiques, édifiants :

> À eux seuls, les 2 % les plus riches capteront 42 % des gains à attendre de la mise en place des mesures[2].

1. Niels Planel, « La fracture territoriale », *art. cit.*, p. 98.
2. Roland Cayrol, *Le Président sur la corde raide. Les enjeux du macronisme*, Calmann-Lévy, 2019, p. 87.

Selon le classement réalisé par Bloomberg, ceux qui ont le plus bénéficié de la politique initiée par Macron sont les milliardaires, et d'après le Crédit suisse, le nombre de millionnaires dans l'hexagone a connu en 2018 une hausse de 192 000 pour dépasser 2 millions :

> La cause est entendue : les chiffres sont là, il est clair que la politique macronienne (fiscale et budgétaire) a avantagé les plus aisés de la population française. Les plus riches[1].

Incarnant dans sa fonction l'unité de la nation, Macron a fait ce choix en connaissance de cause, au nom de l'intérêt de tous, pour alimenter une politique de la relance. Pour ce faire, il a pris des mesures pour convaincre les investisseurs que la France était un terrain propice, un lieu profitable, espérant ainsi relancer l'activité économique, créer de l'emploi et, par la théorie du ruissellement, en faire bénéficier l'ensemble de la population. Cette politique n'était en rien novatrice ; elle n'était que la traduction française de la politique néolibérale en vogue depuis les années 1980.

Macron met en place une série de cercles de technocrates qui vont élaborer son programme économique. Dès juillet 2016, il constitue autour de lui une première cellule restreinte d'experts composée de ses collaborateurs de Bercy : Alexis Kohler, ancien de la direction du Trésor ; Thomas Cazenave, inspecteur des finances ; Clément Beaune, énarque ; et Quentin Lafay, jeune normalien ; auxquels s'ajoutent Xavier Piechaczyk, ancien ingénieur des Ponts ; Didier Casas, énarque, cadre de Bouygues Telecom ; et Laurent Bigorgne, directeur de l'Institut Montaigne créé par le fondateur du groupe Axa Claude

1. *Ibid.*, p. 88.

Bébéar, qui a ouvertement pris position pour Sarkozy en 2012.

Les notes de l'Institut Montaigne circulent dans la haute administration. Frank Morel, membre de cet Institut, conseiller d'Édouard Philippe à Matignon de 2017 à 2020, a été invité par la ministre du Travail Élisabeth Borne, et inspire largement l'annonce le 26 octobre 2020 d'une nouvelle offre de formation professionnelle financée par l'État à hauteur de 45 % [1]. Son directeur, Laurent Bigorgne, est un proche de Macron qui a même souhaité en faire le délégué général de son mouvement En Marche ! Les deux vice-présidents de l'Institut Montaigne sont aussi des proches de Macron : David Azéma et Jean-Dominique Sénard qui a été mis à la tête de Renault après l'affaire Carlos Ghosn. Cet Institut, qui emploie une trentaine de personnes, est même devenu le substitut du mouvement LREM « incapable d'avoir une idée depuis 2017 [2] ». Ce constat éclaire les choix stratégiques de l'Élysée, et on voit mal ce club endogame, financé par le CAC 40, aller à l'encontre des logiques capitalistiques.

Rejoints par d'autres cercles du même type, ces experts se mettent au travail et finalisent leur programme en décembre 2016, se donnant deux priorités : diminuer la fiscalité du capital jugée trop lourde, dissuasive et stigmatisée comme une exception française qui plombe la croissance du pays dans sa concurrence avec les autres pays de l'OCDE, et orienter les investissements par des mesures

1. Jérôme Lefilliâtre, « Institut Montaigne. La think planque de la Macronie », *Libération*, 11 janvier 2021.
2. *Ibid.*

incitatives vers des secteurs de pointe, certes à risques, mais plus prometteurs pour l'avenir :

> En décembre 2016, l'essentiel des propositions sont préarbitrées : à côté d'autres chantiers plus ou moins connexes (révision des taxes locales, approfondissement de la fiscalité environnementale, bascule des cotisations sociales sur des assiettes fiscales), une série de mesures est supposée permettre d'aménager un cadre plus favorable au capital tant des entreprises que des ménages : la conversion du crédit d'impôt pour la compétitivité et l'emploi (CICE) en baisse pérenne de cotisations a été validée, le prélèvement forfaitaire unifié (PFU) a été calibré, et le principe de soustraire les valeurs mobilières de l'impôt sur la fortune (ISF) a été entériné[1].

Fin 2016, le programme est donc ficelé, ce qui n'empêche pas Macron de déclarer sur les ondes d'RTL, le 1er décembre 2016, qu'il n'en a pas, son mouvement étant à l'écoute des vœux des Français. Et d'ajouter : « Je suis désolé de vous le dire, mais on se fout des programmes[2] ! »

La mesure la plus symbolique est la suppression de l'impôt de solidarité sur la fortune (l'ISF), Macron et son gouvernement précisant que l'exonération concerne seulement le capital mobilier de ces grosses fortunes, et non la rente immobilière. L'argument pèse de peu de poids, puisque les plus riches patrimoines sont composés à 90 % de produits financiers, qui bénéficient donc de cette dispense. Cette mesure représente pour l'État une perte de rentrées évaluée à 5,4 milliards d'euros pour l'année 2017, à laquelle il faut

1. Rafaël Cos, « De la dénégation du programme à la baisse de la fiscalité du capital », dans Bernard Dolez *et alii* (dir.), *L'Entreprise Macron*, *op. cit.*, p. 49.
2. Emmanuel Macron, *RTL*, 1er décembre 2016.

ajouter un effet pervers dû à l'effondrement des dons aux associations caritatives, qui étaient déductibles de l'ISF. *Le Monde* note que les dons à la Fondation de France ont diminué de 40 % et ceux des Apprentis d'Auteuil de 60 %.

Moins connu du grand public et accentuant encore les mesures inégalitaires, un prélèvement forfaitaire unique sur les revenus du capital (Flat Tax) a été mis en place par Macron, venant se substituer à la déclaration des intérêts perçus par les actionnaires qui s'ajoutaient à leurs revenus et permettaient de taxer les plus riches contribuables à un taux plus élevé : 45 % pour la fraction de leurs revenus supérieure à 156 244 euros, contre 14 % pour la fraction de revenu comprise entre 9 964 et 27 519 euros pour les contribuables les plus modestes. La Flat Tax substitue à cette progressivité un impôt à taux unique :

> Que vous soyez Bernard Arnault ou Xavier Mathieu, ce que vous rapportent vos placements financiers (pour peu que vous en ayez) est désormais imposé à même hauteur[1].

De plus, le couple de sociologues Michel Pinçon et Monique Pinçon-Charlot fait remarquer que, contrairement à ce que disent les discours officiels, le capital n'est pas forfaitairement taxé de 30 %, car ce chiffre comporte le prélèvement social, la contribution additionnelle de solidarité pour l'autonomie et le prélèvement de solidarité. Si on retire ces sommes, il ne reste plus qu'un impôt forfaitaire de 12,8 %.

Toujours dans la même logique, Macron a l'intention de baisser l'impôt sur les sociétés de 33,3 % à 25 % d'ici la fin de son quinquennat, ce qui représente une perte dans les

1. Michel Pinçon et Monique Pinçon-Charlot, *Le Président des ultra-riches*, Zones, 2019, p. 25.

rentrées de l'État d'un montant de 11 milliards d'euros[1]. La mesure que Macron croit depuis longtemps fondamentale pour l'aide à l'investissement envers les entreprises, qu'il avait dès 2013 conseillé d'adopter sous la présidence de Hollande, est le crédit d'impôt pour la compétitivité et l'emploi (le CICE), qui consiste en « un crédit d'impôt pour les sociétés égal à 6 % de la masse salariale de l'entreprise pour tous les salaires inférieurs à 2,5 Smic. Ce rabais représente au total un coût de près de 100 milliards d'euros pour l'État depuis 2013 – soit 20 milliards d'euros en moyenne chaque année[2] ».

Selon Thomas Piketty, l'impôt le plus injuste est la taxe foncière, qui met sur le même plan le propriétaire endetté peinant à rembourser les crédits qui lui ont été accordés pour l'achat de sa maison et le milliardaire pour lequel cette taxe est insignifiante. Cette taxe, qui augmente chaque année, finit par rapporter à l'État la coquette somme de 40 milliards d'euros.

Dans le même temps, il est décidé de diminuer de 50 euros l'aide personnalisée au logement (APL), ce qui permet de réduire l'aide de l'État de 1,7 milliard d'euros et de mettre en scène la remise en cause de cette politique de protection sociale. Le 12 juin 2018 est diffusée une vidéo où on voit Macron prononcer en petit comité la formule devenue fameuse :

> On met un pognon de dingue dans les minima sociaux. [...] On met trop de pognon, on déresponsabilise et on est dans le curatif.

---

1. Willima Plummer, « Impôt sur les sociétés : une baisse de 11 milliards d'euros d'ici 2022 », *Le Figaro*, 30 août 2017.
2. Michel Pinçon et Monique Pinçon-Charlot, *Le Président des ultra-riches*, *op. cit.*, p. 29.

Par la suite, au moment de la pandémie, Macron s'engage à ne pas augmenter les impôts. Mais cet engagement masque une réalité tout autre : l'augmentation effective des impôts par le biais de la Contribution pour le remboursement de la dette sociale (la CRDS), impôt créé en 1996 pour combler le trou de la Sécurité sociale, prélevé sur tous les salaires, qui a été prolongé pour dix ans.

Ces choix surprennent jusqu'aux économistes qui ont élaboré le plan économique du candidat Macron. Un an après son entrée en fonction, les économistes Philippe Aghion, Jean Pisani-Ferry et Philippe Martin rédigent une note confidentielle, datée du 4 juin 2018, dans laquelle ils s'alarment de « l'image d'un pouvoir indifférent à la question sociale » et rappellent au président qu'il « faut aussi protéger » :

> Dans un entretien publié le 30 mai par *Alternatives économiques*, M. Aghion avait déclaré que « le compte n'y [était] pas » et exprimé ses craintes que le macronisme ne se transforme en « néogiscardisme »[1].

Ces économistes, pourtant macroniens de la première heure, préconisent « une taxation plus lourde des très grosses successions », et conseillent au chef de l'État de « différer » sa promesse de supprimer la taxe d'habitation des 20 % des Français les plus aisés. Dans le programme de Macron, un volet social préparé par ses conseillers économistes, présenté en septembre 2018 comme un plan de lutte contre la pauvreté, ne remet nullement en cause les écarts de revenus et se présente comme un plan à long

1. Cédric Pietralunga, « Le plaidoyer inquiet des proches de Macron », *Le Monde*, 11 juin 2018.

terme dont l'agenda de réalisation reste opaque. Ce plan se limite par ailleurs à certaines catégories : la petite enfance, la jeunesse et les minima sociaux.

Quant aux Économistes atterrés qui critiquent le modèle standard, ils jugent sévèrement ce qu'ils appellent « le mauvais tournant » opéré par Macron[1]. Ils perçoivent dans la stratégie économique du nouveau président l'amplification d'une politique inégalitaire, contre-productive et irresponsable qui favorise les riches, alors que ce modèle a fait la preuve qu'il ne fonctionne pas. Pour ces économistes, le plan de Macron visant à supprimer 50 000 postes dans la fonction publique d'État et 70 000 dans la fonction publique territoriale est une absurdité, car la finance publique soutient la finance privée. De plus, ces fonctionnaires d'État sont pour l'essentiel employés dans l'éducation, la police, l'armée, la justice, la santé, autant de secteurs qui crient misère et sont plutôt en manque de personnel. Le prétexte invoqué d'effectifs pléthoriques est erroné, d'autant que le pourcentage de ces fonctionnaires d'État dans la richesse produite n'a pas bougé depuis une trentaine d'années – autour de 17 % :

> Le tournant actuel n'est rendu possible que par l'affaiblissement idéologique des classes populaires du fait de la désindustrialisation et de leur ethnicisation[2].

Les résultats de la politique économique et sociale de Macron sont là : elle a permis l'enrichissement des plus

1. Christophe Ramaux et neuf autres membres des Économistes atterrés, *Macron. Un mauvais tournant*, Les Liens qui libèrent, 2018.
2. *Ibid.*, p. 222.

riches et aggravé les inégalités sociales. La publication le 27 avril 2021 du rapport de l'Observatoire des multinationales est édifiante. Les plus grandes entreprises du CAC 40 ont passé la crise sanitaire en reversant 140 % de leurs profits annuels à leurs actionnaires, en puisant d'une part dans leur trésorerie compte tenu du ralentissement de l'activité, mais surtout grâce aux aides de l'État qui se sont élevées à 51 milliards d'euros, soit 22 % de plus que l'année précédente. Ces aides sans contrepartie ont bénéficié aux plus grands groupes : Total arrive en tête avec 7,6 milliards, puis Sanofi avec 4,8 milliards, Axa avec 3,7 milliards et LVMH avec 3 milliards d'euros.

La stratégie sociale pour faire émerger une catégorie de privilégiés qui puissent intérioriser leur position dominante est encouragée par une technique de management généralisée à toutes les activités et à toutes les institutions publiques et privées. Johann Chapoutot a publié une étude sur ces techniques, qu'il retrouve dans la manière dont les nazis ont dirigé leur économie, sans faire, contrairement à ce que certains mauvais esprits ont insinué, de confusion entre la démocratie libérale et le national-socialisme[1]. Il revisite les écrits des théoriciens nazis du management qui, pour beaucoup, verront leurs thèses toujours en vogue dans l'après-guerre en RFA. Il en est ainsi du juriste Reinhard Höhn, haut dignitaire nazi, général SS, devenu dans les années 1950-1960 auteur de toute une série de guides de management devenus des best-sellers, comme son ouvrage, *Le Pain quotidien du management*, vendu à plusieurs centaines de milliers

1. Johann Chapoutot, *Libres d'obéir. Le management du nazisme à aujourd'hui*, Gallimard, 2020.

d'exemplaires. Il y défend un darwinisme social et prêche l'adaptation nécessaire des individus aux impératifs de la rentabilité. Pour Reinhard Höhn, la vie n'est que plasticité, flexibilité, adaptabilité. Qui ne change pas, qui ne s'adapte pas, disparaît, comme toute espèce devenue inapte à la survie dans un environnement donné. Employé en 1954 par un think tank patronal, il lance en 1956 l'école des cadres de Bad Harzburg, qui formera quelque 500 000 cadres jusqu'à sa mort en 2000.

Cette idéologie du management, qui met en avant des valeurs d'émancipation comme celle de liberté, d'autonomie, de concertation, ne fait en réalité que redéployer la division entre décideurs et exécutants sous un voile pudique. Au chef revient, comme toujours, souligne Johann Chapoutot, la responsabilité de commander et, désormais, de contrôler et d'évaluer. À l'exécutant incombe la responsabilité d'agir et de réussir dans la bonne humeur :

> Le bien-être, sinon la joie, étant des facteurs de performance et des conditions d'une productivité optimale, il est indispensable d'y veiller[1].

Johann Chapoutot montre comment LREM est l'héritière de cette culture du management. Le gouvernement a nommé le député LREM du Nord Laurent Pietraszewski comme secrétaire d'État chargé des Retraites auprès de la ministre du Travail. Formé dans une grande école de management, il a à son actif un haut fait d'efficacité, et de brutalité, dans sa pratique managériale, qui date d'août 2017. Responsable des ressources humaines à Auchan, il avait mis à pied une caissière accusée d'une erreur de 80 centimes et d'un pain au

1. *Ibid.*, p. 74.

chocolat donné à une personne ! Cet acte héroïque demandait récompense et reconnaissance de l'État. Le cinéma a d'ailleurs représenté ce totalitarisme du quotidien avec le film de Stéphane Brizé dans lequel Vincent Lindon joue le rôle principal, *La Loi du marché*. À l'horizon de ces techniques, on retrouve le néodarwinisme des néolibéraux.

La démonstration de Chapoutot ne prétend pas établir une filiation généalogique, mais la pertinence de rapprochements analogiques entre les deux périodes. Elle confirme l'analyse de Barbara Stiegler sur la combinatoire entre une marchandisation généralisée selon la liberté de la loi du marché et une présence forte de l'État, y compris sous son visage le plus répressif, dans la perspective de protéger le marché. L'État orchestre l'hyperindividualisme selon lequel la concurrence acharnée de tous contre tous, présentée sous des noms enchanteurs comme celui de *Happiness Manager* (responsable du bonheur), fait prévaloir l'initiative personnelle, le projet individuel qui doit correspondre à la réalisation de son bonheur au travail.

On transforme le cadre de l'entreprise, on l'extrait de son passé poussiéreux et austère pour en faire un espace ludique. On favorise les échanges dans les *open spaces*. On organise des séjours *all inclusive* dans des hôtels de luxe, on lance des jeux-concours à la Guy Lux d'une autre époque, on arbitre des tournois de baby-foot. Tous ces divertissements servent *in fine* l'objectif de rationalisation de la production, d'accroissement de la productivité, de performance. Derrière la pseudo-humanisation des rapports sociaux dans l'entreprise, c'est le chiffre qui compte.

La révolte des invisibles

La révolte du mouvement dit des « gilets jaunes » a surpris tout le monde par sa démonstration de force dès le premier jour, avec près de 300 000 personnes manifestant sur les ronds-points, par la longueur de sa mobilisation, la violence des affrontements, sa popularité dans l'opinion, et le coup de génie de prendre pour uniforme un gilet rendu obligatoire et dont la fonction est de rendre visible la personne qui le porte. Comme tout événement, celui-ci n'était pas attendu, même si les conditions d'une explosion sociale étaient plus que remplies avec la politique de plus en plus clairement inégalitaire menée par le pouvoir. La poudre accumulée était bien là et une simple allumette a suffi pour embraser le pays pour de longs mois.

Le détonateur a été la taxe carbone touchant les véhicules diesel décidée en un moment où la hausse du prix du pétrole provoquait déjà celle de l'essence. Cette mesure, ajoutée à la limitation à 80 kilomètres-heure sur les routes, a été perçue comme une nouvelle injustice commise à l'encontre d'une classe moyenne en voie d'appauvrissement et en butte aux problèmes propres aux zones périurbaines. Dès mai 2018, une autoentrepreneuse de 32 ans, Priscillia Ludosky, vivant en Seine-et-Marne, lance une pétition : « Pour une baisse des prix du carburant à la pompe. » Elle relance en septembre sa pétition qui compte déjà 12 000 signatures le 21 octobre lorsqu'elle bénéficie d'un article dans l'édition de Seine-et-Marne du quotidien *Le Parisien* dans lequel elle déclare sentir « le ras-le-bol monter » :

> Trois jours après le papier du *Parisien*, la pétition grimpe à 300 000 signataires pour culminer à plus de 1 million.

> Peu après, un groupe Facebook appelle à une journée de mobilisation le 17 novembre[1].

Le point d'orgue de ces mobilisations des gilets jaunes descendant dans la rue tous les samedis est atteint le 2 décembre 2018, lorsque leur défilé s'en prend à la plus belle avenue du monde, les Champs-Élysées, saccageant les magasins et taguant l'Arc de triomphe, pendant que les black blocs et la police s'affrontent.

La fracture territoriale, fortement ressentie dans toute une France dite « périphérique », s'est transformée en terrain explosif à partir d'un objet particulièrement sensible, l'automobile, qui avait été analysé comme tel dans un ouvrage paru en septembre[2], soit juste avant l'acte I du mouvement des gilets jaunes (qui démarre le 17 novembre 2018) :

> C'est dans cette double brèche que s'est engouffrée une « révolte des carburants », comme il y a eu une « guerre des farines », qui, de proche en proche, au-delà de la contestation de mesures maladroites, en est venue à remettre en question, directement ou indirectement, le cours politique suivi depuis des décennies et le fonctionnement même des institutions[3].

Alors que le nouveau gouvernement prétendait mener une politique définie par les citoyens eux-mêmes au cours de la campagne électorale d'En Marche ! qui avait recueilli les doléances des électeurs dans tout le pays, l'exercice du

1. Cécile Amar et Cyril Graziani, *Le Peuple et le président*, Michel Lafon, 2019, p. 17.
2. Voir Éric Leser, *Automobile. France d'en haut contre France d'en bas*, Eyrolles, 2018.
3. Marcel Gauchet, « Le révélateur des ronds-points », *Le Débat*, 2019 / 2, n° 204, p. 54.

pouvoir et les décisions stratégiques ont vite démenti ce souci proclamé d'écoute. La réaction à cette contestation a confirmé la coupure entre le monde d'« en haut » et celui d'« en bas ». Le gouvernement a tardé à prendre la mesure de la contestation et n'a cédé à la revendication du retrait de la nouvelle taxe qu'avec beaucoup de retard, après une radicalisation du mouvement et des affrontements particulièrement violents. Devant ce mouvement de contestation de la taxe carbone d'emblée massif et largement soutenu par l'opinion publique, comme l'attestent les sondages, le président s'est réfugié dans le silence et son Premier ministre a conservé une attitude intransigeante :

> J'entends la souffrance, mais on va garder le cap[1].

Une dizaine de jours plus tard, en pleine radicalisation du mouvement, il réitère, comme pour attiser le feu :

> On va augmenter les taxes sur le carburant au 1er janvier [...]. Pas de coup de pouce du Smic sous peine de freiner la compétitivité[2].

Marcel Gauchet remarque :

> Ce gouvernement qui avait affiché sa volonté sociale de ne pas taxer le travail n'avait pas remarqué que sa mesure fiscale revenait, pour une bonne partie des actifs du pays, à taxer les moyens d'aller au travail[3].

Marcel Gauchet voit dans cette affaire une manifestation supplémentaire d'un amateurisme autoritaire qui caractérise

1. Édouard Philippe, *Journal de 20 heures*, France 2, 18 novembre 2018.
2. Édouard Philippe, BFMTV / RMC, 28 novembre 2018, en réponse aux questions de Jean-Jacques Bourdin.
3. Marcel Gauchet, « Le révélateur des ronds-points », *op. cit.*, p. 54.

une politique gouvernementale marquée du sceau de ses incohérences :

> Pourquoi pénaliser les automobilistes quand on se réjouit haut et fort par ailleurs de la croissance soutenue du transport aérien ? La mondialisation, c'est le transport, c'est le kérosène des avions et le fuel lourd des porte-conteneurs. Que représentent les modestes trajets quotidiens domicile-travail à l'échelle d'un pays[1] ?

Un des ferments de cette révolte a aussi été le mépris affiché, ou tout au moins ressenti comme tel, du chef d'État pour la France d'« en bas ». Le florilège des phrases qui lui ont échappé est devenu aussi légendaire que la réponse – apocryphe, elle – de Marie-Antoinette aux revendications du peuple réclamant du pain : « Ils n'ont plus de pain, qu'ils mangent de la brioche. » Dans la société médiatique de la modernité, tout ce qui se dit est enregistré et tourne en boucle sur les réseaux sociaux. Ces petites phrases sont restées comme autant de preuves d'un mépris de classe et ont cristallisé une opposition qui s'est parfois muée en haine d'autant plus personnelle que le pouvoir se veut jupitérien.

Rappelons quelques fleurons restés enkystés dans la mémoire collective. Le 7 septembre 2014, alors ministre de l'Économie, Macron déclare sur Europe 1, à propos des ouvrières licenciées des abattoirs de la société Gad à Lampaul-Guimiliau dans le Finistère :

> Il y a dans cette société une majorité de femmes, pour beaucoup illettrées. [...] Ces gens-là n'ont pas le permis de conduire. On va leur dire quoi ?

1. *Ibid.*, p. 55.

Le 20 janvier 2016, Macron assure, en tant que ministre de l'Économie :

> La vie d'un entrepreneur est bien souvent plus dure que celle d'un salarié. Il ne faut jamais l'oublier. Il peut tout perdre, lui, et il a moins de garanties.

Le 27 mai 2016, il se retrouve face à deux grévistes qui l'interpellent dans les rues de Lunel (Hérault) et leur lance :

> Vous n'allez pas me faire peur avec votre tee-shirt. La meilleure façon de se payer un costard, c'est de travailler.

Le 29 juin 2017, il déclare :

> Une gare, c'est un lieu où on croise des gens qui réussissent et des gens qui ne sont rien.

À l'automne, le 8 septembre 2017, il réagit vigoureusement depuis Athènes au mouvement social en cours en France, avertissant les contestataires :

> Je ne céderai rien, ni aux fainéants, ni aux cyniques, ni aux extrêmes.

Le 4 octobre 2017, alors que son déplacement à Égletons en Corrèze est perturbé par d'anciens licenciés de l'usine GM&S en colère, il revient à la charge :

> Certains, au lieu de foutre le bordel, feraient mieux d'aller regarder s'ils ne peuvent pas avoir des postes là-bas, parce qu'il y en a qui ont les qualifications pour le faire et ce n'est pas loin de chez eux.

Le 16 septembre 2018, à l'occasion des Journées du patrimoine, un jeune horticulteur au chômage interpelle le président à l'Élysée pour se plaindre de ne pas trouver de travail. Ce dernier lui répond :

> Si vous êtes prêt et motivé, dans l'hôtellerie, le café, la restauration, dans le bâtiment, il n'y a pas un endroit où je vais où ils ne me disent pas qu'ils cherchent des gens. Pas un !

Et lui précise qu'il lui suffit « de traverser la rue » pour trouver un emploi.

On s'est beaucoup interrogé sur ces saillies provocatrices. Attestent-elles la part masquée d'un président cultivé qui n'aurait que mépris pour tous ceux qui n'auraient pas suivi un cursus d'excellence ? Nicolas Domenach et Maurice Szafran avancent une autre hypothèse plus convaincante pour qui a croisé Macron et sait qu'il a un sens inné de l'humour. Ils rappellent que Macron apprécie fortement les dialogues de Michel Audiard, et que *Les Tontons Flingueurs* est un de ses films préférés, avec ses répliques qu'il aime à reprendre : « On n'est pas là pour beurrer les tartines. » « Les cons ça ose tout, c'est même à ça qu'on les reconnaît. » « Je ne parle pas aux cons, ça les instruit. » « On est gouvernés par des lascars qui fixent le prix de la betterave et qui ne seraient seulement pas foutus de faire pousser des radis… » Certes, ces citations culte et drôles ne sont pas neutres sur le plan idéologique. Elles comportent une bonne dose d'idéologie droitière contre ce qu'Audiard appelle les « professionnels du désordre », les grévistes, les syndicalistes :

> Si ce n'est pas Audiard, qu'est-ce qui explique ses rituelles sorties de route ? Voilà un président policé et cultivé comme un jardin à la française, qui maîtrise la langue mieux que quiconque, qui pèse au trébuchet ses mots, leur portée, leur

> distinction, qui lèche ses discours et les pourlèche avec le renfort lyrique de Sylvain Fort[1].

Ce type de répliques a valu au président d'inspirer une détestation particulièrement virulente qui a parfois frôlé le dérapage dans la violence, comme en ce 5 décembre 2018, lorsque le convoi présidentiel a dû filer vers l'aéroport après avoir exfiltré du Puy-en-Velay le président qui avait été mis en danger par la vindicte populaire. Macron, venu soutenir les agents de l'État de la préfecture du Puy-en-Velay qui avaient subi un incendie provoqué par les gilets jaunes, sortant de la préfecture, est violemment pris à partie, hué, conspué. Sa voiture est prise en chasse par les manifestants :

> Macron voulait créer de nouveaux héros, il se retrouve face à des zélotes. La République est malade de la *jaunisse*. Les haut gradés s'appellent et partagent leur inquiétude ; l'autorité vacille[2].

Beaucoup d'interprétations contradictoires ont été données du mouvement des gilets jaunes, qui a revêtu de nombreux visages, récusant toute forme d'organisation, ne se reconnaissant chez aucun porte-parole et privilégiant une démocratie directe et locale, ne facilitant pas la compréhension de la nature de ses revendications. On le connaît comme phénomène de contestation périurbain, mais il y a plusieurs périurbains : rural ou métropolitain, aisé et modeste. L'architecte urbaniste Philippe Genestier s'est rendu sur un rond-point de Seine-et-Marne où il a partagé la vie quotidienne des contestataires pour mieux

1. Nicolas Domenach, Maurice Szafran, *Le Tueur et le Poète*, Albin Michel, 2019, p. 252-253.
2. Michaël Darmon, *La politique est un métier*, *op. cit.*, p. 13.

comprendre leurs aspirations. Il a pu constater une évolution entre une première dimension de jacquerie antifiscale et un second temps, marqué à la fois par le rajeunissement des gilets jaunes et l'arrivée de retraités, plus politiques et portés vers une aspiration à l'autonomie. À tout moment, il a mesuré un sentiment très partagé de déclassement chez une population qui nourrit un ressentiment à l'égard des centres urbains concentrant les biens culturels et disposant de tous les investissements collectifs[1].

Ces contestataires du périurbain, qui vont très peu dans les salles de spectacle et n'utilisent pratiquement pas les transports en commun, voient d'un mauvais œil les lourds investissements pour les tramways qu'ils vivent comme des ponctions sur leur pouvoir d'achat. La surtaxe sur le diesel a été la goutte de trop :

> Les périurbains s'excluent et se sentent exclus de ce mode de vie et de ce rapport au monde hédoniste et fortement mercantilisé[2].

Ce monde périurbain, dont l'espace social s'étend généralement à la famille et caractérisé par la proximité géographique, a trouvé avec les ronds-points des occasions de convivialité heureuse. Le plaisir de se retrouver ensemble, tous ensemble, a fait contrepoids à l'évolution d'un modèle social de plus en plus fondé sur la déshumanisation et l'immatériel. La raréfaction des rapports humains, définie par le pouvoir comme l'horizon même de la modernité,

1. Voir Marie Cartier, Isabelle Coutant, Yasmine Siblot et Olivier Masclet, *La France des « petits moyens ». Enquête sur la banlieue pavillonnaire*, La Découverte, 2008.
2. Philippe Genestier, « Une question d'autonomie autant que d'automobile », *Le Débat*, 2019 / 2, n° 204, p. 28.

qui entraîne une désocialisation progressive, est ressentie douloureusement

> comme une grande souffrance par des millions de gens rendus inutiles, et elle participe de la dégradation des rapports sociaux au quotidien, en les rendant plus rudes, plus techniques, plus conflictuels et plus distants[1].

Cette solitude souvent liée à la précarité économique est le plus intensément vécue par des femmes qui élèvent seules leurs enfants et dont on a noté le nombre élevé sur les ronds-points. Elles attestent le nombre croissant des familles monoparentales : 23 % en 2018, contre 9 % en 1975. Ces mères compensent leur isolement dans Internet et les réseaux sociaux, mais ce recours est loin de combler leur attente de socialité et de rencontres :

> Internet s'impose comme « l'ami qui vous veut du bien ». Plus largement, cette solitude faussement colmatée par les artifices électroniques, c'est aussi ce qu'ont tenté d'enrayer des mères célibataires venues participer aux mobilisations des ronds-points[2].

La contestation ne faiblissant pas, contrairement à ce qu'espérait le pouvoir qui jouait la montre et son essoufflement, le président, ayant compris l'échec de sa stratégie d'usure devant un risque d'embrasement généralisé, prend la parole le 10 décembre. Il est suivi par 21 millions de téléspectateurs pour une allocution au cours de laquelle il déclare renoncer à la taxe carbone, augmenter la prime

1. Pierre Vermeren, « Le dévoilement d'une France inconnue », *Le Débat*, 2019 / 2, n° 204, p. 8.
2. Monique Dagnaud, « Femme seule avec enfants, héroïne (éphémère) des ronds-points », *Le Débat*, 2019 / 2, n° 204, p. 37.

d'activité, baisser la CSG pour les retraités les plus fragiles et accorder une prime spéciale aux entreprises, soit une dépense publique supplémentaire de 10 milliards d'euros pour retrouver la paix sociale.

Au mouvement des gilets jaunes succède une opposition massive à la réforme de la retraite. Derrière le discours faussement égalitariste proclamant la fin des régimes spéciaux dénoncés comme des niches protectrices et privilégiées, cette réforme de la retraite à points était loin d'aller dans le sens de la justice sociale : elle ne tenait pas compte de la pénibilité de l'emploi et pénalisait nombre de petits salariés. Pourtant favorable à une réforme du système des retraites, l'économiste Daniel Cohen explique :

> Quand vous expliquez à un enseignant que cela veut dire que sa retraite va perdre de 25 à 30 % de sa valeur, on ne voit pas le principe de justice qui peut être invoqué[1].

Les enseignants, entre autres, sont les grands perdants, dont la retraite est indexée sur le dernier salaire. Ce mouvement social paralyse le pays entre décembre 2019 et février 2020, du fait de la grève reconductible dans les transports, RATP et SNCF. Ces mois sont un temps fort de grandes manifestations syndicales réunissant autour des cheminots de nombreux enseignants, le personnel hospitalier, et de plus en plus de jeunes, étudiants et lycéens. Comme celui des gilets jaunes, ce mouvement social a bénéficié d'un assez large soutien de l'opinion publique, malgré les problèmes de circulation occasionnés par les grèves. D'après les sondages, en effet, il est appuyé tout

1. Daniel Cohen, *France Inter*, 11 décembre 2019.

au long de ces mois par 60 % des Français. Cependant, le gouvernement ignore ce front syndical du refus et engage sa responsabilité devant l'Assemblée nationale en faisant valider sa réforme de la retraite à points par le 49-3. Il aura fallu le séisme de la pandémie pour différer le processus de cette réforme passée au forceps.

Les voies du possible ou l'économie sociale récusée

La sociologue Dominique Méda soutient qu'une autre voie est possible[1]. Elle montre que la politique menée par Macron part d'une analyse erronée de la situation de crise traversée par le pays qui ne tient nullement au poids des cotisations sociales, mais à la série de politiques économiques conduites depuis 2008, qui sont des politiques déflationnistes d'austérité. Elle propose un plan d'investissement massif dans la transition écologique et sociale qui pourrait s'élever à 20 milliards d'euros par an. Elle met également en garde contre l'attitude qui consisterait à considérer la période de pandémie comme une simple parenthèse avant de relancer à tout prix la croissance pour retrouver le niveau de PIB antérieur, au risque de faire exploser le niveau de CO_2. Ce serait faire l'impasse sur les enseignements édifiants de cette période de pause imposée par le confinement.

Cette traversée peut être l'occasion d'une véritable prise de conscience de la nécessité d'une bifurcation radicale pour réaliser une reconversion écologique qui

1. Dominique Méda, *Une autre voie est possible*, Flammarion, 2019.

s'appuie sur un tout autre horizon d'attente, un autre imaginaire sociétal caractérisé par une extension du domaine du *care*, du prendre soin, à l'ensemble de la nature. Au PIB comme indicateur privilégié qui occulte les dégâts occasionnés par les diverses pollutions, il importe de substituer d'autres « baromètres » mesurant ce qui compte vraiment pour la société. Cela pourrait être l'indice de la santé sociale qui donnerait une représentation des inégalités sociales, ou encore l'empreinte carbone pour la préservation de la couche d'ozone. De ces nouveaux critères, Dominique Méda attend trois dividendes : la sauvegarde des conditions d'équilibre de l'écosystème, la création de nombreux nouveaux emplois, plus manuels, et de nouvelles organisations démocratiques du travail. Elle définit un horizon fondé sur une certaine sobriété dont elle sait qu'il va à l'encontre des logiques capitalistiques. Refusant de fétichiser la notion de croissance sans pour autant lui substituer celle de décroissance, elle suggère le concept de postcroissance pour signifier que ce n'est plus le problème fondamental de la bonne gestion politique.

C'est à une véritable et indispensable révolution intellectuelle qu'invite Dominique Méda, une révolution équivalente au passage du géocentrisme à l'héliocentrisme ; l'ensemble du modèle de développement est à reconsidérer en remettant en question le processus de mise en coupe réglée des ressources de la nature. Cet horizon nécessite de prendre des distances critiques à l'égard de toute la tradition philosophique occidentale, comme l'avait souligné Lynn T. White en décembre 1966 lors d'une conférence à Washington qu'il a publiée dans la revue *Science* en mars 1967. Dans cet article majeur et très discuté, republié récemment[1], Lynn T. White incrimine la responsabilité du judéo-christianisme et exhume la Genèse en rappelant que Dieu ordonne à l'homme d'assujettir la Terre et les autres espèces. Dieu ayant fait l'homme à son image, la transcendance qu'il en tire l'autorise à dominer et asservir la nature. La religion chrétienne en tant que religion anthropocentrique aurait été fondatrice de ce dualisme entre nature et culture aux conséquences désastreuses. Selon White, cette vision prométhéenne de l'homme, qui s'est trouvée justifiée sur le plan religieux, a été plus tard confortée par la rationalité avec les deux icônes de la modernité qu'ont été Descartes et Bacon, et encore intensifiée au XIXe siècle avec Hegel annonçant la fin de l'histoire lorsque l'homme aura totalement maîtrisé la nature. Quant à Marx, il inscrit le projet d'une société communiste dans la même perspective téléologique que Hegel. Ce n'est pas seulement un tournant qu'il faut opérer, mais la construction d'une nouvelle cosmologie.

L'analyse de Dominique Méda rejoint celle de Thomas Piketty pour lequel il est impératif de changer d'orientation et de définir d'autres priorités. Il faut préserver la planète et donc se soucier de l'environnement, du gaspillage, de l'isolement thermique, en se dotant d'une politique sociale qui réduit les inégalités, en se donnant pour objectif une politique de justice sociale. Pour cela, au contraire de la politique conduite par Macron, il faut demander davantage aux hauts revenus et aux patrimoines pour assurer une véritable redistribution sociale. C'était la voie empruntée depuis 1945, abandonnée dans les années 1980, et qu'il

1. Lynn Townsend White, *Les Racines historiques de notre crise écologique*, PUF, 2019.

convient de reprendre. Partant du flagrant fossé qui sépare ceux qui ont accaparé l'essentiel du patrimoine et ceux qui ne possèdent rien, Piketty suggère que les deux tiers de la population qui n'ont pas de patrimoine pourraient hériter de 120 000 euros et ceux qui devaient recevoir 1 million d'euros n'hériteraient que de 600 000 euros. Ce patrimoine redistribué permettrait en outre de redynamiser l'économie, de la remettre en mouvement. Selon Piketty, il faut refaire circuler la propriété ainsi que le pouvoir. Sur ce dernier plan, il préconise une meilleure représentation des salariés dans les entreprises en leur allouant la moitié des voix dans les conseils d'administration des grandes sociétés.

Contestant les thèses de l'économie standard, l'école de la régulation développe de tout autres thèses que le néolibéralisme dans une perspective keynésienne, en considérant la demande effective et en défendant une conception de la monnaie comme institution, ainsi qu'une conception du travail comme rapport et non comme marché. Prenant leurs distances avec les déterminismes mécaniques, ces économistes redonnent toute leur place aux institutions et à la variabilité des contextes historiques, en valorisant le rôle des relations intermédiaires. Cette démarche économique, que l'on retrouve chez Robert Boyer, Michel Aglietta, Hugues Bertrand, Benjamin Coriat Alain Lipietz, Jacques Mistral, Carlos Ominami ou Frédéric Lordon, a permis de réintégrer, dans l'horizon des analyses économiques, les rapports sociaux de production, les groupes sociaux, les agents économiques, les hommes qui sont en général envisagés comme de simples supports des modélisations structurelles[1]. Il s'agit

1. Voir Robert Boyer, *Théorie de la régulation. Une analyse critique*, La Découverte, 1986.

de découvrir ce qui fonde des situations stabilisées par le temps. À partir de cinq institutions retenues comme critères privilégiés d'étude (la monnaie, les formes de la concurrence, le rapport salarial, l'État, le mode d'insertion dans l'économie mondiale), tous aussi variables dans le temps et dans l'espace, les modes de régulation se combinent en régimes d'accumulation et définissent aussi des modes de développement spécifiques.

Dans sa volonté de saisir le jeu d'interaction entre l'économique et le social, en partant de situations concrètes, et en resituant ces dernières dans une perspective dynamique, la démarche est particulièrement ambitieuse. Un des champs revisités par les régulationnistes est celui de la monnaie, fétichisée dans le modèle standard et sous-estimée dans le marxisme :

> Dans l'échange marchand, dans le rapport salarial, c'est bien du temps de travail qu'il s'agit d'allouer, du surtravail qu'il s'agit d'arracher[1].

Michel Aglietta réalise un déplacement de la démarche pour saisir la monnaie non plus seulement comme un mode de régulation parmi d'autres, mais comme un phénomène irréductible dont on ne peut se passer :

> La science économique ne s'interroge pas sur la nature des phénomènes monétaires[2].

Il s'en prend au postulat dont il estime qu'il occulte le vécu de désordre, de violence, d'arbitraire, de pouvoir et de compromis institué par la monnaie : celui de la théorie

1. Alain Lipietz, *Le Monde enchanté. De la valeur à l'envol inflationniste*, La Découverte, 1983, p. 14-15.
2. Michel Aglietta, André Orléan, *La Violence de la monnaie*, PUF, 1982, p. 12.

de la valeur, avec ses deux variantes, la valeur d'usage et la valeur d'échange. C'est à partir de cette double insatisfaction que les régulationnistes ont ressenti la nécessité de construire une théorie qualitative de la monnaie, en un courant critique par rapport au court-termisme des politiques économiques qui comprend la colère exprimée par les gilets jaunes :

> Il faut aujourd'hui explorer un nouveau pacte social prenant en compte les questions environnementales. Cela appelle une intermédiation politique renouvelée dans ses modalités. Cependant, beaucoup d'hommes politiques ne semblent pas comprendre les enjeux actuels. Intellectuellement, nous sommes collectivement très en retard par rapport aux crises précédentes : dans les années 1930 fleurissaient utopies et projets de société. Aujourd'hui, seule l'économie verte fait figure d'utopie. Nous sommes aussi désarmés face aux crises qui se présentent, car manquent une totalisation de la connaissance et une perméabilité des champs disciplinaires. […] Les théories individualistes dominent et gagnent en influence, alors que les interdépendances ne cessent de se renforcer et d'être à l'origine d'effets qualifiés de « pervers »[1].

Les économistes de la régulation ont une vision globale de la société, mobilisent pour la penser les apports de toutes les sciences sociales et s'orientent même parfois vers la philosophie en donnant le primat à la réflexion conceptuelle. C'est le cas du groupe Alternative, composé d'anciens de Polytechnique qui, avec 150 inscrits, a créé plusieurs groupes de travail. Frédéric Lordon, qui a commencé par des modèles très formels et techniques et se tourne vers Spinoza pour penser une évolution économique et sociale

1. Robert Boyer, « Plan de survie », *Esprit*, mars 2020, p. 114.

qui sortirait de la logique capitaliste[1], évolue aussi dans ce sens, suggérant de prendre au sérieux la dimension anthropologique du néolibéralisme visant à changer l'homme pour contribuer à créer une « humanité efficace », selon l'idéal défini par Macron.

Pour sortir du dilemme entre le sentiment de la perte d'identité face à la globalisation et le déni des appartenances nationales, Lordon avance un concept qu'il juge plus adéquat, celui de corps, qu'il tire de la pensée de Spinoza introduisant une autre conception des regroupements identitaires. Il reprend à Spinoza une lecture du comportement humain selon laquelle les affects et les idées sont intriqués et donnent lieu à des atmosphères passionnelles. Il reconsidère alors le monde au prisme de la vie passionnelle individuelle et collective, partant du postulat que la défense des idées est portée par des intensités affectives, ce sur quoi Deleuze avait déjà mis l'accent avec la notion de flux.

Avec son concept d'*imperium*, Lordon entend comprendre ce qui fait tenir ensemble une masse d'individus différents ; il rejoint là encore Spinoza et sa conception du politique comme coalescence de puissances. À la base de cette dimension politique, on trouve le principe de consistance du collectif dans le social qui permet à des individus de tenir ensemble, tout en ne relevant pas du simple bon vouloir individuel.

---

1. Frédéric Lordon, *Imperium. Structures et affects des corps politiques*, La Fabrique, 2015.

6

De l'hospitalité au contrôle des frontières

L'ÉVÉNEMENT-RUPTURE pour moi dans la relation de confiance que j'ai pu avoir en la politique promue par Macron a eu lieu au moment où il a considéré qu'il fallait faire du dossier de l'immigration une priorité, qualifiant de « critique » la situation où en était arrivée la France. Dénonçant une forme de laxisme dans ce domaine qui aurait conduit à ouvrir trop grandes les portes d'accès à notre pays, il enfourche alors les thèmes brandis par le Rassemblement national faisant des immigrés les boucs émissaires de la crise traversée par le pays.

Le dossier « Immigrés » prioritaire : septembre 2019

Ce discours du chef d'État du 16 septembre 2019, en appelant à la nécessité d'un débat national sur l'immigration et à une réorientation politique, désigne en effet la population immigrée comme source des problèmes que rencontre la société française. Il révèle une prise de position aux antipodes de la pensée éthique et politique de Ricœur, qui affirmait le principe intangible de l'hospitalité. Au soir de sa vie, Ricœur a avancé le paradigme de la traduction en faisant droit, comme Jacques Derrida, à cette vertu de l'hospitalité, à l'« hospitalité langagière », où « le plaisir d'habiter la langue de l'autre est compensé par le plaisir de recevoir chez soi [...] la parole de l'étranger[1] ».

C'est dans le climat délétère d'intoxication sur le prétendu « grand remplacement », d'instrumentalisation des peurs, de repli sur soi attisé par la haine de l'autre (en Europe et en France), et dans la confusion entretenue par certains pour mieux désigner des boucs émissaires du malaise social et d'absence de devenir d'émancipation, que Macron affirme le 16 septembre 2019, devant sa majorité parlementaire, qu'il faut se préparer aux « défis qui font peur » et regarder la situation de l'immigration en face :

> La question est de savoir si nous voulons être un parti bourgeois ou pas. Les bourgeois n'ont pas de problèmes avec ça [l'immigration] : ils ne la croisent pas. Les classes populaires vivent avec[2].

L'affirmation selon laquelle la France vivrait un afflux croissant d'immigrés relève en fait du pur fantasme. Les données chiffrées sont là pour l'attester. Le nombre de migrants arrivant en France se situe autour de 200 000, dont la moitié viennent des autres pays de l'Union européenne. En tenant compte des retours, le flux net s'élève à 140 000 personnes, soit de 0,3 à 0,4 % de la population. On est loin du grand remplacement. Quant au nombre

1. Paul Ricœur, *Sur la traduction*, Bayard, 2004, p. 20.
2. Emmanuel Macron, discours devant sa majorité parlementaire LREM, 16 septembre 2019.

global des sans-papiers, il se situe autour de 300 000, et il est resté stable depuis des années. Les entrées de travailleurs immigrés sont inférieures à celles des années 1970 ; s'il y a une demande croissante, c'est celle du droit d'asile (on est passé de 40 000 à 120 000 en 2018, notamment du fait de la crise syrienne), face à laquelle les autorités françaises sont très restrictives, puisque 70 % des demandeurs sont déboutés par l'Ofpra (Office français de protection des réfugiés et apatrides). On ne peut comparer la situation de la France avec celle de l'Allemagne qui, il y a deux ans, a accueilli 1 million d'immigrés.

Un candidat humaniste et hospitalier

On était en droit d'espérer autre chose de la part de celui qui, alors ministre de l'Économie, avait abordé publiquement le sujet de l'immigration en 2015, en pleine explosion de flux de migrants vers l'Europe. Il déclarait alors sur une chaîne israélienne :

> Je crois que si cela est fait dans le bon ordre, de manière intelligente, c'est une opportunité pour nous. [...] C'est d'abord notre dignité, mais c'est aussi une opportunité économique, car ce sont ces hommes et des femmes qui ont des qualifications remarquables.

En 2015, ces propos généreux sont à mettre en relation avec le souci de Macron de se démarquer des positions de Manuel Valls, alors Premier ministre et partisan sur le dossier de l'immigration d'une ligne de fermeté. Devenu candidat à la présidentielle, Macron se range du côté d'une politique humaniste incarnée par Angela Merkel, qu'il célèbre publiquement. Stigmatisant ceux qui l'accusent d'avoir exposé l'Europe à tous les dangers en ouvrant ses frontières aux migrants, allant même jusqu'à qualifier cette attitude d'« abjecte simplification », il affirme son soutien enthousiaste :

> La chancelière Merkel et la société allemande dans son ensemble ont été à la hauteur de nos valeurs communes ; elles ont sauvé notre dignité collective en accueillant des réfugiés en détresse, en les logeant, en les formant. En refusant de reconstruire des murs dans une Europe qui en a trop souffert[1].

En pleine campagne électorale, Macron réitère sur le thème de l'accueil et de l'hospitalité dans l'hebdomadaire protestant *Réforme* en réponse aux questions de la Cimade :

> Le sujet de l'immigration ne devrait pas inquiéter la population française. [...] De surcroît, l'immigration se révèle être une chance d'un point de vue économique, culturel, social[2].

Avec l'exercice du pouvoir : une politique de fermeté

À partir du moment où il endosse l'habit de chef d'État, ce revirement sur la question des immigrés a suscité quelques remous au sein même de la majorité macroniste. Gilles Le Gendre a cru bon d'alerter le président par une note sur la dégradation de ses relations avec les députés de son groupe

1. Emmanuel Macron, « Nous sommes tous berlinois, nous sommes tous européens (tribune), *Le Monde*, janvier 2017.
2. Emmanuel Macron, « Migrants, politique migratoire et intégration : le constat d'Emmanuel Macron », propos recueillis par Frédérick Casadesus, *Réforme*, 2 mars 2017.

parlementaire sommés le 16 septembre 2019 de regarder en face la question des immigrés et découvrant quelques jours plus tard, en octobre, que le président explicitait sa politique de l'immigration dans… *Valeurs actuelles* :

> Le 13 novembre, la députée du Nord Jennifer de Temmerman a quitté le groupe macroniste pour protester contre un « discours politique à charge contre les migrants ». Un départ portant les effectifs à 303 membres et apparentés, contre 314 au début de la législature[1].

Ce moment décisif au cours duquel Macron définit les priorités de la seconde partie de son quinquennat est donc placé sous le signe d'une dérive droitière significative par rapport au positionnement initial du candidat, qui suscite l'inquiétude et la réprobation immédiate chez certains intellectuels comme Laurent Joffrin, le directeur de *Libération* :

> Emmanuel Macron s'exprime sur l'immigration, le voile, l'islam… dans *Valeurs actuelles*, organe central de la droite silex. Il défend ses positions chez l'adversaire, dit-il. Comme s'il allait – exemples imaginaires – faire l'éloge de la chasse à courre dans *Vegan Magazine* ou parler du grand âge dans *Fripounet et Marisette.* C'est un genre. […] Le tête-à-tête Macron-*Valeurs actuelles* annonce, favorise, banalise le tête-à-tête centre droit-extrême droite qui élimine droite et gauche d'un seul mouvement. Le calcul a marché deux fois, pour Chirac en 2002, pour Macron en 2017. Tenter le diable une troisième fois, ce n'est plus de la stratégie. C'est de la roulette russe[2].

1. Alexandre Lemarié, Olivier Faye, « "Il y a un vrai blues" : l'avertissement des députés LREM à Emmanuel Macron », *Le Monde*, 27 novembre 2019.
2. Laurent Joffrin, « La lettre politique : "valeurs" du président », *Libération*, 31 octobre 2019.

Faisant le point sur deux années de macronisme, la revue *Esprit* publie une table ronde au cours de laquelle Jean-Louis Schlegel souligne à propos du président :

> Ses ambiguïtés vis-à-vis des migrants et des réfugiés sont manifestes, en paroles et en actes. Il est tenté, comme ses prédécesseurs, d'instrumentaliser à son profit électoral le Rassemblement national[1].

On s'est légitimement étonné que le président ait choisi *Valeurs actuelles* comme support médiatique pour expliquer sa politique d'immigration. En réalité, il avait tissé des liens déjà anciens et durables avec ce magazine qui se fait une réputation par ses dossiers provocateurs et haineux. Pour les journalistes du *Monde* Ariane Chemin et François Krug, il s'agirait même d'un « flirt » ou « pas de deux » entre le président et la jeune rédaction du magazine[2]. D'où la faveur accordée au journaliste Louis de Raguenel dans l'avion qui ramène le président de La Réunion le 25 octobre 2019, au plus grand étonnement de Sibeth Ndiaye, qui s'exclame devant l'heureux élu : « Mais comment le président a-t-il pu permettre que tu montes dans son avion pour l'interviewer ? Où est la sacralité de la République ? L'avion du président, ce n'est quand même pas un camping-car[3] ! » On accorde à de Raguenel le droit d'interroger, seul, Macron pour un long entretien de douze pages publié dans *Valeurs actuelles* le 31 octobre :

---

1. Jean-Louis Schlegel, « Notre moment Macron » (table ronde), *Esprit*, octobre 2019, p. 56.
2. Ariane Chemin et François Krug, « Entre Emmanuel Macron et *Valeurs actuelles*, les secrets d'un flirt », *Le Monde*, 31 octobre 2019.
3. Propos de Sibeth Ndiaye, rapportés par Michaël Darmon, *Les Secrets d'un règne*, *op. cit.*, p. 56.

> À l'origine, le Président avait même été plus loin : contrevenant à tous les principes appliqués par l'Élysée depuis le début du quinquennat, il avait choisi de ne pas relire l'interview et de laisser l'hebdomadaire publier ses confidences telles quelles[1].

Dans la conversation qu'il a eue avec le journaliste, Macron est allé si loin dans l'adoption des thèmes de *Valeurs actuelles* que ses conseillers, pris de panique, ont réussi à lui faire édulcorer quelques-uns de ses propos[2].

Peut-on percevoir une évolution depuis le début du quinquennat dans la politique de Macron à l'égard de l'immigration ? Pas vraiment, le durcissement du discours et des actes date des débuts de l'exercice du pouvoir et n'a cessé de se confirmer. Certes, ses déclarations de soutien à la politique généreuse de la chancelière allemande Angela Merkel l'ont fait passer pour un partisan de l'application du principe d'hospitalité au nom de la valeur de fraternité, placée au frontispice des devises de la République. Dès qu'il a assumé ses responsabilités de président, il a renvoyé la dimension de l'hospitalité aux bonnes âmes irresponsables. Le 27 juillet 2017, il déclare lors d'un discours à Orléans :

> Je ne veux pas d'une France qui fait croire aux gens dans le reste du monde qu'on peut faire tout et n'importe quoi.

Et il affirme son ambition d'augmenter le nombre de reconduites aux frontières et de réduire à six mois maximum le délai de traitement de la demande d'asile.

---

1. Alexis Lévrier, *Jupiter et Mercure. Le pouvoir présidentiel face à la presse*, *op. cit.*, p. 361.
2. voir Ivanne Trippenbach, « Macron dans *Valeurs actuelles* : l'interview qui a tétanisé l'Élysée », *L'Opinion*, 1er novembre 2019.

On retrouve cette logique dans la loi « Asile et immigration » présentée par le ministre de l'Intérieur Gérard Collomb qui, malgré de vifs débats avec une opposition de la gauche vent debout contre cette loi et des résistances de la part de quelques députés LREM, est finalement adoptée le 1er août 2018. Signe d'une résistance passive et massive à un tel texte : sur les 312 députés LREM, seuls 55 participent au scrutin, dont 43 seulement pour approuver ce texte de loi. Le président préserve pourtant son capital moral d'humaniste ; n'étant pas en première ligne, il échappe à toute mise en cause et c'est son ministre de l'Intérieur qui sert de fusible et de cible aux critiques. La presse continue de présenter Macron comme le garant des valeurs humanistes face aux pulsions sécuritaires de Gérard Collomb. En ce même été 2018, lorsque le navire de sauvetage l'*Aquarius*, avec à son bord 629 migrants, cherche sans succès à débarquer sur les côtes européennes et se heurte aux refus ou au silence de l'Élysée, l'émotion est à son comble.

Les deux valeurs majeures au nom desquelles est justifiée cette politique sont « l'humanité et la fermeté ». En 1997, Didier Fassin, Alain Morice et Catherine Quiminal avaient souligné dans leur essai la « dialectique aussi fallacieuse que pernicieuse » d'une telle logique[1]. Il s'agit en effet de rassurer les Français sur les bonnes intentions morales (humanité) du pouvoir politique, et en même temps de « susciter leur crainte de dislocation du corps politique sous l'effet d'une double invasion "non maîtrisée", pour

1. Didier Fassin, Alain Morice, Catherine Quiminal, *Les Lois de l'inhospitalité. Les politiques de l'immigration à l'épreuve des sans-papiers*, La Découverte, 1997, p. 267.

mieux l'apaiser en invoquant les limitations des conditions politiques de l'accueil (fermeté)[1] ». Cette stratégie n'est pas nouvelle ; elle s'inscrit dans un processus constant de durcissement des mesures à l'encontre des immigrés qui remonte au début des années 1990. Depuis cette date, on compte en effet l'adoption d'une loi tous les deux ans qui va toujours dans le même sens : raccourcir les délais d'examen des dossiers de demande d'asile et accroître le nombre de reconduites aux frontières.

Présenter en 2018 une telle loi sous le signe de l'humanité est une manière de moraliser une question d'ordre politique pour en masquer les effets d'exclusion. L'épouvantail brandi d'une invasion ne repose sur rien, puisque le chiffre d'entrées reste stable – autour de 200 000 par an –, dont un bon tiers d'étudiants qui ne sont immigrants qu'à titre provisoire, le temps de leurs études, avant de retourner chez eux. Le sociologue Michel Wieviorka fait remarquer que l'évolution de l'immigration, après avoir eu une connotation avant tout sociale dans les années 1950-1960 lorsque la France avait un besoin urgent de main-d'œuvre, a revêtu une connotation de plus en plus racialisée dans les années 1980 au cours desquelles on insistait sur la singularité de ces immigrés « avec l'idée qu'"ils" ne s'intégreront jamais tant leur différence culturelle est irréductible[2] ». Depuis les années 1990, c'est toute l'Europe qui est devenue terre d'immigration, suscitant la progression du différentialisme culturel fixé sur la dimension religieuse de la différence et centré surtout sur les musulmans.

---

1. Magali Bessone, « L'(in)achèvement de l'hospitalité », *Esprit*, juillet-août 2018, p. 158.
2. Michel Wieviorka, « La banalisation du mal. Racisme, nationalisme et politiques migratoires », *Esprit*, juillet-août 2018, p. 170.

Avec son discours de septembre 2019 qui définit les priorités de la seconde partie de son quinquennat, Macron clarifie ses positions de chef d'État au nom du pouvoir régalien. Il durcit le ton et décide de prioriser le dossier de l'immigration. Le 16 septembre 2019, à la sortie de la trêve estivale, il s'adresse à sa majorité parlementaire en lui indiquant les priorités de l'action gouvernementale, parmi lesquelles le dossier de l'immigration.

Si l'on reprend les commentaires de l'époque, on peut facilement constater un peu partout le diagnostic d'un vrai durcissement : « S'agit-il vraiment de la même personne ? » se demande Jim Jarrassé dans *Le Figaro*[1], tandis que dans *Slate*, Claude Askolovitch s'insurge, scandalisé par l'opposition binaire faite par le président entre des bourgeois qui seraient par principe accueillants aux migrants et des pauvres qui seraient condamnés à un discours de haine[2]. Déclinant le propos du président mettant en garde ses troupes contre la tentation de devenir un parti bourgeois, Claude Askolovitch affirme qu'une telle conception implique de penser que seuls les nantis sont capables d'amour pour les étrangers et que connaître, côtoyer l'immigration conduit forcément à son rejet. Le peuple, qui est contraint à cette cohabitation, ne pourrait que haïr les immigrés et exprimer son ressentiment par son vote protestataire. Il faudrait donc prendre en considération ce rejet, l'exprimer dans une politique d'immigration assumant sa rupture avec les sentiments naïfs des belles âmes :

1. Jim Jarrassé, « Immigration : comment Macron a durci son discours. », *Le Figaro*, 17 septembre 2019.
2. Claude Askolovitch, « À son tour, Macron s'abaisse à instrumentaliser l'immigration », *Slate.fr*, 18 septembre 2019.

> Tout dans ce raisonnement est laid. Tout, au surplus, est faux. La haine de l'étranger prospère aussi bien dans les beaux quartiers que dans les HLM[1].

Cette politique disqualifie toute forme de bienveillance et de compassion à l'égard des migrants sans toit ni loi. Aider ces plus que pauvres relèverait d'une trahison des siens et de sa nation. La meilleure des attitudes serait l'indifférence face au sort de l'étranger :

> L'amour de l'étranger ou, plus simplement, la solidarité liant les pauvres dans l'adversité, subsiste dans les quartiers populaires, en dépit des brutes, en dépit du temps. Les activistes qui militent pour l'immigration ne sont pas des start-uppers, ni des notaires, ni d'anciens banquiers de préférence. Ces personnes du Secours catholique qui nourrissent étrangers et Roms dont nul ne veut, celles de la Roya qui cachent les sans-papiers, les marins stoïques de SOS Méditerranée qui, ce mardi 17 septembre encore, ont sauvé de la noyade quarante-huit de ces migrants qu'il ne faut pas aimer, aucun ne ressemble guère à des louis-philippards[2].

Le rapport sur l'immigration remis aux autorités en janvier 2020 va dans le sens d'une politique de l'hospitalité tout en contraste avec la fermeté et la fermeture dont se réclame le pouvoir. La composition des rapporteurs n'est pourtant nullement partisane. On trouve parmi eux Pascal Brice, l'ancien président de l'Ofpra, l'historien Patrick Veil, un membre du Medef, un préfet, des syndicalistes… Ce rapport déplore que la réalité des relations avec les migrants relève moins de l'humanité dont se réclament les pouvoirs publics que du « harcèlement et [de la]

1. *Ibid.*
2. *Ibid.*

clandestinité » ou encore de « la misère et la violence ». Constatant que le nombre des clandestins n'est pas en forte explosion numérique, il préconise de faciliter les régularisations et de simplifier les démarches administratives permettant d'accéder aux divers titres de séjour auxquels ont droit ces migrants.

Fermer les frontières

La voie empruntée par le pouvoir, à l'opposé des conclusions de ce rapport, se déploie selon les principes énoncés par Macron en septembre 2019. En premier lieu, il s'agit de mettre en place un dispositif qui permette de mener une politique des quotas en fonction des besoins de la France. Dès début 2020, la ministre du Travail Muriel Pénicaud annonce qu'à partir de 2021, le gouvernement définira ces quotas en objectifs chiffrés d'immigrés « professionnels », après avoir listé des métiers non susceptibles de concurrencer la main-d'œuvre locale.

L'autre volet de cette politique est le renforcement des frontières pour empêcher l'arrivée des migrants sur le sol national. En se rendant le 5 novembre 2020 à la frontière franco-espagnole, au col de Perthus, pour annoncer une série de mesures à destinées renforcer les contrôles aux frontières, Macron met en scène cette politique de fermeture, accompagné de Gérald Darmanin, son ministre de l'Intérieur, et de Clément Beaune, secrétaire d'État chargé des Affaires européennes. L'Élysée, qui indique que ce déplacement s'inscrit dans la lutte menée contre l'immigration clandestine et contre le terrorisme, assume pleinement l'assimilation entre les deux domaines et joue par cette confusion délibérée la carte de l'exacerbation de la peur qui prend le visage de l'étranger.

Alors que lorsqu'il était ministre, Macron avait déclaré qu'il était ridicule de penser que mettre quelques « plantons » de plus aux frontières allait résoudre le problème du terrorisme, il préconise cette fois « une véritable police de sécurité aux frontières extérieures de l'espace ». Après avoir rappelé les attentats commis par les islamistes radicaux, Macron annonce des mesures qui visent les migrants qui fuient les dictatures et ceux qui fuient la misère :

> Nous avons donc ainsi décidé de doubler les forces qui seront déployées aux frontières dans le cadre de ce contrôle. Ce qui veut dire que nous passerons de 2 400 à 4 800 policiers, gendarmes, militaires et CRS qui seront mobilisés dans ce cadre pour lutter contre l'immigration clandestine[1].

Prendre des mesures pour enrayer les flux de migration ne se pose plus en termes nationaux. Macron joue un rôle volontariste dans la construction et consolidation de l'Europe, et ajoute à ses propos le volet européen de la fermeture en préconisant de revoir les accords de Schengen :

> Cette action, nous allons la compléter en prenant des initiatives pour améliorer le contrôle aux frontières extérieures de l'Europe. Vous le savez, nous avons maintenant depuis plusieurs années un espace commun qu'on appelle Schengen. Je suis favorable – et je porterai en ce sens des premières propositions au Conseil de décembre – à ce que nous refondions en profondeur Schengen pour en repenser l'organisation, pour intensifier notre protection commune aux frontières[2].

1. Emmanuel Macron, déclaration au Perthus, le 5 novembre 2020.
2. *Ibid.*

Cette politique de rejet manifestée en parole à la frontière au Perthus le 5 novembre 2020 se traduit le 23 novembre 2020 en politique du coup de matraque au cœur de Paris, place de la République, où les forces de l'ordre expulsent des centaines de migrants sous les tirs de gaz lacrymogène et de grenades de désencerclement sur un camp de 500 tentes occupées par des migrants en majorité d'origine afghane. À peine installé, ce camp est pris d'assaut par les forces de l'ordre avec une violence telle que le ministre de l'Intérieur, Gérald Darmanin, se voit contraint de se désolidariser de l'action du préfet Didier Lallement, déclarant que les images de cet événement sont « choquantes ». Marlène Schiappa et Emmanuelle Wargon, ministres de la Citoyenneté et du Logement, se sont elles aussi démarquées de cette action en publiant un communiqué affirmant que les migrants devaient être traités « avec humanité et fraternité ».

Cette politique de fermeture de la France à l'immigration vise aussi la frontière italienne. Le massif alpin, en dépit de ses difficultés de franchissement, ne dissuade pas les exilés de la misère. Alors que leur nombre reste modeste, le chef de l'État démultiplie dans des proportions inconsidérées le maillage policier visant à empêcher toute infiltration sur le territoire national. Le 28 janvier 2021, l'anthropologue Didier Fassin et le médecin Alfred Spira, tous deux maraudeurs bénévoles occasionnels pour l'association Médecins du Monde, réagissant à la décision du président de la République de doubler les forces de l'ordre qui gardent la frontière, dénoncent des violations quotidiennes commises contre les droits humains à la frontière franco-italienne :

> Cette impressionnante mobilisation se révèle à la fois disproportionnée et inefficace, comme le reconnaît un haut fonctionnaire préfectoral. Disproportionnée, car elle ne concerne que de 2 000 à 3 000 passages par an. Inefficace, car celles et ceux qui sont reconduits retentent inlassablement leur chance jusqu'à ce qu'ils réussissent. La véritable conséquence du déploiement de ce dispositif est de contraindre les exilés à emprunter des chemins de plus en plus périlleux, sources de chutes, de blessures et de gelures. Plusieurs décès ont été enregistrés, des amputations ont dû être réalisées. La militarisation de la montagne n'est ainsi qu'un geste vain de l'État, dont le principal résultat est la mise en danger des exilés, souvent des familles[1].

Cette politique de fermeture des frontières se double d'un durcissement à l'égard des étrangers en situation irrégulière sur le territoire français. Le 9 juin 2021, Macron réunit autour de lui à l'Élysée le Premier ministre Jean Castex, Jean-Yves Le Drian, Gérald Darmanin et la directrice du cabinet d'Éric Dupond-Moretti pour accélérer leur expulsion. Dans son entretien à *Valeurs actuelles*, Macron s'était engagé à faire exécuter 100 % des obligations à quitter le territoire français avant la fin de son quinquennat. Alors qu'on en est à 30 % en juin 2021, Macron entend accélérer le processus de reconduite aux frontières, considérant, sous la pression de l'extrême droite, que « le taux d'acceptabilité de l'immigration dans notre pays, et dans les autres pays européens, est de plus en plus bas » – reprenant à son compte le thème de prédilection du Rassemblement national.

Avec la remise en cause de la doctrine Mitterrand en matière d'asile pour les membres des Brigades rouges

1. Didier Fassin, Alfred Spira, « À la frontière franco-italienne, l'État commet des violations quotidiennes des droits humains » (tribune), *Le Monde*, 28 janvier 2021.

d'Italie réfugiés en France pendant les années dites « de plomb » (à peu de chose près la décennie 1970), on assiste à une nouvelle manifestation du durcissement du pouvoir qui rompt avec la tradition hospitalière de la France. En effet, le gouvernement français donne suite aux demandes d'extradition réclamées par le gouvernement italien. Neuf personnes sont ainsi menacées d'être renvoyées devant la justice italienne quelque quarante ans après les faits incriminés, selon une opération qualifiée « Ombres rouges ». On bafoue dans ce dossier le principe de prescription ainsi que la parole donnée par l'État français. L'anthropologue Alain Bertho s'inquiète :

> Le télescopage des époques autorise la confusion des menaces et la généralisation de la logique de guerre qui aujourd'hui tend à remplacer la politique, légalisant une islamophobie d'État, étendant sans limite le champ des *ennemis* à combattre et à surveiller, généralisant un climat maccarthyste contre « l'islamo-gauchisme » politique et universitaire, disqualifiant gravement la liberté comme la démocratie elle-même[1].

Cette stratégie de fermeture des frontières, confrontée en août 2021 à la tragédie de l'Afghanistan repris par les talibans et d'une population en fuite essayant de s'accrocher aux avions en partance sur l'aéroport de Kaboul, a conduit Macron à tenir des propos qui ne peuvent que faire honte à ce que représente la France dans le monde comme pays des Droits de l'homme et d'accueil des persécutés. À peine les talibans se sont-ils emparés de Kaboul que le président français s'adresse à la nation dans une allocution télévisée

1. Alain Bertho, « Ombres rouges : le droit à l'épreuve de la vengeance d'État », *Mediapart*, 3 juillet 2021.

le lundi 16 août à 20 heures. Il annonce le service minimum qui consiste à assurer le rapatriement des Français et du premier cercle d'Afghans ayant travaillé avec et pour l'ambassade de France, mais au lieu de rappeler le droit d'asile pour ces populations confrontées à la barbarie, il déclare :

> L'Europe ne peut pas à elle seule assumer les conséquences de la situation actuelle. Nous devons anticiper et nous protéger contre des flux migratoires irréguliers importants qui mettraient en danger ceux qui les empruntent, et nourriraient les trafics de toute nature.

Il ajoute, pour bien se faire comprendre, qu'il s'est entretenu avec la chancelière Merkel et d'autres dirigeants européens afin de prendre une initiative « pour construire sans attendre une réponse robuste, coordonnée » afin de lutter contre ces « flux migratoires irréguliers ».

Cette justification de la fermeture des frontières en plein drame a suscité l'indignation à gauche qui réclamait un pont humanitaire pour sauver ces populations. Plus largement, tout Français attaché aux valeurs qui sont siennes depuis 1789 ne peut être qu'ébahi par de tels propos. Sur France Info, François Gemenne, directeur de l'Observatoire Hugo à l'université de Liège en Belgique, s'élève contre cette déclaration :

> [Elle est] complètement indigne au regard des circonstances actuelles [...] En tant que chercheur, je suis abasourdi par ces déclarations, en tant que citoyen j'ai tout simplement honte [...] L'idée que notre première préoccupation au regard de la situation terrible dans ce pays soit de nous « protéger », nous, contre des flux qu'il estime « irréguliers », alors que ce sont des gens qui vont chercher à sauver leur vie, me paraît complètement indigne, en

> dessous de tout et complètement irrespectueuse des principes élémentaires du droit international et humanitaire. Les membres de l'extrême droite, le Rassemblement national estimaient depuis ce matin sur les réseaux sociaux qu'il fallait nous protéger contre ce qu'ils appelaient un « tsunami migratoire », et voilà que le soir-même le président de la République reprend leurs mots à son compte. C'est particulièrement choquant[1].

Une nouvelle fois, Macron aura pris les devants en s'appropriant les réactions de la droite et en confortant la position d'un Laurent Wauquiez, président LR de la région Auvergne-Rhône-Alpes, qui venait d'estimer que « la France n'a pas les moyens d'une vague migratoire de plus », s'alarmant sur sa page Facebook du « risque d'une vague migratoire à laquelle la France sera très exposée en raison du laxisme fou de notre politique migratoire ». Cette politique de fermeture des frontières heurte, au-delà de la gauche, un grand nombre de citoyens – y compris les chrétiens qui se reconnaissent dans les propos tenus par le pape François lorsqu'il déclare en 2019 :

> Ceux qui construisent les murs finiront prisonniers des murs qu'ils construisent […] On sème la peur. Mais la peur est le début des dictatures[2].

Les responsabilités des universitaires ?

Lors de l'été ayant précédé ce durcissement des mesures à l'encontre des migrants, Macron s'en était pris aux sciences humaines et sociales à propos du dossier de l'immigration.

1. François Gemenne, *France Info*, 17 août 2021.
2. Jean-Marie Guénois, *Le Figaro*, 1er avril 2019.

Le Monde rapportait en effet des propos privés du président qui, évoquant les mobilisations d'une partie de la jeunesse contre les violences policières et le racisme au cours de l'affaire George Floyd aux États-Unis, affirmait que l'irresponsabilité qui avait cours était imputable pour beaucoup au monde universitaire, incriminant alors le monde des enseignants-chercheurs universitaires :

> Il a encouragé l'ethnicisation de la question sociale en pensant que c'était un bon filon. Or, le débouché ne peut être que sécessionniste. Cela revient à casser la République en deux[1].

Sans le nommer, le président s'en prend à un domaine de recherches particulièrement fécond qui vient des États-Unis sous le nom des *postcolonial studies*, des *subaltern studies*, des *gender studies*, qui ont fondamentalement renouvelé le regard en mettant en question l'approche européocentrée et l'occidentalocentrisme sous-jacents jusque récemment dans la plupart des études d'ordre historique, anthropologique ou sociologique. Quel est le problème qui se pose au présent dans l'urgence ? se demande le sociologue Éric Fassin :

> Quand on voit les mobilisations dans le monde entier, il est clair qu'il s'agit du racisme. Et le catalyseur, ce sont les violences policières. Autrement dit, la responsabilité des pouvoirs publics est engagée. Or le président retourne le problème : pour lui, le problème urgent, ce ne sont pas les pratiques racistes, jusqu'au cœur des institutions de la République ; ce sont celles et ceux qui les dénoncent. Au

1. Emmanuel Macron, « Comment Emmanuel Macron s'est aliéné le monde des sciences sociales », propos rapportés par Camille Sromboni, *Le Monde*, 30 juin 2020.

fond, c'est toujours la même démarche : s'en prendre aux lanceurs d'alerte pour s'aveugler sur la réalité du problème[1].

Contrairement à ce que laisse entendre le chef de l'État, ces études postcoloniales ne sont pas le reflet d'une idéologie particulière. Elles visent à rendre compte de la réalité sociale au plus près de sa complexité, et c'est en ce sens que le binarisme dominants / dominés est généralement critiqué dans ces travaux qui veulent restituer la complexité des affrontements en examinant avec la même attention chacune de ses diverses composantes. La stigmatisation du président relève donc d'une forme de régression intellectuelle et scientifique. Elle s'est d'ailleurs heurtée à un tir de protestations de la part des universitaires, tous indignés par de tels propos. Gilles Roussel, à la tête de la Conférence des présidents d'université, s'en fait le porte-parole :

> La recherche doit pouvoir s'exercer librement. Cette généralisation du monde universitaire est inacceptable.

Nathalie Dompnier, présidente de l'université Lyon II, rétorque :

> Les chercheurs n'ethnicisent pas la question sociale, ils rendent compte des logiques d'ethnicisation dans la société.

Marie Sonnette, maîtresse de conférences en sociologie à l'université d'Angers, renchérit :

> Je suis atterrée. C'est nier des années de recherches scientifiques, avec un profond mépris pour des travaux qui

1. Éric Fassin, « Le président de la République attise l'anti-intellectualisme », entretien avec Mathieu Dejean, *Les Inrockuptibles*, 12 juin 2020.

> documentent les processus de discriminations raciales, avec cette question de l'intersectionnalité, qui consiste à poser les différentes grilles de la race, du genre, de l'origine sociale[1]...

Cet affrontement est significatif de l'absence de lien réel entre les milieux du pouvoir macronien et celui des intellectuels, notamment des universitaires ; on n'aurait pas assisté sinon à de tels propos qui relèvent plutôt d'une tradition d'anti-intellectualisme d'extrême droite. Il est néanmoins vrai que Manuel Valls, alors Premier ministre, avait ouvert la voie en stigmatisant les études sociologiques à propos des attentats terroristes, déclarant qu'expliquer, c'est déjà vouloir un peu excuser.

L'échéance de l'élection présidentielle se rapprochant, on assiste, fin 2020 et début 2021, à un durcissement de l'affrontement entre le pouvoir et les enseignants. Le chiffon rouge brandi d'abord par le ministre de l'Éducation nationale, Jean-Michel Blanquer, stigmatisant en octobre 2020 les « ravages à l'université » de « l'islamo-gauchisme », donne un prolongement immédiat au discours des Mureaux du président, le 2 octobre. Le chef de l'État y déplore avoir « laissé le débat intellectuel à d'autres, à ceux qui sont hors de la République », ou bien « à d'autres traditions universitaires », avec « certaines théories en sciences sociales totalement importées des États-Unis d'Amérique ».

Dans un premier temps, la ministre de l'Université, Frédérique Vidal, semble prendre ses distances, rappelant dans une tribune publiée par *L'Opinion* le principe intangible de la liberté universitaire et tenant à préciser que « l'université n'est pas un lieu d'encouragement ou

1. « Comment Emmanuel Macron s'est aliéné le monde des sciences sociales », *art. cit.*

d'expression du fanatisme[1] ». Que lui est-il arrivé ? A-t-elle été tancée par le chef de l'État et sommée de rejoindre son collègue Blanquer ? Toujours est-il que sa déclaration à CNews le 14 février 2021 sidère tout le milieu universitaire. Elle reprend non seulement à son compte la stigmatisation de l'islamo-gauchisme, mais en rajoute une couche en annonçant son intention de confier au CNRS une enquête visant à éradiquer ce mal, en distinguant « ce qui relève de la recherche académique et ce qui relève du militantisme et de l'opinion[2] ». Par cette décision, elle va à l'encontre de la tradition séculaire de l'autonomie et de la liberté dont jouit l'institution universitaire depuis sa création. C'est du jamais vu dans un pays démocratique, provoquant la « stupeur » de la Conférence des présidents d'universités qui se réunissent pour dénoncer les « représentations caricaturales » et autres « arguties de café du Commerce ». Dans une tribune parue dans *Le Monde*, 600 membres de l'institution universitaire et de la recherche, parmi lesquels Thomas Piketty et Dominique Méda, dénoncent ces velléités de contrôle de la part du pouvoir sur des bases fantasmatiques et demandent la démission de la ministre :

> Nous ne pouvons que déplorer l'indigence de Frédérique Vidal, ânonnant le répertoire de l'extrême droite sur un islamo-gauchisme imaginaire.

Quant aux leaders de la gauche, ils s'élèvent contre cette chasse aux sorcières qui rappelle les pires moments du maccarthysme.

1. Frédérique Vidal, tribune libre, *L'Opinion*, 26 octobre 2020.
2. Frédérique Vidal, *CNews*, 14 février 2021.

De son côté, l'éditorialiste du *Monde*, Philippe Bernard, stigmatise le passage du « en même temps » de Macron à « l'attrape tout » à des fins d'instrumentalisation électoraliste :

> Emmanuel Macron n'a pas recadré Frédérique Vidal et ses élucubrations sur « l'islamogauchisme », pas plus qu'il n'était sorti de son silence lorsque Gérald Darmanin a reproché à Marine Le Pen d'être « quasiment un peu dans la mollesse ». La fable d'un dérapage de la ministre de l'Enseignement supérieur en réponse à une question pour le moins orientée de Jean-Pierre Elkabbach, sur CNews, chaîne préférée de la droite et de l'extrême droite, a vécu[1].

Et de se demander pourquoi partir en guerre contre les études postcoloniales, alors que la France accuse un sérieux retard dans ce domaine ; faut-il croire le président, se demande Philippe Bernard, lorsqu'il admet qu'« être un homme blanc peut être vécu comme un privilège » ou lorsqu'il donne des gages à ceux qui refusent d'admettre la réalité des discriminations ? Jouer avec de telles réalités inflammables et leur cortège de fantasmes à des fins personnelles relève d'une lourde irresponsabilité.

1. Philippe Bernard, « Macron passe du "en même temps" à "l'attrape-tout" », *Le Monde*, 27 février 2021.

7

D'une laïcité ouverte au séparatisme

Une laïcité de reconnaissance

Dans son programme de campagne, Macron a défendu, dans une filiation très ricœurienne, son attachement indéfectible à la laïcité, à une laïcité ouverte pensée comme une liberté fondamentale :

> Chacun est libre de pratiquer ou non une religion, avec le niveau d'intensité qu'il désire en son for intérieur[1].

Si sur ce plan, celui de la croyance, le respect de chaque religion doit être la règle, ces dernières ne doivent pas contrevenir aux règles intangibles de la laïcité républicaine qui ne sont pas négociables et s'imposent à tous, croyants et non-croyants :

> On ne négocie pas les principes élémentaires de la civilité. On ne négocie pas l'égalité entre les hommes et les femmes. On ne négocie pas le refus sans appel

1. Emmanuel Macron, *Révolution*, *op. cit.*, p. 171.

> de l'antisémitisme, du racisme, de la stigmatisation des origines[1].

S'il invitait à la plus grande fermeté à l'égard de ceux qui, islamistes radicaux ou autres, prêchent la haine raciale, il stigmatisait ceux qui instrumentalisaient la peur de l'autre, de la différence. À l'inverse de ces réactions de rejet, il préconisait de favoriser l'intégration des responsables du culte musulman qui respectent les lois de la République.

Macron a d'emblée affirmé qu'il ne faisait pas sien le modèle communautariste anglo-saxon juxtaposant les différences culturelles et accentuant leurs oppositions et le sentiment de ne pas appartenir à la communauté nationale. Il réaffirmait que le devoir de l'État devait être

> d'exiger, si besoin, la réaffirmation de l'adhésion aux grands principes avant l'ouverture d'un lieu de culte ; de demander explications et comptes sur les prêches inacceptables : et, au besoin, de fermer ou d'interdire, dans le respect des normes constitutionnelles[2].

La table de loi de séparation de l'Église et de l'État du 9 décembre 1905, qui ne porte en rien une quelconque hostilité contre la religion, ouvre sur une liberté nouvelle, avant de poser un interdit. Il n'était en aucun cas question d'instrumentaliser la laïcité comme arme de combat contre une religion ni de susciter une nouvelle guerre des religions, mais simplement d'assurer la neutralité de l'État en matière religieuse.

1. *Ibid.*, p. 172.
2. *Ibid.*, p. 174.

Macron n'hésitait pas alors à qualifier de laïcisme le fait d'affirmer la laïcité comme valeur sacrée, comme si elle était une religion parmi les religions. Candidat à la présidentielle, il énonce :

> Il faut préserver comme un trésor la conception libérale de laïcité qui a permis que, dans ce pays, chacun ait le droit de croire ou de ne pas croire, l'expression se lisant d'ailleurs dans les deux sens [...] On fait remonter la laïcité à la IIIe République, mais n'oublions jamais que nous sommes aussi le pays du *Traité sur la tolérance* de Voltaire. Ne tombons pas dans une vision rétrécie de la laïcité[1].

Selon le candidat Macron, au contraire de la laïcité, le laïcisme fabrique du communautarisme qui prospère sur le terreau des inégalités sociales et des fractures territoriales :

> Si le communautarisme, notamment religieux, a prospéré, c'est bien sur les ruines de nos politiques économiques et sociales, encouragé souvent il est vrai par les influences mortifères de puissances étrangères. La société statutaire sans perspectives de mobilité a créé du désespoir social. Nous avons laissé s'installer dans notre société une fragmentation qui est le ferment de ces communautarismes. La responsabilité de la République est fortement engagée sur ce terrain, qui relève directement de son rôle[2].

En terre protestante, à Montpellier, le candidat Macron, appelant à ne pas stigmatiser la religion musulmane, l'a réaffirmé : la laïcité n'est pas un interdit, elle répond à un esprit de tolérance. Il rappelait la décision funeste du roi Louis XIV voulant éradiquer la religion protestante de la région, mettant le pays à feu et à sang

1. Emmanuel Macron, entretien *Challenges*, 16 octobre 2016.
2. *Ibid.*

et provoquant sur ces terres camisardes une fracture indélébile à long terme.

En prenant soin de distinguer entre laïcité de reconnaissance et laïcité de méconnaissance, Macron candidat semblait adopter le même positionnement que Ricœur, à la fois militant laïc convaincu et croyant pratiquant, ayant assuré la présidence de la Fédération protestante de l'enseignement entre 1947 et 1960. L'ambition de Ricœur était de renouveler le concept de laïcité tel qu'il était pratiqué en France. Au début de la IIIe République, les protestants ont été à la pointe du combat en faveur de la séparation de l'Église et de l'État. Leur succès a été tel que la laïcité une fois instaurée s'est progressivement fermée au questionnement religieux. La Fédération protestante s'est engagée dans la défense d'une laïcité de confrontation pour laquelle l'école n'appartient pas à l'État, mais à la nation. Ricœur rappelle que les élèves et les enseignants à l'école peuvent exprimer librement leurs différences, leurs convictions, alors que la laïcité d'abstention du début du XXe siècle paraît « stérilisante », selon ses propres termes.

À l'occasion de son discours au couvent des Bernardins devant la Conférence des évêques de France (CEF) le 9 avril 2018, Macron donne un bel exemple de ce qu'il entend par cette laïcité de la reconnaissance. Il se positionne clairement comme un président garant d'une laïcité d'ouverture qui compte sur l'apport des confessions religieuses, et en premier lieu de l'Église catholique, au point d'émettre le regret d'une période de longue durée de conflits :

> Nous partageons confusément le sentiment que le lien entre l'Église et l'État s'est abîmé, et qu'il nous importe à vous

> comme à moi de le réparer. Pour cela, il n'est pas d'autre moyen qu'un dialogue en vérité[1].

Il souligne devant les évêques comblés une complémentarité entre l'État et l'Église catholique qui, par son engagement, a « fortifié » le pays, précisant à cette occasion que, pour lui :

> La laïcité n'a certainement pas pour fonction de nier le spirituel au nom du temporel, ni de déraciner de nos sociétés la part sacrée qui nourrit tant de nos concitoyens[2].

Dans son intervention, Macron précise qu'il ne se pose pas en partisan d'une laïcité qui serait l'équivalent d'une religion d'État visant à substituer au credo chrétien un credo républicain :

> Je suis convaincu que la sève catholique doit contribuer encore et toujours à faire vivre notre nation[3].

Évoquant l'apport de l'intellectuel catholique Emmanuel Mounier, créateur de la revue *Esprit*, il exprime son accord avec sa conviction personnaliste, selon laquelle ce qui importe est de retrouver le terreau du sens de l'existence dans l'épanouissement de la personne. Le président répond ensuite au discours prononcé par le président de la CEF, l'archevêque de Marseille, Mgr Pontier, qui l'interpelle sur la question des migrants. Sur ces sujets, la politique de l'exécutif faisant l'objet de critiques, Macron répond en invoquant son souci de concilier le droit et l'humanité,

1. Emmanuel Macron, discours au couvent des Bernardins devant la CEF, 9 avril 2018.
2. *Ibid.*
3. *Ibid.*

étayant la défense de ses décisions sur le point de vue exprimé par Rome :

> Le pape a donné un nom à cet équilibre, il l'a appelé « prudence », faisant de cette vertu aristotélicienne celle du gouvernant, confronté bien sûr à la nécessité humaine d'accueillir, mais également à celle, politique et juridique, d'héberger et d'intégrer[1].

Le président dit aussi entendre les inquiétudes de l'Église quant aux effets possibles des évolutions techniques sur l'intégrité de l'homme, et la vigilance nécessaire des pouvoirs publics éclairés par une certaine conception de l'humain. Après avoir affirmé que la société moderne a eu tort d'éliminer la question du salut qui est au cœur de la religion, il dit « accepter au fond la part d'"intranquillité" irréductible qui va avec notre action[2] ». Et de saluer tous ceux qui, nombreux, s'engagent dans des associations, donnant de leur temps pour s'occuper des plus vulnérables :

> Ce don de l'engagement n'est pas seulement vital, il est exemplaire. Mais je suis venu vous appeler à faire davantage encore, car ce n'est pas un mystère, l'énergie consacrée à cet engagement associatif a été aussi largement soustraite à l'engagement politique[3].

En s'adressant ainsi à la communauté catholique, il respecte la différence de positionnement qu'il incarne en tant que chef d'un État républicain laïc, tout parlant aux siens, à ses proches, puisque très jeune, à 12 ans, il a décidé,

---

1. *Ibid.*
2. *Ibid.*
3. *Ibid.*

contre l'avis de son père, de se faire baptiser et qu'il a connu, adolescent, toute une phase un peu mystique. S'il a perdu le lien qui le rattachait à l'Église, il confiait à Anna Cabana en 2017 :

> La transcendance doit s'ancrer dans l'immanence, la matérialité : je ne crois pas à la transcendance éthérée. Il faut les deux, l'intelligence et la spiritualité. Sinon, l'intelligence est toujours malheureuse[1].

Une exceptionnalité française

L'exceptionnalité française dans la manière de définir la laïcité date de la Révolution de 1789, avec l'idée de l'autonomisation démocratique de citoyens renouant avec les principes de la Grèce antique, selon lesquels ils sont les seuls maîtres de leur destin :

> Il n'y a pas de loi de Dieu ni de finalités de l'ordre politique qui échapperaient à la délibération des citoyens. Tout ce qui règle l'existence de la cité de l'homme appartient à la décision des hommes. Elle est ni plus ni moins la formule, autrement dit, de l'autonomie démocratique. C'est en cela qu'elle complète l'idée de république[2].

Avec la reconnaissance de la liberté de croire ou de ne pas croire, la Déclaration des droits de l'homme du 26 août 1789 constitue un tournant radical, alors que du côté des pays protestants, une relation apaisée se met en

1. Emmanuel Macron, entretien avec Anna Cabana, *JDD*, 7 mai 2017, repris dans Nicolas Domenach, Maurice Szafran, *Le Tueur et le Poète*, *op. cit.*, p. 91.
2. Marcel Gauchet, « Laïcité : le retour et la controverse », *Le Débat*, 2020 / 3, n° 210, p. 139.

place et permet à la modernité politique de s'affirmer, sans pour autant s'opposer avec les Églises qui acceptent d'être progressivement décentrées des organes de décisions. C'est loin d'être le cas en France, où clergé assermenté et clergé réfractaire vont s'affronter, avant que la ligne de clivage ne passe entre les tenants de la laïcité et les défenseurs des prérogatives de l'Église.

Si, dans les pays protestants, la tolérance pratiquée par l'État s'accommode de ses rapports avec la forme religieuse du lien politique, la laïcité à la française entend séparer radicalement la foi et la loi, le lien politique et le lien religieux. Tout le XIXe siècle a été traversé par le conflit qui a opposé les deux France : pour que les laïcs et les Églises entament un dialogue pacifié, il faudra attendre la sortie de la Seconde Guerre mondiale. Le rapprochement des laïcs et des chrétiens, de ceux qui croient au ciel et de ceux qui n'y croient pas, s'est fait dans les rangs de la Résistance autour de valeurs communes et a créé à la Libération un autre climat, de nouveaux impératifs et de nouveaux clivages.

Le principe de la division des tâches entre les Églises et l'État étant alors acquis, le moment est venu d'une paix scolaire, d'une ouverture et d'un dialogue entre croyants et laïcs. Mais pour que cet échange soit fécond, encore faut-il ne plus mettre son drapeau dans sa poche :

> Le chrétien moderne découvre que son problème n'est pas de constituer un ghetto chrétien […] mais d'être un chrétien « de plein-vent », offert lui-même à la réalité totale de son temps[1].

En cet après-guerre, Ricœur est d'autant mieux placé pour poser la question scolaire en des termes renouvelés

1. Paul Ricœur, *Foi-Éducation*, 24, n° 27, juin 1954, p. 51.

que, outre sa position de président de la Fédération protestante de l'enseignement, il est engagé dans une réflexion collective animée par la revue *Esprit*. La République se veut alors fraternelle, souhaitant enterrer les vieux combats fratricides. Mais le consensus tripartite[1] autour du général de Gaulle éclate et l'école confessionnelle redevient un enjeu politique, véritable explosif à l'intérieur de la fragile Troisième force[2]. Dans ce contexte redevenu conflictuel, Ricœur présente dans la revue de la Fédération, *Foi Éducation*, « Les propositions de paix scolaire de la revue *Esprit* » en juillet 1949[3]. Il insiste sur le fait que le *statu quo* n'est plus viable dans la mesure où il perpétue la division de la jeunesse, rappelle les conclusions de l'enquête publiée par *Esprit* et formule le vœu d'un travail collectif : la Fédération « peut aider à expliquer les catholiques aux laïcs et les laïcs aux catholiques[4] ». Il appelle à une réelle mobilisation afin de faire avancer l'ensemble du monde scolaire vers la paix des esprits.

S'adressant aux laïcs, Ricœur reprend à son compte un des aspects majeurs des propositions d'*Esprit* : l'idée d'une nationalisation de l'école qui ne soit pas une étatisation. Alors que le débat scolaire se trouve gangrené par l'alternative entre l'État et la famille, il ouvre sur un troisième terme,

1. Les trois principaux partis de l'après-guerre, la Section française de l'Internationale ouvrière (SFIO), le Parti communiste (PCF) et le Mouvement républicain populaire (MRP) s'associent en 1945 dans un gouvernement de coalition dirigé par le général de Gaulle.
2. Cette nouvelle coalition (1947-1951), qui succède au tripartisme et cherche à contrer l'influence grandissante du Parti communiste et des gaullistes, réunit la SFIO, le MRP, les radicaux et certains modérés.
3. Paul Ricœur, « Les propositions de paix scolaire de la revue *Esprit* », *Foi-Éducation*, juillet 1949.
4. *Ibid.*, p. 8.

médiateur et source d'un consensus possible : « La nation, *entre* l'État et la famille[1]. » Cela suppose de faire une différence entre État et nation, « opposition qui n'est pas familière à l'esprit français[2] », et dont la carence est désastreuse pour l'éducation. La nation recouvre une volonté de vivre ensemble et n'est pas toujours reconnue par l'État, puisqu'il existe des nations virtuelles. L'école en exprime, de manière privilégiée, les valeurs, la tradition culturelle vivante :

> La nation est laïque par brassage de courants culturels divers et contraires[3].

Elle induit une pluralité dans laquelle l'État intervient auprès d'autres partenaires dans la gestion éducative : les parents et les maîtres. Pour s'ouvrir à cette pluralité, il appartient aux laïcs de bien comprendre qu'il est possible de nationaliser sans étatiser ; cela passe par la remise en cause du centralisme jacobin et l'abandon du combat frontal entre l'État républicain et l'autorité ecclésiastique.

Le 12 février 1954, à Strasbourg, Ricœur synthétise ce que représente la question scolaire pour le protestantisme en un moment où les aspirations au consensus semblent déjà bien lointaines. Il rappelle son attachement à l'école publique :

> Il y a cinquante ans, les protestants français ont joué un rôle historique en fondant l'école laïque[4].

La tâche des protestants est à la fois d'être fidèles à cette tradition laïque et de servir de médiateurs entre les familles

1. Paul Ricœur, « État, Nation, École », *Foi-Éducation*, n° 23, 1953, p. 54.
2. *Ibid.*, p. 56.
3. *Ibid.*, p. 57.
4. Paul Ricœur, « Le protestantisme et la question scolaire », *Foi Éducation*, 24, n° 27, juin 1954, p. 49.

spirituelles qui se déchirent sur l'école. Il appartient donc aux chrétiens de travailler ensemble avec les non-croyants au bien commun de la cité, dans une école conçue comme cité enseignante. Il rappelle l'opposition des enseignants protestants aux lois Marie et Barangé de 1951 en faveur de l'enseignement privé, et élargit la question scolaire à sa dimension pédagogique qui dépasse le cadre institutionnel de l'école.

Plus récemment, Ricœur réaffirme ses positions en faveur d'une laïcité ouverte. En 1994, à l'occasion de la publication de *Lectures 3*, dont le propos central est le religieux, il répond à François Azouvi qui lui demande si sa façon d'articuler le religieux et le politique a des incidences sur la laïcité :

> La société a besoin que soient présents, sous la forme d'une sorte de tuilage, ses différents héritages spirituels et culturels ; ce sont eux qui motivent le civisme [...] Je souhaite que se développe une telle laïcité positive, faite d'information pédagogique, et non plus seulement une laïcité d'abstention[1].

Remédier à l'analphabétisme religieux

Depuis les années 1990, le thème de la laïcité est très controversé, et chacun s'est senti obligé d'ajouter un qualificatif pour définir les diverses postures possibles. Dans son rapport sur l'enseignement du religieux publié en 2002[2], Régis Debray préconise de distinguer entre une laïcité d'ignorance et une laïcité d'intelligence, cette dernière

1. Paul Ricœur, entretien avec François Azouvi, *Le Monde*, 10 juin 1994, repris dans *Philosophie, Ethique et Politique*, Seuil, 2017, p. 149.
2. Régis Debray, *L'Enseignement du fait religieux dans l'école laïque*, Odile Jacob, 2002.

étant ouverte aux apports culturels des religions dans un esprit laïc. Peu après, il affirme que « sacralité et laïcité ne s'excluent pas[1] ». De son côté, Ricœur distingue entre la laïcité d'abstention et la laïcité de confrontation, cette dernière ayant sa faveur. Selon lui, l'État doit s'en tenir à une laïcité d'abstention, à un agnosticisme institutionnel. En revanche, l'État a un devoir de gestion nationale des cultes :

> L'État a notamment obligation de maintenance à l'égard des édifices religieux, qui sont, depuis la séparation de l'Église et de l'État, la propriété de ce dernier[2].

À ce pôle neutre s'ajoute pour Ricœur une laïcité de confrontation, dynamique, ouverte et polémique qui doit irriguer la société civile :

> Ici, la laïcité me paraît être définie par la qualité de la discussion publique, c'est-à-dire par la reconnaissance mutuelle du droit de s'exprimer ; mais, plus encore, par l'acceptabilité des arguments de l'autre[3].

Le problème de l'école est justement de se trouver à la croisée de ces deux formes de laïcité : en tant qu'institution étatique, elle se doit de rester neutre, mais elle doit répondre à la fonction que lui assigne la société civile, l'éducation, et relève à ce titre de la laïcité de confrontation.

Depuis, les pratiquants de la religion musulmane sont venus bousculer les principes de séparation du politique et du religieux. Ce qu'on a qualifié d'affaire du « voile

---

1. Régis Debray, *Les Communions humaines. Pour en finir avec la religion*, Fayard, 2015.
2. Paul Ricœur, *La Critique et la conviction. Entretien avec François Azouvi et Marc de Launay*, Calmann-Lévy, 1995, p. 194.
3. *Ibid.*, p. 195.

islamique » a éclaté en 1989 au collège de Creil et la querelle qui s'est ensuivie a provoqué un débat national très vif. La controverse suscitée a interpellé l'école et sa neutralité, et cette affaire n'a cessé de rebondir ici et là, transformant un litige local en phénomène social à dimension nationale. La position de Ricœur a alors consisté à rappeler que, la religion musulmane étant devenue la seconde religion en France,

> nous avons, dans la ligne du devoir d'hospitalité, un devoir de compréhension. Nous avons trop tendance à n'envisager les musulmans que sous l'angle de la menace intégriste, et nous oublions la menace inverse qui pèse sur eux, c'est-à-dire la désintégration[1].

Dans cette posture d'accueil et de compréhension, Ricœur admet qu'il reste un problème délicat dans la mesure où cette implantation religieuse musulmane est nouvelle et s'oppose frontalement à l'exceptionnalité française fondée sur la séparation du théologique et du politique, l'islam reposant justement sur l'unité organique de ces deux dimensions.

On peut établir une distinction, certes souvent fragile, entre une position laïque qui implique l'ouverture à l'autre, la tolérance et la pluralité, et une position laïciste qui se trouve sacralisée et sanctuarisée à l'égal des religions. Prise en étau dans la société moderne entre demande et oubli, la religion se trouve surtout dans une situation paradoxale, comme l'a montré la sociologue du religieux Danièle Hervieu-Léger[2], entre, d'une part, la redécouverte de l'importance sociale et culturelle des

1. *Ibid.*, p. 201.
2. Danièle Hervieu-Léger, *La Religion pour mémoire*, Cerf, 1993.

faits religieux et, d'autre part, la désaffection des institutions religieuses et la baisse spectaculaire de la pratique religieuse régulière.

Pour faire face à ce paradoxe, Lionel Jospin, alors ministre de l'Éducation nationale, confie à l'historien Philippe Joutard la réalisation d'un rapport sur l'enseignement du religieux à l'école, qu'il lui remet en septembre 1989. L'historien définit un certain nombre de priorités, qui ont conduit à accorder davantage de place à la transmission du patrimoine culturel religieux dans les programmes scolaires. Il faut réagir à l'ignorance, à l'inculture religieuse, que l'inspecteur général Dominique Borne qualifie d'« analphabétisme religieux[1] », et donner les clés de compréhension des enjeux du monde contemporain, qui passent souvent par des confrontations d'ordre religieux ; il importe aussi de mieux connaître les diverses composantes religieuses présentes en France, et enfin d'éduquer les jeunes à la pluralité spirituelle.

La loi de 1905 : la séparation

Le cœur du réacteur de la laïcité républicaine qui constitue la singularité française est la fameuse loi du 9 décembre 1905 qui a réalisé une séparation de l'Église et de l'État, interdisant à l'État de subventionner les cultes. Son article premier stipule :

> La République assure la liberté de conscience. Elle garantit le libre exercice des cultes sous les seules restrictions édictées ci-après dans l'intérêt de l'ordre public.

1. Dominique Borne, *Le Monde*, 28 septembre 1996.

Il prévoit que celui qui ne respecterait pas le principe de la liberté de croire ou de ne pas croire et exercerait une pression est passible d'amende et même de prison.

L'article second affirme :

> La République ne reconnaît, ne salarie ni ne subventionne aucun culte.

Il établit, au nom de l'égalité des citoyens, la neutralité de l'État qui garantit autant de droits aux croyants qu'aux non-croyants. Dès 1905, ce principe donne néanmoins lieu à des controverses sur son application. Le politologue Philippe Portier[1] a montré que le XXe siècle est allé dans le sens d'une lecture libérale de la loi de 1905, privilégiant la conception que pouvaient en avoir Aristide Briand ou Jean Jaurès aux dépens de la conception fermée du petit père Combes[2].

Se pose par exemple le problème de savoir si les cloches des églises peuvent sonner toutes les heures alors que les non-croyants désirent s'affranchir d'un temps régulé par les clercs. Les laïcs entendent rompre avec ce que Jacques Le Goff a qualifié de « temps de l'église[3] », qui jusque-là rythmait la vie quotidienne des Français. Une solution de compromis est trouvée par le Conseil d'État qui autorise les cloches à sonner aux moments particuliers du culte : la messe du dimanche, les mariages et les enterrements. De même, les processions religieuses sur la

1. Philippe Portier, *L'État et les religions en France. Une sociologie historique de la laïcité*, PUR, 2016.
2. Émile Combes, radical-socialiste, a été ministre de l'Instruction publique en 1895 et président du Conseil de 1902 à 1905.
3. Jacques Le Goff, « Au Moyen Âge : temps de l'église et temps du marchand », *Annales*, *E.S.C.*, mai-juin 1960, p. 417-433.

voie publique sont autorisées. Au milieu du XXe siècle, au début de la Ve République, en 1959, l'Assemblée nationale va beaucoup plus loin, non sans de farouches oppositions, en adoptant le 29 décembre la loi Debré qui permet aux écoles confessionnelles d'être subventionnées par l'État – ce qui contredit l'article 2 de la loi de 1905 – en échange d'un engagement à suivre le programme de l'école publique. Avec cette loi, Philippe Portier voit s'ouvrir une nouvelle période, moins séparatiste, de la conception laïque française, plus ouverte dans les années 1960 aux institutions religieuses.

S'il y a consensus sur ces principes de laïcité plus ou moins ouverts, l'évolution de la société française depuis 1905 a donné lieu à des propositions d'aménagement devant les mutations majeures que la France a connues. En effet, depuis cette époque, la religion musulmane, qui n'était pourtant pas totalement absente dans l'esprit des législateurs de 1905 puisque l'Algérie était française, a pris une tout autre dimension en devenant la seconde religion pratiquée en France. Or, le culte de cette population se heurte au fait qu'il y a peu de mosquées. Faute de financement public du fait de la loi de 1905, les musulmans se tournent vers un certain nombre de pays du monde arabe prêts à investir pour faire du prosélytisme en faveur de positions fondamentalistes négatrices des valeurs de la modernité républicaine.

On retrouve, avec les interdits alimentaires de la religion musulmane, un certain nombre de situations qui exigent débats et compromis, comme les repas des cantines scolaires. Les enfants de familles musulmanes ou juives ne pouvant manger de porc, les établissements scolaires doivent proposer une alternative. Il est indéniable, souligne Marcel

Gauchet, que l'islam n'a pas connu le processus de sécularisation de la société qu'a accompli l'Occident chrétien : il aspire à jouer un rôle politique et à régenter les règles de la société. De plus, la pluralité des confessions musulmanes, qui ne sont encadrées par aucun clergé, ne facilite pas la résolution des tensions dans la société ; d'autant que sur de nombreux plans, les musulmans sont à contre-courant, comme lorsqu'ils brandissent l'interdit du blasphème ou véhiculent la défense d'une condition féminine infériorisée qui va à l'encontre de l'émancipation et de la volonté de réaliser l'égalité dans le traitement du masculin et du féminin. L'islam ne s'est jamais départi de son ambition première d'instauration d'une communauté politique de croyants. Sa présence de plus en plus centrale dans la société française a ranimé la flamme de la laïcité et déplacé les lignes de clivage :

> La bataille n'est plus entre « cléricaux » et « laïcs », comme à la grande époque. Elle oppose autant, si ce n'est plus, du point de vue du débat public, les laïcs entre eux que les laïcs aux revendications ou prétentions formulées au nom de l'islam[1].

L'école s'est retrouvée l'enjeu majeur des pressions exercées par des pratiquants religieux, notamment musulmans, ce qui conduit les pouvoirs publics à désigner une commission sur l'application du principe de laïcité dans la République. Présidée par Bernard Stasi, elle rend son rapport en décembre 2003 et préconise une nouvelle loi sur les « signes ostensibles » religieux à l'école. Le rapport réaffirme à la fois, dans l'esprit de la loi de 1905, la laïcité

1. Marcel Gauchet, « Laïcité : le retour et la controverse », *op. cit.*, p. 143.

comme non négociable et l'aspect universel des valeurs républicaines.

En revanche, la laïcité n'est pas définie comme simple neutralité ; elle renvoie à un respect de la diversité des options spirituelles et des confessions, ce qui implique une double exigence : la neutralité de l'État et la protection de la liberté de conscience. Si le rapport reconnaît que l'école ne peut pas se tenir à l'abri du monde environnant, il est précisé que les élèves doivent être protégés de « la fureur du monde » avec sa multiplication de conflits identitaires. Il est donc suggéré une loi précisant que « sont interdits dans les écoles, collèges et lycées les tenues et signes manifestant une appartenance religieuse ou politique ». En revanche, l'école se doit de prendre en considération les fêtes les plus sacrées des diverses confessions religieuses.

Une tension grandissante et le durcissement de l'exécutif

Malgré ce compromis, la situation n'a cessé de se détériorer avec la multiplication des attentats terroristes des islamistes radicaux qui ont amené les positions de nombreux partisans de la laïcité à se durcir, alimentant notamment tout un courant laïciste revenant à une conception étroite et fermée de la laïcité. La peur aidant, et sur fond de développement de l'extrême droite, l'opinion a basculé vers des positions de fermeté et de rejet qui n'ont pas été sans effets sur le président Macron, responsable par ses fonctions de la sécurité des citoyens. Il est significatif qu'Olivier Abel, qui a toujours été très proche de Ricœur et qui a soutenu Macron lors des présidentielles, ait pris ses distances et critiqué la manière dont le président conçoit désormais la laïcité :

> Les orientations les plus récentes des discours d'Emmanuel Macron et de ses ministres, parlant de « séparatisme » (on se croirait dans la Turquie « laïco-nationaliste » des décennies qui ont préparé les dérives actuelles !), confondant les communautarismes dans un opprobre qui écrabouille pêle-mêle toutes les minorités, et annonçant de nouvelles lois « d'émotion », ont tendance à rejoindre le laïcisme le plus identitaire. Ces discours ont beau répéter à l'infini le mot « laïcité », ils s'y opposent frontalement[1].

Sur ce dossier, on enregistre une évolution nette de la position de Macron qui avait réagi aux attentats de 2005 en appelant les autorités politiques à s'interroger sur leurs responsabilités d'avoir laissé se dégrader des zones de plus en plus paupérisées et ghettoïsées. Il affirme alors la nécessité de ne pas pratiquer de confusion entre communautarisme, fondamentalisme, radicalisation politico-religieuse et organisation du culte. En 2016 et début 2017, il récuse encore toute forme d'instrumentalisation de la violence à des fins identitaires, et se dit opposé à la déchéance de nationalité comme à toute forme de réaction à chaud disproportionnée.

Une fois président, Macron, en compagnie de son ministre de l'Intérieur Gérald Darmanin, distille un tout autre discours. Après avoir stigmatisé un temps le communautarisme, à la suite de l'attentat à la préfecture de Paris en octobre 2019, il introduit le mot de « séparatisme » pour désigner un islam en rupture avec les règles de la

1. Olivier Abel, « Le temps du courage – Macron trois ans après », *AOC (Analyse, Opinion, Critique)*, 1er septembre 2020.

République. Le 28 octobre 2019, le président déclare en effet sur RTL :

> Dans certains endroits de la République, il y a un séparatisme qui s'est installé, c'est-à-dire la volonté de ne plus vivre ensemble, de ne plus être dans la République, au nom d'une religion, l'islam, en la dévoyant.

Peu après, le 18 février 2020, dans son discours de Mulhouse, il stigmatise le « séparatisme islamiste », prenant publiquement acte de l'abandon de l'abord social d'un réel problème d'intégration pour n'en retenir que le volet répressif. Le 2 octobre, c'est aux Mureaux que Macron annonce un grand projet de loi qui doit renforcer le cadre laïc. Le choix de cette commune est ciblé, car c'est là, le 13 juin 2016, qu'officiaient le commandant de police Jean-Baptiste Salvaing et son épouse Jessica Schneider, avant que le couple soit assassiné à son domicile à l'arme blanche par un islamiste radical se revendiquant de Daech. Dans son discours, Macron en appelle à un « réveil républicain » contre l'islamisme radical, défini comme « une organisation méthodique pour contrevenir aux lois de la République et créer un ordre parallèle, ériger d'autres valeurs, développer une autre organisation de la société, séparatiste dans un premier temps, mais dont le but final est de prendre le contrôle ».

Le président nomme et stigmatise à juste titre l'idéologie politico-religieuse criminelle qu'est l'islamisme radical. Il reconnaît en même temps une part de responsabilité de la République française dans un séparatisme social qui constitue un terreau propice à l'influence des assassins, en affirmant :

> Nous avons nous-mêmes construit notre propre séparatisme. C'est celui de nos quartiers, c'est la ghettoïsation que

> notre République, avec initialement les meilleures intentions du monde, a laissé faire. C'est-à-dire que nous avons eu une politique, on a parfois appelé ça une politique de peuplement, mais nous avons construit une concentration de la misère et des difficultés, et nous le savons très bien.

S'il se dit conscient que la promesse d'égalité, un des trois grands principes républicains, n'a pas été tenue, l'essentiel de son intervention et des mesures qu'il annonce appartiennent au versant purement répressif. Il précise néanmoins qu'il est nécessaire de « contrôler, poursuivre, sanctionner, mais cela ne suffit pas ». Il évoque bien quelques mesures sociales en fin de discours, faisant même référence de manière élogieuse à Borloo et à son plan banlieue, annonçant un renforcement des mesures contre toute forme de discrimination dans le domaine de l'emploi ou du logement ; il n'en restera à peu près rien dans le projet de loi adopté ultérieurement.

Le recteur de la grande mosquée de Lyon, Kamel Kabtane, ne peut que déplorer une telle régression de la part des pouvoirs publics :

> Le levier qu'il faut activer en urgence aujourd'hui, c'est pourtant le levier social [...] Ça fait trois ans qu'on attend un vrai projet de l'exécutif, et trois ans plus tard, on nous sort le séparatisme ! Le problème, ce n'est pas les certificats de virginité ; la réponse, ce n'est pas un certificat de laïcité ; méconnaître à ce point la réalité du terrain, c'est très préoccupant. Si on persiste dans ce sens, on va continuer à produire des gens qui ne se sentent pas français[1].

1. Kamel Kabtane, recteur de la grande mosquée de Lyon, cité par Cécile Chambraud et Louise Couvelaire in « Laïcité : comment Macron a imposé le séparatisme dans le débat », *Le Monde*, 30 septembre 2020.

La victoire des « laïcards »

Le projet de loi « confortant les principes républicains » soumis à l'examen du Conseil des ministres le 9 décembre 2020, date anniversaire de l'adoption de la loi de séparation de l'Église et de l'État le 9 décembre 1905, prévoit tout un train de mesures coercitives et se déleste de tout le volet social pour rapprocher l'égalité de principe de l'égalité de fait. Le projet prévoit le fichage pour apologie d'actes de terrorisme (on pensait naïvement que c'était le cas depuis longtemps), le renforcement de la neutralité du service public, l'introduction du délit de mise en danger de la vie par diffusion, la mise sous conditions de l'obtention de subventions pour les associations de s'engager à « respecter les principes et valeurs de la République », des mesures sur l'héritage et la polygamie (la situation de polygamie devenant un motif de refus de tout « document de séjour »), l'interdiction aux personnels de santé de délivrer des certificats de virginité, la limitation de la scolarisation à domicile pour des raisons strictement médicales, et des ajustements concernant l'exercice du culte.

Alors que ce projet de loi est soumis au Conseil des ministres, Frédéric Says, chroniqueur à France Culture, souligne :

> On ne peut nier chez Emmanuel Macron l'évolution des mots, des orientations et des conceptions dans ce domaine qu'on dit « régalien »[1].

Ce tournant peut certes être en partie imputé au fait de devoir assurer la sécurité des Français en un moment où

1. Frédéric Says, « Régalien : comment Emmanuel Macron a changé », Culture-matin, *France Culture*, 9 décembre 2020.

se multiplient les menaces et où l'on prend connaissance, comme le rapporte l'ancien ministre socialiste Bernard Cazeneuve, de nombreuses notes confidentielles des services de renseignements sur les attentats projetés et ceux qui ont pu être déjoués. Il est certain que la décapitation par un islamiste radical d'un enseignant d'histoire-géographie, Samuel Paty, ne pouvait que conforter le tournant opéré. Il est toutefois une autre explication, plus politique, avancée par Frédéric Says :

> Aujourd'hui, son socle électoral s'est déplacé. Il a conquis le centre-droit et une partie de la droite. C'est même son pari pour 2022 : siphonner l'électorat des Républicains. En d'autres termes, Emmanuel Macron se veut le centre de gravité politique d'une société qui se droitise[1].

Incontestablement, depuis le début des années 2000, les tensions multiples entre communautés ont transformé le type de laïcité pratiquée, qui est passée, analyse Philippe Portier, d'une laïcité libérale à une « laïcité de contrôle ». Revenir sur la loi du 28 mars 1882 sur l'instruction publique, qui précisait que la famille reste souveraine et libre si elle préfère éduquer ses enfants à domicile, atteste cette évolution ; le projet examiné par l'Assemblée vise à retirer ce droit aux familles au prétexte du risque de séparatisme.

Fin 2020, le grand spécialiste de l'histoire de la laïcité, Jean Baubérot, exprime son inquiétude devant la politique en la matière menée par Macron, qui entend passer en force. Le Conseil d'État a dû en effet obliger le gouvernement à renoncer à imposer une autorisation administrative

1. *Ibid.*

préalable à la création d'une association cultuelle, « mais il reprend d'une main ce qu'il a concédé de l'autre en instaurant un droit d'opposition de l'administration[1] ». Si le Conseil d'État admet la nécessité d'être en accord avec les principes de la République, il récuse l'idée d'imposer un tel accord qui peut être attentatoire aux libertés en imposant le respect de valeurs qui ne sont pas forcément celles des associations en question.

Jean Baubérot en donne un exemple flagrant dans une lettre ouverte au président Macron, dans laquelle il le « supplie » de ne pas passer de Ricœur à Sarkozy :

> L'Église catholique respecte-t-elle ces valeurs quand elle interdit l'accès de la prêtrise aux femmes ? Et pourtant, elle n'est pas poursuivie pour discrimination à l'embauche. Et que dire des maçons, dont toutes les loges sont loin d'être mixtes ! Les valeurs ne seraient-elles pas de l'ordre du « convaincre », plutôt que du « contraindre »[2] ?

Jean Baubérot s'étonne de voir le gouvernement actuel plus « combiste » qu'Émile Combes lui-même, qui représentait déjà l'aile dure des thèses favorables à un contrôle strict des institutions religieuses en 1905. Avec le texte qu'il veut faire passer au nom du respect des principes républicains, le gouvernement « accorde un rôle beaucoup plus important à l'État dans l'organisation des religions et de leurs pratiques, et renforce le pouvoir de contrôle de l'autorité administrative,

1. Jean Baubérot, « Le gouvernement affirme renforcer la laïcité, alors qu'il porte atteinte à la séparation des religions et de l'État », entretien avec Claire Legros, *Le Monde*, 14 décembre 2020.
2. Jean Baubérot, lettre ouverte au président Macron : « Monsieur le président, ne passez pas de Ricœur à Sarkozy ! », *L'Observateur*, 28 novembre 2020.

aux dépens de celui de l'autorité judiciaire[1] ». Ce à quoi avait renoncé Émile Combes en 1904.

Non seulement cette politique est animée par une conception purement mythologique d'une pureté présumée de la laïcité, brandie d'autant plus fortement comme totem qu'on en ignore l'historicité, mais elle est de plus contre-productive. La décision d'élargir l'obligation de neutralité qu'ont tous les agents des services publics aux personnes bénéficiant de délégations du service public aura des effets pervers :

> Ainsi une femme qui porte un foulard (telle Latifa ibn Ziaten, la mère du soldat assassiné par Mohammed Merah) ne pourra plus y travailler. Ce renforcement des interdictions professionnelles contribuera à obliger ces femmes à chercher un emploi dans une association ou entreprise communautaire, alors qu'elles voulaient entretenir une relation de proximité et de distance avec leur communauté[2].

Tournant manifestement le dos aux positions ouvertes et ricœuriennes de Macron candidat, le président, une fois élu et confronté au climat d'affrontement sur le terrain de la laïcité, a changé de cap, n'hésitant pas à propager la confusion sur ce dossier et à détourner de leur sens le point de vue des tenants historiques de la laïcité. C'est ce qu'il a fait après l'assassinat de Samuel Paty, en reprenant à contre-emploi les propos de Ferdinand Buisson :

> Pour faire un républicain, il faut prendre l'être humain, si petit et si humble qu'il soit [...] et lui donner l'idée [...]

1. Jean Baubérot, « Le gouvernement affirme renforcer la laïcité, alors qu'il porte atteinte à la séparation des religions et de l'État », *art. cit.*
2. Jean Baubérot, lettre ouverte au président Macron : « Monsieur le président, ne passez pas de Ricœur à Sarkozy ! », *art. cit.*

> qu'il ne doit ni foi ni obéissance à personne, que c'est à lui de chercher la vérité et non pas de la recevoir toute faite d'un maître.

Ici, ces propos sont utilisés par Macron pour justifier une laïcité de contrôle, alors que Ferdinand Buisson s'exprimait au congrès de 1903 du parti radical

> pour défendre la liberté de l'enseignement contre les partisans d'une école laïque obligatoire pour qui « faire des républicains » consiste à enseigner « le credo de la Déclaration des droits de l'homme ». Buisson ne célèbre pas l'école laïque, il adresse une mise en garde aux laïcs autoritaires[1].

Et Jean Baubérot d'en appeler au Macron, qui a été proche de Ricœur, avant tout soucieux de davantage de justesse et de justice, en lui demandant de rétablir la Haute Autorité de lutte contre les discriminations et pour l'égalité (Halde), fondée par Jacques Chirac et supprimée par Nicolas Sarkozy. Si l'on ne peut nier la tentation séparatiste, il faut avoir conscience qu'elle est d'abord une réalité factuelle, celle de la persistance de zones délaissées par l'État et ghettoïsées qui rend prioritaire et impérative une politique volontariste du gouvernement pour l'égalité sociale.

Sommé par la droite de clarifier sa position sur la laïcité, Macron hésite longtemps, tergiverse, diffère l'heure de sa prise de position, tant il sent qu'il rompt sans le dire avec ce qu'il annonçait en 2017. Ses éclaircissements attestent son ralliement aux thèses droitières les plus radicales ainsi qu'aux laïcistes partisans d'un contrôle étatique renforcé qui se font en plus entendre dans les médias. À la manœuvre

1. *Ibid.*

de ce clan de « laïcards », on trouve un trio de tête dans le gouvernement qui relaie la stratégie présidentielle avec le ministre de l'Intérieur Gérald Darmanin, le ministre de l'Éducation nationale Jean-Michel Blanquer et la ministre déléguée chargée de la Citoyenneté Marlène Schiappa :

> Là où d'autres voient dans la laïcité un simple cadre juridique et non une doctrine, eux en font un combat idéologique, à la manière de moines-soldats[1].

Ils sont soutenus par toute une galaxie de personnalités très différentes qui partagent le même engagement pour une laïcité de fermeté : on y retrouve à la fois des personnalités connues, comme Élisabeth Badinter ou Caroline Fourest, et des personnages de l'ombre, très efficaces sur les réseaux sociaux, comme les initiateurs de l'association Printemps républicain en mars 2006, Laurent Bouvet et Gilles Clavreul ; sans compter un nombre croissant de politiques recrutant dans les rangs de LREM et des journalistes qui orchestrent les débats les plus controversés dans les médias.

Les campagnes d'opinion menées par cette galaxie s'avèrent payantes et ses soldats savourent comme une victoire la conversion de Macron à leurs thèses :

> Aujourd'hui, ils applaudissent sa mue. « Par rapport au Macron qui disait, en novembre 2015, que la société française avait "une part de responsabilité" dans le "terreau" sur lequel a prospéré le djihadisme, le projet de loi sur le séparatisme est une étape importante dans son évolution », estime Gilles Clavreul. « Entre le Macron candidat qui critiquait le "laïcisme" chez Mediapart [en novembre 2016] et le

1. Cécile Chambraud, Louise Couvelaire, « Islamisme, séparatisme : l'offensive payante des "laïcards" », *Le Monde*, 7 décembre 2020.

> discours des Mureaux, il y a une différence nette », abonde Amine El Khatmi, le président du Printemps républicain[1].

Et Manuel Valls, qui appartient à cette galaxie, se félicite tout autant de ce ralliement à ses thèses lorsqu'il était Premier ministre, alors que Macron en appelait alors à un examen de conscience des responsables politiques.

Sur les réseaux sociaux, la « laïcosphère », comme la nomme Caroline Fourest, chasse en meute :

> Comment transformer une influence croissante en part de pouvoir politique ? C'est le défi de 2022. Pour le préparer, le 30 novembre 2019, l'association le Printemps républicain a annoncé sa transformation en parti politique. Quelque 350 personnes se sont pressées à l'événement organisé pour l'occasion dans un café parisien. Parmi les présents, Valérie Pécresse, Jean-Pierre Chevènement, Jean-Pierre Brard, ex-maire apparenté PCF de Montreuil (Seine-Saint-Denis), tandis que Bernard Cazeneuve avait fait parvenir une vidéo. « Nous voulons nous structurer pour être plus présents, et sur tous les sujets », explique Gilles Clavreul. « Nous devons déterminer comment faire en sorte que nos idées soient représentées à la présidentielle et aux législatives », annonce Amine El Khatmi[2].

Cette offensive a été jusqu'à supprimer une institution plurielle et transpartisane, l'Observatoire de la laïcité, que la ministre Marlène Schiappa a souhaité enterrer à l'occasion de la fin du mandat de son président Jean-Louis Bianco. Cet Observatoire a été remplacé par une « administration de la laïcité », avec un « haut conseil à la laïcité » dont les membres seront nommés par le gouvernement. Cette mainmise étatique a suscité une vive réaction des partisans

1. *Ibid.*
2. *Ibid.*

d'une laïcité ouverte, exprimée dans une tribune signée par 119 universitaires parmi lesquels on retrouve aux côtés de Jean Baubérot les meilleurs spécialistes de l'histoire du religieux. Passant outre ces protestations, le gouvernement se débarrasse de l'Observatoire de la laïcité pour lui substituer un organisme directement contrôlé par le pouvoir, un Comité interministériel de la laïcité, placé sous la présidence du Premier ministre et réunissant les ministres de l'Intérieur, de l'Éducation nationale et de la Fonction publique, dont la première réunion se tient le 12 juillet 2021. La mission de ce nouvel organisme est de « coordonner l'action du gouvernement afin de s'assurer du respect et de la promotion du principe de laïcité par l'ensemble des administrations publiques » et de prévoir une « obligation de formation aux exigences du principe de laïcité pour tout agent public ». Cette mise sous contrôle étatique est à l'évidence totalement contraire aux principes de la loi de 1905 qui relevaient de la stricte neutralité de l'État. Elle institue la laïcité comme instrument de contrôle, alors que les valeurs laïques sont au contraire celles de la tolérance ; elle impose l'uniformisation, alors que la laïcité est synonyme de pluralisme. Philippe Portier, universitaire spécialiste de la question à l'EHESS, affirme : « C'est une reprise en main étatique de la question de la laïcité. » Rappelons la définition qu'en donnait Ferdinand Buisson en 1883, sous la IIIe République : celle d'un État « neutre entre tous les cultes, indépendant de tous les clergés, dégagé de toute conception théologique », afin d'assurer « l'égalité de tous les citoyens devant la loi », sans tenir compte de leurs croyances et pour garantir « la liberté de tous les cultes ».

En réaction à cet abandon de toute liberté d'analyse dans ce nouvel organisme, treize personnalités décident de créer un autre organisme, indépendant et citoyen, la Vigie de la laïcité, destiné à apporter « une expertise fondée sur la raison, la connaissance et le débat critique[1] ».

Début 2021, le gouvernement fait adopter par l'Assemblée son projet de loi contre le séparatisme, rebaptisé « projet de loi confortant le respect des principes républicains », suscitant la réprobation de toutes les confessions religieuses auditionnées qui ont manifesté leur crainte que la potion infligée au nom de la lutte contre l'islamisme radical n'ait des effets calamiteux de mise sous tutelle sur l'ensemble des confessions. Le projet prévoit en effet toute une série de contraintes nouvelles qui s'imposent à toutes les associations cultuelles. Elles seront obligées de demander leur reconnaissance à la préfecture et devront renouveler cette accréditation tous les cinq ans :

> C'est un projet qui vise un sujet et qui en frappe un autre, a résumé le président de la Fédération protestante de France, François Clavairoly. Effectivement, il existe une menace, mais le projet de loi touche ceux qui précisément jouent le jeu de la République[2] !

Les représentants de tous les cultes protestent aussi contre les obligations fiscales prévues, qui permettent aux autorités de l'État de vérifier la liste nominative des donateurs. Les associations qui recevront des subventions publiques devront signer un « contrat d'engagement républicain », ce

1. Olivier Abel, Radia Bakkouch, Jean Baubérot, Jean-Louis Bianco, Dounia Bouzar, Nicolas Cadène, Nilufer Gôle, Stéphanie Hennette-Vauchez, Daniel Maximin, Philippe Portier, Jean-Marc Schiappa, Michel Wieviorka, Valentine Zuber.
2. François Clavairoly, cité par Cécile Chambraud in « Séparatisme : les critiques des représentants des cultes contre le projet de loi », *Le Monde*, 8 janvier 2021.

qui aura pour effet de les obliger à se soumettre à toutes les décisions prises par le pouvoir, qui pourra ainsi les poursuivre devant les tribunaux ou suspendre les subventions si d'aventure elles venaient en aide aux migrants sans-papiers, ce qui est le cas de nombre d'associations catholiques et protestantes depuis longtemps.

Avec cette loi, le gouvernement entend aussi étendre la notion de neutralité aux agents de droit privé exerçant des missions de service public. Le caractère répressif de toutes ces mesures est la dominante des 51 articles de ce texte de loi voulu par le chef de l'État dans le tournant régalien de son mandat. On comprend d'autant mieux que ce texte puisse provoquer des réactions hostiles de toutes parts tant il enterre dans le monde nouveau des principes qui semblaient intangibles depuis les Lumières et les réflexions de Montesquieu sur la séparation des pouvoirs. Cette loi bouscule en effet le droit français, que ce soit la fameuse loi de 1905 qui assurait la séparation des Églises et de l'État, la loi de 1901 sur les associations, et même la loi Ferry de 1882.

8

Maintien d'un cap européen

S'IL EST un domaine où le président Macron est conforme dans ses déclarations comme dans ses initiatives avec le candidat qu'il a été, c'est celui de l'Union européenne. Il avait eu le courage de faire campagne sous le drapeau déployé de l'Europe et de placer la construction européenne au cœur de son discours politique à un moment où l'idée européenne avait fortement perdu de sa popularité et était même devenue un objet de vif ressentiment. Il a fermement maintenu cette ambition de refondation, même s'il n'a pas été aidé par une situation délétère au cours de laquelle l'Europe a traversé des tensions, des crises aux conséquences funestes et irréversibles, comme celle du Brexit ou la propension au repli nationaliste de nombreux pays européens postcommunistes, notamment la Hongrie avec la politique d'Orbán. Les convictions très européennes de Macron ont été le plus souvent à contre-courant d'une atmosphère générale de repli sur le national.

L'héritage européen se caractérise par une grande complexité. Il se situe à l'entrecroisement du legs judéo-chrétien, tôt lié aux cultures grecque et latine[1] ; d'où le métissage judéo-grec qui a dominé tout au long du Moyen Âge, faisant place ensuite à un certain nombre de ruptures instauratrices comme la Renaissance, la Réforme, les Lumières, le romantisme – autant de filiations qui ont essaimé dans l'espace européen et dont le brassage a constitué la force et la vitalité de la culture européenne. Ces mélanges se sont produits au sein d'un univers intellectuel qui a rapidement dépassé les cadres nationaux pour privilégier les échanges endogènes entre des penseurs et artistes qui se sentaient proches sur le plan idéel sinon spatial – en une effervescence qui a été à la base de bouleversements culturels majeurs.

Macron a revendiqué cet héritage dès le soir de son élection à la présidence, plaçant l'événement sous le signe symbolique de l'*Hymne à la joie* qui a accompagné ses premiers pas de président élu sur fond de pyramide du Louvre. Le second tour de l'élection l'opposant au Front national, Macron a encore renforcé son engagement proeuropéen et le déploiement du drapeau étoilé de l'Union européenne. Au soir de son élection, le 7 mai 2017, dans son discours du Louvre, il réaffirme l'importance de la refondation de l'Europe :

> L'Europe et le monde attendent que nous défendions partout les Lumières… que nous portions une nouvelle espérance, un nouvel humanisme… que nous soyons enfin nous[2].

Au plus proche des positions de Ricœur, Macron est aussi conscient que le philosophe de la fragilité de l'édifice

1. Krzysztof Pomian, « Identité européenne : fait historique, problème politique », *Le Débat*, n° 204, février 2019, p. 147-160.
2. Emmanuel Macron, discours du Louvre au soir du second tour des présidentielles, 7 mai 2017.

composite qu'est l'Europe, du déficit d'unité culturelle et politique, mais à la singularité prometteuse :

> Le tissu résultant de l'entrecroisement de fils aussi divers est extraordinairement fragile. Cette fragilité est particulièrement due à l'autre caractère majeur de la conscience historique européenne, à savoir l'intersection entre les convictions attachées à des traditions fortement rivales et l'esprit de la critique. À cet égard, la culture européenne prise dans son ensemble est peut-être la seule qui ait assumé la tâche considérable de conjuguer de façon aussi constante convictions et critique[1].

Si ce qui fait l'identité de l'Europe est son histoire, celle-ci est particulièrement conflictuelle et tragique. Le legs historique du vieux continent comprend des mémoires blessées, humiliées, et des mémoires triomphantes et surplombantes. La construction européenne ne peut être fondée que sur l'attitude d'hospitalité, sur l'acceptation de se laisser raconter par l'autre, ce qui n'est pas facile, mais indispensable pour une construction commune. Le passé historique de l'Europe est traversé par de graves conflits qui ont vu la barbarie nazie triompher en son cœur culturel, l'Allemagne, au XXe siècle. Se sont succédé en son sein des guerres de religion, des guerres de conquête, des guerres d'extermination, l'assujettissement de minorités ethniques, l'expulsion ou l'asservissement de minorités religieuses.

C'est le plus grand mérite de la construction européenne que d'avoir subsumé ces plaies du passé pour construire une entité politique commune. Les pays européens sortent à peine de ce long cauchemar. Le travail de deuil encore

1. Paul Ricœur, « La crise de la conscience historique et l'Europe », dans *Ética e o Futuro da Democracia*, Lisboa, Ediçoes Colibri, 1998, p. 29-35.

inachevé, comment composer avec ce passé fratricide ? Comment éviter le retour du refoulé ? Dans l'espace européen, cela ne peut signifier de pratiquer l'édulcoration, l'euphémisation ou l'abrasion des conflits qui ont opposé les nations entre elles ; cela implique d'accepter, sans pour autant faire pénitence, le regard critique et caustique de l'autre qui conteste tel ou tel aspect jugé exclusiviste ou dominateur. Prises dans une relation à la fois consensuelle et dissensuelle, les histoires des États composant l'Europe sont enchevêtrées et ne peuvent plus se comprendre dans le simple repli d'histoires linéaires nationalitaires. Sous l'Union en cours de construction se trouvent refoulés nombre de conflits des plus violents. C'est justement ce qui fait la grande nouveauté de l'Europe : elle a réussi à éteindre les braises des conflits internes pour créer un univers pacifié, malgré une crise économique d'une durée et d'une intensité exceptionnelles.

La dynamique propre à la construction européenne a pour avantages de faire affleurer le caractère changeant de chacune des mémoires et de vaincre les résistances de chaque peuple à se laisser raconter par d'autres, à sortir d'un rapport figé à son histoire, à faire communiquer les passés et évoluer les relations présentes que l'on peut entretenir avec lui. On passe ainsi de l'immuable et de l'incommensurable à la création d'un espace de communicabilité. C'est en libérant les promesses non tenues du passé que l'on peut à la fois rendre justice aux vaincus de l'histoire, mais aussi ressourcer le futur, réconcilier tradition et innovation. Les peuples comme les individus ont besoin de rêver ; ils ont besoin d'utopie, même s'il faut aussi se méfier de ses effets funestes, comme le tragique XXe siècle nous le rappelle. Néanmoins, le philosophe voit dans une Europe qui aurait réconcilié l'éthique de conviction et l'éthique de responsabilité l'ébauche d'une utopie responsable, mobilisatrice et innovante :

> Intégrer une morale à l'autre reste une grande tâche, peut-être la plus grande utopie[1].

L'Europe : horizon de l'utopie du candidat Macron

Sur l'Europe, enjeu essentiel de ce début du XXIe siècle, le rapprochement entre les positions de Ricœur et celles de Macron est saisissant. En 1992, Ricœur posait la question de l'Europe trop longtemps conçue comme un espace purement économique, en termes d'imaginaire social-historique[2]. Dans la construction européenne, le niveau politique est resté en retrait pour ne pas trop bousculer la souveraineté des États-nations. Il est donc impératif de repenser l'Europe en termes d'institutions nouvelles. Ricœur souligne alors la nécessité d'innover, dans la mesure où les pays européens ne peuvent s'appuyer sur des précédents dans le domaine de la supranationalité :

> L'expression d'État « postnational » est à ce double égard appropriée, dans la mesure où elle laisse ouverte – à l'imagination, précisément – la question de savoir quelles institutions inédites peuvent répondre à une situation politique elle-même sans précédent[3].

1. *Ibid.*
2. Paul Ricœur, « Quel éthos nouveau pour l'Europe ? », dans Peter Koslowski (dir.), *Imaginer l'Europe. Le marché intérieur européen, tâche culturelle et économique*, Cerf, 1992, p. 107-116.
3. *Ibid.*, p. 107.

Jugeant illusoire de procéder par le haut, de manière purement technocratique, à un transfert de souveraineté en imposant des institutions dans lesquels les citoyens ne se reconnaîtraient pas, Ricœur propose un processus mental apte à engendrer le déploiement concret d'une imagination politique et qui concerne à la fois les individus, les groupes et les peuples d'Europe. Il convient, selon lui, de distinguer et d'articuler deux dimensions tout aussi indispensables l'une que l'autre : l'identité et l'altérité, conçues dans un nouveau modèle d'intégration. Cette articulation passe par le déploiement du modèle de la traduction, sur lequel Ricœur a particulièrement insisté sur la fin de sa vie. Ce modèle est d'autant plus approprié que ce qui constitue une des richesses essentielles de l'Europe est la pluralité de ses langues :

> L'Europe est et sera inéluctablement polyglotte. C'est ici que le modèle de la traduction comporte des exigences et des promesses qui s'étendent très loin, jusqu'au cœur de la vie éthique et spirituelle des individus et des peuples[1].

Les langues ne constituent pas des systèmes clos et c'est même leur ouverture qui rend possible leur traduction de l'une en l'autre, nécessaire pour la communication entre les peuples. Pour affirmer la possibilité de la traduction, Ricœur invoque même l'existence d'un *a priori* de la communication qu'il présente comme un « principe d'universelle traductibilité ». Cette capacité s'incarne ensuite dans des cas spécifiques au cours desquels le traducteur cherche la meilleure adaptation de la langue d'origine dans la langue d'accueil. Ricœur prône ainsi l'enseignement du bilinguisme

1. *Ibid.*, p. 108.

dans tout l'espace européen ainsi que la généralisation de l'esprit de traduction dans les relations entre les cultures des divers pays européens, visant à favoriser des opérations de transfert d'un univers mental à un autre qui seraient en mesure de prolonger sur le plan culturel le geste d'hospitalité linguistique initié par un von Humboldt lorsqu'il se proposait d'élever le génie de sa propre langue, l'allemand, au niveau de la langue étrangère :

> Il s'agit bien d'habiter chez l'autre, afin de le conduire chez soi à titre d'hôte invité[1].

Cet échange linguistique constitutif de la construction européenne est doublé du frottement des mémoires.

Ricœur salue quelques actes spectaculaires, qui vont dans le sens de la sortie de mémoires nationales figées, comme celui de Willy Brandt agenouillé à Varsovie ou celui de Vaclav Havel, alors président de la République tchèque, écrivant au président de la République fédérale allemande pour lui demander pardon pour les souffrances infligées aux Sudètes après la Seconde Guerre mondiale. Pour Ricœur, c'est en libérant les promesses non tenues du passé que l'on pourra à la fois rendre justice aux vaincus de l'histoire et ressourcer notre futur, réconcilier tradition et innovation. Les peuples comme les individus ont besoin de rêver ; ils ont besoin d'utopies. Il faut s'en méfier, car celles-ci peuvent avoir des effets funestes, comme le tragique XXe siècle nous le rappelle. Ricœur voit néanmoins dans une Europe qui aurait réconcilié l'éthique de conviction et l'éthique de responsabilité l'ébauche d'une utopie responsable, mobilisatrice et innovante :

1. *Ibid.*, p. 109.

> Intégrer une morale à l'autre reste une grande tâche, peut-être la plus grande utopie[1].

Comme le pense Ricœur, en cette situation de deuil d'un sens téléologique, nous n'avons pas besoin de connaître le sens de l'histoire pour savoir où se trouve celui de l'action humaine, qui doit trouver sa source dans la raison pratique :

> Il en est de l'idée d'Europe en tant qu'espace d'intégration des migrations passées, présentes et à venir, comme de l'idée de paix perpétuelle selon Kant. La certitude du devoir n'a pas besoin de la garantie d'un sens qui s'imposerait quoi que nous fassions. Le devoir n'est jamais un savoir[2].

Et Ricœur de proposer une refondation de l'Europe conçue comme une cofondation ressentie comme d'autant plus nécessaire qu'il s'agit d'empêcher la guerre livrée par la barbarie terroriste contre toute espèce de civilisation :

> Dire « cofondation », c'est inviter à repenser toutes les composantes de notre complexe héritage européen du passé. Aucun de ces héritages ne s'est épuisé dans ses résultats, qui ont été autant des échecs que des succès. Je retrouve la formule de Habermas lorsqu'il disait que le projet-programme de la rationalité n'est pas épuisé[3].

Le nouveau président a centré sa campagne sur la refondation de l'Europe, en ayant compris qu'il n'y a pas d'autre possibilité, pour reconquérir un minimum de souveraineté, que la construction et le renforcement des institutions

1. Paul Ricœur, « La crise de la conscience historique et l'Europe », *op. cit.*
2. *Ibid.*
3. Paul Ricœur, « Le dialogue des cultures. La confrontation des héritages culturels », dans Dominique Lecourt (dir.), *Aux sources de la culture française*, La Découverte, 1997, p. 97-105.

européennes. Il pose, comme Ricœur, la question des héritages. L'Europe est venue à bout de ses guerres intestines et a construit un espace de paix récompensé par le Nobel en des temps où l'âpreté des conflits se poursuit sur tous les continents. Macron tient le plus grand compte de ce passif ; loin de la tentation de la dissimulation et de l'oubli, il juge pressante la refondation d'une Europe libre sur un continent devenu un espace de paix. Malgré la construction d'un marché commun resté trop à l'écart des peuples, l'Europe a réussi à vaincre ses démons intérieurs et à porter des valeurs allant à l'encontre des effets quasi mécaniques de la crise économique qui l'affecte et qui provoque des replis nationalitaires et haineux.

L'Europe se trouve pourtant fragilisée par le déficit de participation de ses populations, par le recul d'un sentiment d'appartenance à une communauté de pensée par-delà la diversité des langues, et par la tentation nationaliste d'un nombre croissant de ses membres. Alors qu'elle doit faire face à la barbarie du fondamentalisme islamiste qui frappe indistinctement toutes les civilisations, y compris musulmanes, dans le monde, sème la terreur et entraîne des migrations massives de réfugiés, l'Europe, déjà en proie à un chômage massif, semble sur la défensive, cachant mal ses divisions internes. Elle a besoin d'un second souffle qui passe par la construction d'une Europe politique, émanant d'une véritable volonté des peuples. L'Europe s'est laissé entraîner dans l'excès accordé au procédural, à la multiplication des règles uniformes de plus en plus coupées des réalités, provoquant de la part des acteurs sur le terrain, qui la perçoivent comme la source de tous nos maux, de légitimes réactions de rejet. C'est dans ce contexte peu propice que Macron souhaite faire revivre une identité européenne en recréant, en pleine vague d'euroscepticisme, un désir d'Europe.

Là encore, imprégné de la nécessaire notion d'utopie chez Ricœur, affirmant qu'il ne faut pas réduire l'horizon d'attente à l'espace d'expérience, mais au contraire préserver un imaginaire social-historique vers lequel les populations sont appelées à s'engager, Macron entend relancer la construction de l'Europe en la refondant. C'est par la communauté de pensée et de culture que l'Europe pourra s'imposer comme une force politique majeure de l'humanité, célébrant une certaine idée de ce qu'est la personne humaine, porteuse d'un projet d'émancipation, de justice sociale et de dialogue entre nations différentes, s'exprimant d'une même voix pour faire prévaloir l'héritage des Lumières.

L'élan européen du président français

À peine élu, Macron prend son bâton de pèlerin pour faire bouger les lignes et consolider l'Union européenne. Devant le Congrès rassemblé à Versailles, le nouveau président réaffirme haut et fort l'horizon que représente le rêve européen, qui doit permettre de faire face aux épreuves de plus en plus douloureuses d'un monde dangereux dans lequel la paix est constamment menacée par le déchaînement de la violence. La guerre que mènent le fanatisme et le terrorisme contre la démocratie ne pourra être gagnée que par une détermination inébranlable lui opposant le cap d'un être-ensemble mobilisateur et porteur d'émancipation, et ce cap ne peut être que la refondation de l'Europe. Négliger l'Europe est assimilé à une trahison de toutes les générations précédentes qui se sont battues pour y imposer un espace de paix et de société ouverte.

Le 7 septembre 2017, retrouvant les lieux mêmes du berceau de l'Europe, Macron lance un appel à l'ensemble des peuples européens à partir de la colline de la Pnyx, haut lieu symbolique où se réunissait l'assemblée des citoyens de l'Athènes classique. Il appuie son intervention en citant l'oraison funèbre de Périclès attestant la nouveauté qu'est la création de la démocratie grecque. L'oraison funèbre de Périclès, telle que Thucydide nous la donne à lire, affirme la singularité des idées politiques de la cité athénienne qui se situe dans ses institutions, sa façon de gouverner, ses mœurs et ses valeurs démocratiques.

Dans son discours d'Athènes, Macron s'inscrit dans un futur antérieur, du côté des promesses tenues et non tenues du passé, celles de la *polis* grecque, du rôle dévolu au *dèmos* (peuple), d'une communauté citoyenne qui se dote d'institutions qui n'ont d'autres fondements que sa volonté, dans une autonomie qui évacue toute forme de transcendance. Il y a là un futur potentiel du passé qui induit un rapport ne relevant plus de la nostalgie, de la mélancolie, mais de la créativité à partir de l'héritage historique. C'est ce rapport créatif au passé qu'exprime Macron devant l'Acropole, sur ce haut « lieu de mémoire » de la création de la démocratie, de la souveraineté populaire. Il lance son appel à tous les peuples de l'Europe pour organiser des conventions démocratiques grâce auxquelles celle-ci peut trouver à se refonder en s'appuyant sur une détermination populaire.

Les débuts du quinquennat de Macron sont balisés par de grands discours programmatiques et volontaristes sur sa conception de l'Europe. Il veut marquer les esprits, prendre date et construire de l'irréversible dans la marche en avant de l'Union européenne. Après le discours d'Athènes du 7 septembre 2017, Macron choisit un autre lieu hautement symbolique, la Sorbonne, pour exposer ses convictions en la matière. Il inscrit son intervention dans le sillage de l'idéal de vivre collégialement de Robert de Sorbon, considérant que les échanges entre érudits sont le ressort majeur de ce sentiment commun d'appartenance. Il rappelle aussi l'héritage tragique :

> Nous sommes les héritiers de toute cette histoire. Nous sommes les héritiers de deux déflagrations qui auraient dû jeter la nuit sur notre Europe, celles du siècle passé, des deux guerres mondiales qui ont décimé l'Europe et auraient pu nous engloutir. Mais ensemble, nous avons surmonté l'épreuve sans jamais en oublier les leçons. L'idée a triomphé des ruines. Le désir de fraternité a été plus fort que la vengeance et la haine[1].

Malgré les avancées dans la construction d'une Europe d'abord économique autour de la CECA (Communauté du charbon et de l'acier) et de la mise en place d'un marché commun, puis politique avec l'élection d'un parlement, le retour du refoulé nationaliste et protectionniste reste menaçant. Rien n'est définitivement acquis, et ce d'autant moins que « les passions tristes de l'Europe sont bien là, qui se rappellent à nous, et elles fascinent[2] ». Macron, incriminant les lenteurs de la construction européenne, source de déceptions, en appelle à la refonder avec enthousiasme autour d'un programme qui en fasse un cadre souverain, uni et démocratique :

1. Emmanuel Macron, discours « Pour une Europe souveraine, unie, démocratique », Sorbonne, 26 septembre 2017.
2. *Ibid.*

> Comme je l'ai assumé à chaque instant devant les Français, je le dis aujourd'hui avec une conviction intacte : l'Europe que nous connaissons est trop faible, trop lente, trop inefficace, mais l'Europe seule peut nous donner une capacité d'action dans le monde, face aux grands défis contemporains. L'Europe seule peut, en un mot, assurer une souveraineté réelle, c'est-à-dire notre capacité à exister dans le monde actuel pour y défendre nos valeurs et nos intérêts [...] Il y a une souveraineté européenne à construire, et il y a la nécessité de la construire. Pourquoi ? Parce que ce qui constitue, ce qui forge notre identité profonde, cet équilibre de valeurs, ce rapport à la liberté, aux droits de l'homme, à la justice, est inédit sur la planète. Cet attachement à une économie de marché, mais aussi à la justice sociale l'est tout autant. Ce que l'Europe représente, nous ne pouvons pas le confier aveuglément, ni de l'autre côté de l'Atlantique, ni aux confins de l'Asie. C'est à nous de le défendre et de le construire dans cette mondialisation[1].

Pour accélérer le rythme de construction de l'Union européenne, le président français préconise un programme ambitieux de relance reposant sur le principe de souveraineté européenne. Il inverse les priorités définies par les pères fondateurs qui avaient privilégié les critères économiques, et décide au contraire de prioriser le politique. Macron entend avancer sur la voie d'une plus grande sécurité des pays de l'Union en les dotant d'une défense, d'un appareil juridique et d'une cybersécurité communs. Il suggère, entre autres, que l'armée française s'ouvre à des militaires venus d'autres pays de l'Union. L'Europe doit gagner en souveraineté dans tous les domaines, tant sur le plan culturel qu'en relevant les grands défis de l'écologie, de l'agriculture, du numérique...

1. *Ibid.*

> L'exigence des Européens, c'est d'avoir aussi confiance dans les experts qui nous éclairent. Nos récents débats sur le glyphosate et sur les perturbateurs endocriniens montrent la nécessité d'évaluation scientifique européenne plus transparente, plus indépendante[1].

N'oubliant pas le volet social, le chef de l'État français souhaite rapprocher les conditions de travail et de rémunération dans une Europe plus intégrée. Cette politique n'entend pourtant pas faire de l'Europe un cadre homogène, uniforme. Macron voit au contraire dans la diversité des langues et des coutumes des divers pays de l'Europe une chance et non un handicap :

> Nos débats politiques sont toujours plus compliqués en Europe que dans le reste du monde. Parce que, en quelque sorte, le Sisyphe européen a toujours son intraduisible à rouler. Mais cet intraduisible, c'est notre chance ! C'est la part de mystère qu'il y a dans chacune et chacun, et c'est la part de confiance qu'il y a dans le projet européen[2].

Tirant les leçons du « non » au référendum de 2005, il ne veut pas avancer sur le front de cette intégration européenne par le haut, mais revitaliser le débat démocratique.

Macron poursuit son combat proeuropéen en se rendant le 17 avril 2018 à Strasbourg pour prononcer son premier discours devant le Parlement européen en tant que président de la République. Il y réaffirme la nécessité de consolider une souveraineté européenne. Alors qu'on est en pleine crise avec la faillite de l'économie grecque en cessation de paiement, il fait valoir un devoir de solidarité entre pays membres de l'Union :

1. *Ibid.*
2. *Ibid.*

> La France se tiendra à chaque instant aux côtés de tout État membre lorsque sa souveraineté est attaquée. [...] C'est la position que nous tenons constamment aux côtés de la Grèce lorsqu'elle est menacée en Méditerranée orientale[1].

Macron est récompensé de son engagement passionné pour l'Europe par la plus prestigieuse et ancienne distinction européenne, celle du prix Charlemagne attribuée par la ville d'Aix-la-Chapelle. Il s'y rend le 10 mai 2018, à l'occasion de la Journée de l'Europe, pour recevoir ce prix décerné pour « l'élan donné à l'Europe à la suite de la campagne électorale il y a un an en France » et sa volonté de « réancrer l'Europe et l'idée européenne au cœur des sociétés, des populations, avec notamment le lancement des consultations citoyennes ». Il appelle les pays européens à ne pas faiblir dans leur détermination à construire un espace commun et à faire face aux menaces grandissantes qui nourrissent les inquiétudes :

> Les barbelés réapparaissent partout à travers l'Europe, y compris dans les esprits[2].

Il souligne que les Européens sont codépositaires d'« un multilatéralisme international » et qu'il leur appartient d'en défendre la grammaire. Cette fois, c'est sur le terrain de la culture qu'il préconise des avancées, comme la création d'une Académie européenne pour la culture.

---

1. Emmanuel Macron, réponse à une question d'un député du Parlement européen, Strasbourg, 17 avril 2018.
2. Emmanuel Macron, discours lors de la remise du prix Charlemagne, Aix-la-Chapelle, 10 mai 2018.

« Au bord d'un précipice »

À la veille des élections européennes de mai 2019, Macron essaie de retrouver l'élan de sa campagne et des débuts de son mandat présidentiel pour surmonter l'impuissance manifeste des pays membres à faire face aux graves défis du moment de manière concertée. Le chef d'État publie une tribune simultanément en vingt-deux langues et dans vingt-huit pays, « Pour une renaissance européenne », articulée autour de trois thèmes : liberté, protection et progrès.

Par-delà les frontières nationales, le président français s'adresse personnellement à chaque citoyen membre de l'Union dans une démarche qui, par elle-même, exprime ses convictions européennes, où il montre que les enjeux des élections européennes ne se déclinent pas selon les cadres nationaux traditionnels, mais à l'échelle du continent. Par cette déclaration, il montre l'importance qu'il accorde à cette élection du Parlement. Pour susciter un sursaut volontariste, il n'hésite pas à dramatiser la situation d'une Europe en proie à la multiplication des replis nationalitaires dénoncés comme un dangereux piège :

> Jamais, depuis la Seconde Guerre mondiale, l'Europe n'a été aussi nécessaire. Et pourtant, jamais l'Europe n'a été autant en danger[1].

À l'écueil que représente le choix du Royaume-Uni en faveur du Brexit s'ajoute, selon Macron, le risque de la frilosité et de la torpeur pour éviter de nouvelles ruptures,

1. Emmanuel Macron, « Pour une renaissance de l'Europe » (tribune), 5 mars 2019.

favorisant un *statu quo* sourd aux insuffisances, dysfonctionnements et mécontentements qui s'expriment :

> Ceux qui ne voudraient rien changer se trompent aussi, car ils nient les peurs qui traversent nos peuples, les doutes qui minent nos démocraties[1].

Macron espère relancer une volonté de changement et d'amélioration du fonctionnement des institutions européennes en préconisant la mise en place à court terme d'une Conférence pour l'Europe visant à étudier toutes les modifications à prévoir. Pour éviter les critiques à l'égard des experts coupés des réalités, il souhaite voir cette Conférence s'associer des citoyens et procéder à l'audition d'universitaires, de partenaires sociaux et de représentants des diverses confessions religieuses. On retrouve dans cette tribune les thèmes habituellement déclinés par le président français : se prémunir contre les cyberattaques et autres manipulations numériques ; signer un traité de défense et de sécurité définissant les responsabilités des États membres, ainsi qu'une clause de préférence européenne pour faire face à la concurrence internationale ; créer une banque européenne du climat pour accélérer la conversion écologique de l'économie ; sans oublier un volet social via la mise en place d'un « salaire minimum européen, adapté à chaque pays et discuté chaque année collectivement[2] », et l'instauration d'un bouclier social garantissant la même rémunération sur le même lieu de travail.

En ce mois de mars 2019, l'engagement et la détermination du président français reflètent une conviction profonde

1. *Ibid.*
2. *Ibid.*

qu'il a toujours exprimée. Ils sont aussi la résultante du combat politique que se livrent le mouvement qu'il représente, LREM, et son adversaire, le Rassemblement national de Marine Le Pen, qui, après son échec au second tour des présidentielles de 2017, espère prendre sa revanche lors des élections européennes. En mai, les résultats du vote confirment l'influence de ces deux courants qui auront réussi à écraser toutes les autres composantes de la vie politique française, mis à part les écologistes, reproduisant la bipolarisation des présidentielles avec l'alternative Macron-Le Pen.

En réussissant à intéresser et à mobiliser le corps électoral français à cette élection du Parlement européen, le chef de l'État gagne son pari. Le taux de participation est en effet exceptionnellement élevé : 50,12 % (contre 42,5 % en 2014) : un record depuis l'élection de 1994. En revanche, il perd le duel qui l'oppose à Marine Le Pen, dont la liste arrive en tête avec 23,3 %. La liste LREM suit de peu avec 22,4 %, laissant un espace proeuropéen occupé par la liste des écologistes conduite par Yannick Jadot qui réalise un score conséquent de 13,4 %, devançant les partis politiques traditionnels de la droite et de la gauche, tous réduits à moins de 10 %.

Cette élection conforte l'identité d'Européen de Macron, tout en démontrant une fois de plus des résistances à la construction européenne solidement implantées. Dans un contexte où les forces nationalistes eurosceptiques marquent souvent le pas dans la plupart des pays de l'Union européenne, hormis en Italie, le président français perd cependant son pari sur le plan symbolique face au Rassemblement national. Certes, le renforcement des libéraux-démocrates permet la constitution d'un groupe jouant un rôle pivot entre le pôle des conservateurs et celui des sociaux-démocrates, mais il n'arrive qu'en troisième position, et LREM ne pèse que 3 % de l'ensemble des députés. Par ailleurs, Nathalie Loiseau, tête de liste choisie par Macron, destinée à assumer la présidence du groupe Renew au Parlement, est immédiatement écartée à la suite de ses propos peu amènes qu'elle a tenus en *off*, dès son arrivée à Bruxelles, sur Angela Merkel et Manfred Weber, et qui ont fait polémique. Les déboires de la délégation française LREM se poursuivent avec le choix de Sylvie Goulard désignée par Macron pour siéger à la Commission européenne. Elle se trouve à son tour récusée au nom des affaires qui lui sont reprochées et qui avaient déjà suscité son départ du gouvernement français. Ce rejet est vécu comme un affront fait à la France, et à Macron à titre personnel.

En cette année 2019, loin d'être suivi d'effets, l'élan souhaité par le président français dans la consolidation des institutions européennes voit une Europe faisant plus que jamais preuve de ses limites. Impuissante à gérer la question des migrants, elle laisse adopter des lois liberticides par un nombre croissant de ses États membres, et reste simple spectatrice du désastre syrien avec la victoire du boucher Assad contre les Forces démocratiques syriennes (FDS) et l'intervention des troupes turques contre les Kurdes du nord-est de la Syrie, bénéficiant du feu vert de Trump.

Dans un entretien publié par *The Economist* le 9 novembre, Macron doit convenir que « l'Otan est en état de mort cérébrale » et que « L'Europe est au bord d'un précipice ». Malgré une situation peu propice aux avancées de l'Union européenne, le chef de l'État ne renonce jamais à brandir le drapeau européen comme un horizon positif à promouvoir, défiant les habitudes et les conservatismes :

> Sur la scène européenne comme sur la scène nationale, il procède par effraction. Il dissone, il défie, il accuse, il met en demeure. Il est celui, il choisit d'être celui qui proclame que l'Europe est nue et qu'il est temps de la vêtir. Pour cela, il transgresse, il menace, il hausse le ton, il transforme l'art de la diplomatie en épreuve de force perpétuelle[1].

Hélas ! froissant les susceptibilités, œuvrant à la refondation en un moment où tout se délite, il ne parvient pas à surmonter les épreuves et à rallier les autres pays de l'Union à son panache blanc.

Une crise non surmontée

Le 9 mai 2020, trois ans après son investiture, le chef de l'État fête l'Europe de manière originale et spectaculaire, à la date du 70e anniversaire de la déclaration de Robert Schuman, qui a été un texte fondateur de la construction européenne. Il enregistre, ainsi que les autres chefs de gouvernements de l'Union européenne, un message vidéo d'une quinzaine de secondes pour exprimer ses vœux aux peuples européens. En pleine crise pandémique, rappelant le courage du combat contre le nazisme, il compte sur une égale détermination pour conduire l'Europe à terrasser le virus et à retrouver son élan vital. Cette idée d'un message commun à tous les dirigeants de l'Europe, qui émane de l'Élysée, a pour ambition de donner l'image d'une unité retrouvée dans l'épreuve, nécessaire pour construire un après risquant fort d'être difficile.

1. Alain Duhamel, *Emmanuel le hardi*, L'Observatoire, 2021, p. 178-179.

Depuis le début de son mandat, Macron ne cesse d'exalter l'idée européenne, de suggérer des initiatives pour la renforcer et la doter d'institutions solides. Sa stratégie pour accroître la souveraineté de l'Europe se heurte pourtant à un contexte géopolitique défavorable au déploiement de réalisations concrètes à la hauteur des espérances. L'Union reste néanmoins un horizon d'attente, une utopie possible, même si différée. Dans un contexte particulièrement difficile, la France incarnée par Macron comme fervent de la construction européenne fait figure d'exception dans une Europe minée, à l'est, par le populisme et les politiques illibérales de certains pays membres, et par la politique vindicative de grande puissance autoritaire de la Russie poutinienne. À l'ouest, la situation n'est pas meilleure avec la sortie du Royaume-Uni, la politique défavorable à l'Europe de la coalition entre Mouvement 5 étoiles et Ligue au pouvoir en Italie, et une politique ouvertement hostile de l'Amérique de Trump.

En janvier 2020, les deux politistes Yves Bertoncini et Thierry Chopin font le point dans la revue *Le Débat* sur l'ambitieux projet de Macron pour l'Europe. Ils prennent acte d'un certain nombre d'avancées, dont la mise en place d'un Fonds européen pour la défense au sein du budget de l'Union, et, sur le plan social, la révision de la directive sur le détachement des travailleurs, ou la décision d'interdire l'usage du glyphosate d'ici 2022 :

> [Mais] rien, cependant, qui ne permette à ce stade de célébrer une véritable « refondation européenne » ni de l'augurer dans les six domaines clés identifiés à la Sorbonne[1].

1. Yves Bertoncini, Thierry Chopin, « Macron l'Européen : de l'*Hymne de la joie* à l'embarras des choix », *Le Débat*, n° 208, janvier 2020, p. 117.

Pour eux, le projet français de « Budget de la zone euro » est significatif du bilan très modeste des grandes ambitions macroniennes. Alors qu'il était question d'un budget spécifique doté de ressources propres contrôlées par le Parlement européen et fort de plusieurs points de PIB des pays de la zone euro, les laborieuses négociations n'ont débouché que sur une ligne dans le budget de l'Union, qui ne prévoit sur sept ans que 0,1 % du PIB de la zone euro. Par ailleurs, le grand projet de listes intégrées et transnationales pour suppléer l'absence des représentants du Royaume-Uni lors des élections au Parlement a été rejeté. La gestion des flux migratoires a par ailleurs suscité de nombreuses et vives tensions, non seulement avec Viktor Orbán, mais aussi avec le gouvernement italien, si bien que, plutôt que d'une refondation de l'Europe, il s'est agi plus modestement d'une simple gestion collective de crise.

La situation invitait à davantage de modestie pour avancer ce qu'Angela Merkel a signifié à Macron en le recevant à Berlin, lui citant ce propos de Hermann Hesse :

> Au début de toute chose, il y a un charme, mais pour que le charme demeure, il faut qu'il y ait des résultats à la clé.

Elle indique par-là à son partenaire français que sa posture hyperbolique est très certainement contre-productive :

> Elle traduisait un degré d'ambition, qu'incarnent aussi les concepts de « refondation » et de « renaissance » de l'Europe, sans doute trop élevé pour les partenaires politiques et institutionnels du président de la République[1].

1. *Ibid.*, p. 125.

Lorsque la chancelière allemande souligne que « les Européens doivent prendre leur destin en main » en matière de stratégie, elle souligne, elle aussi, la nécessité d'avancées profondes pour la construction européenne. Comme nombre de ses homologues, elle est cependant plus préoccupée de la « survie » de l'Europe que de sa « renaissance ». Et Yves Bertoncini et Thierry Chopin de lister les nombreux coups d'éclat du président français, qui, au lieu de débloquer des situations, n'ont fait qu'enkyster des tensions avec les partenaires européens de la France :

> Critique directe du gouvernement polonais au moment des négociations sur le travail détaché ; dénonciation courroucée du compromis européen sur le glyphosate ; scénarisation d'un duel réducteur avec Viktor Orbán et Matteo Salvini ; menace d'ultimatum sur la fin des négociations du Brexit ; veto artificiel au lancement de négociations commerciales avec les États-Unis ; dénonciation des conditions de préparation du sommet européen sur les nominations de l'été 2019 ; critique directe du Parlement européen, mais aussi d'Ursula von der Leyen, au moment du refus de la candidature de Sylvie Goulard à la Commission ; rejet crispé de la perspective de négociations d'adhésion avec l'Albanie et la Macédoine du Nord ; entretien avec *The Economist* annonçant la « mort cérébrale de l'Otan » au moment même où Angela Merkel reçoit son secrétaire général, en amont de la célébration de la chute du mur de Berlin[1]...

Macron est invité à davantage de maïeutique pour gagner en efficacité dans sa politique européenne, de *prudentia* et d'empathie à l'égard de ses partenaires pour parvenir à des réalisations concrètes :

1. *Ibid.*, p. 126.

> Il fallut dix ans à Ulysse pour mener son équipage à bon port – l'espace de deux quinquennats ! Il dut dans cette voie faire preuve de constance, de ruse et de douceur, souvent « donner du temps au temps », parfois avouer ses faiblesses aussi, tout en veillant à maintenir la mobilisation et l'unité de ses coéquipiers[1].

L'historien Emmanuel Droit rappelle qu'en février 2018 déjà, les pays membres de la « nouvelle ligue hanséate » regroupant les pays Baltes, les Pays-Bas, le Danemark, la Suède, la Finlande et l'Irlande, avaient critiqué le directoire franco-allemand. Il invite le président Macron à abandonner une stratégie de défense de l'Europe trop occidentalocentrée, trop marquée par une vision hexagonale :

> Il est temps aujourd'hui de reconnaître l'échec de la manière de faire française : celle-ci est complètement anachronique. Il faut imaginer une autre manière de faire l'Europe, une façon plus inclusive et plus soucieuse de jeter des ponts entre l'Ouest et l'Est. C'est ce que la chef de la CDU, Annegret Kramp-Karrenbauer, a signalé à Emmanuel Macron dans sa tribune publiée dans le journal allemand *Die Welt* le 10 mars 2019[2].

1. *Ibid.*, p. 129.
2. Emmanuel Droit, « Macron et l'échec de l'Europe française », *AOC (Analyse, Opinion, Critique)*, 22 mai 2019.

9

Sauver la planète : savoir atterrir et rouvrir un futur

On ne peut pas dire que le candidat Macron à la présidentielle ait totalement ignoré le défi écologique. On le constate à la lecture de son programme dans *Révolution* :

> Si nous voulons réussir dans le XXIe siècle sur le plan économique, nous devons aussi apporter notre réponse au défi écologique [...] Ce sujet n'en est pas un parmi d'autres, ni une case qu'on doit cocher dans un programme. Il est devenu central [...] Il bouscule notre modèle de développement et plus fondamentalement la pérennité de notre civilisation[1].

S'appuyant sur les décisions de la COP21, il stigmatise les positions des climatosceptiques ; soulignant que les changements climatiques menacent les plus fragiles, il se dit déterminé à faire, s'il est élu, du volet écologique de sa politique une priorité :

> Je veux placer la nouvelle écologie au cœur de la politique qui sera menée en France au cours des prochaines années[2].

1. Emmanuel Macron, *Révolution*, *op. cit.*, p. 93.
2. *Ibid.*, p. 97.

On peut néanmoins noter que sur ses seize chapitres, la question écologique n'occupe qu'une partie du chapitre 7 et ne figure que comme corrélat de la question de la production : « Produire en France et sauver la planète. ». Au cours de sa campagne électorale, il n'a jamais fait allusion au réchauffement de la planète, considérant que l'écologie relevait d'une idéologie rétrograde de la décroissance :

> C'était peu présent dans la campagne présidentielle, on ne va pas se mentir[1].

Delphine Batho, l'ancienne ministre de l'Écologie (de juin 2012 à juillet 2013) du président François Hollande, assure d'ailleurs que Macron, alors secrétaire adjoint de l'Élysée, n'a cessé de lui mettre des bâtons dans les roues :

> Sur le gaz de schiste, j'ai eu en face de moi un tandem Macron-Montebourg. Macron était clairement pour le gaz de schiste[2].

De ce différend résultera l'éviction de Delphine Batho du gouvernement de Jean-Marc Ayrault en juillet 2013.

Élu président de la République, Macron souligne néanmoins l'importance qu'il accorde à la question écologique en réagissant fermement en juin 2017 à la décision de Trump de la sortie des États-Unis de l'accord de Paris sur le climat, aussi rapide que vive. Affirmant que Trump commet « une faute pour l'avenir de la planète », Macron délivre immédiatement un message télévisé en français et en anglais : *Make our planet great again* (« Rendons sa grandeur

1. Benjamin Griveaux, entretien avec Arthur Berdah, *Emmanuel Macron. Vérités et légendes*, Perrin, 2021, p. 90.
2. Delphine Batho, citée par Gérard Davet, Fabrice Lhomme, *Le Traître et le néant*, *op. cit.*, p. 98.

à notre planète »), qui paraphrase et ridiculise le slogan trumpiste : *Make America great again*. Le 12 décembre 2017, il réunit acteurs publics et privés autour des enjeux du financement du programme dont s'est dotée la COP à l'occasion du second anniversaire des accords de Paris.

En septembre 2018, Macron est d'ailleurs récompensé pour ses déclarations et consacré par l'Onu comme le « champion de la Terre ». Il reçoit le prix décerné par le Programme des Nations unies pour l'environnement qui lui attribue cette distinction pour avoir « placé l'action pour le climat au sommet de sa politique étrangère », et pour n'avoir pas ménagé ses efforts sur le plan international en affichant son engagement en faveur de la défense de l'environnement. En cette fin d'année 2017, le chef de l'État français prend l'initiative d'organiser le « One Planet Summit », qui réunit les représentants de nombreux pays, des organisations internationales et des entreprises dans le but de procéder aux décisions et investissements nécessaires pour respecter les engagements internationaux quant au réchauffement climatique.

Une préoccupation écologique secondarisée

Cette distinction internationale reçue en septembre 2018 revêt pourtant un caractère paradoxal : elle intervient juste après que Nicolas Hulot, ministre de la Transition écologique et solidaire, vedette des médias et très populaire, a démissionné avec fracas, au motif que l'attitude du gouvernement est loin d'être à la hauteur des ambitions affichées et des déclarations d'intention. Le renoncement de Nicolas Hulot est rendu public au micro de France Inter le 28 août

2018 : « Je ne veux plus me mentir », déclare-t-il, avec d'autant plus de sincérité qu'il a mûri sa décision durant tout l'été, sans en avoir avisé quiconque.

Lorsqu'il arrive à France Inter pour cette émission en direct, il n'a pas encore l'intention d'évoquer son départ prochain, mais, acculé dans ses contradictions, il l'annonce publiquement. Cette démission révèle le malaise du ministre chargé de l'Environnement qui doit faire face aux impératifs de rentabilité de Bercy et aux pressions de lobbies qui ont le dernier mot. Nicolas Hulot se garde cependant de croiser le fer avec le président. Il ne s'exprimera sur cette rupture que trois mois plus tard, soulignant le contraste entre deux diagnostics : alors que lui considérait que l'on avait à se battre contre un cancer généralisé, Macron jugeait qu'il ne s'agissait certes pas d'une grippette, mais d'une simple bronchite ; à ce rythme, Nicolas Hulot estime que l'on est en train de perdre la guerre.

Nicolas Hulot a dû avaler de nombreuses couleuvres, avalisant en tant que ministre des mesures allant à l'encontre de ses convictions. Alors que le président promet en 2017 de faire de la santé environnementale une priorité, et que le glyphosate, herbicide devenu courant et identifié comme déclencheur de cancers et de dommages irréversibles sur l'environnement, est dans le collimateur, Nicolas Hulot entre en conflit avec Stéphane Travert, ministre de l'Agriculture, qui se dit en accord avec lui sur la sortie du glyphosate, pas avant toutefois que l'on trouve une solution de substitution. En 2019, le président tranche le différend en faveur du ministre de l'Agriculture et déclare : « Ce n'est pas faisable, et ça tuerait notre agriculture. » La grande firme multinationale américaine Monsanto se trouve ainsi provisoirement épargnée, alors que le glyphosate, composant du Roundup et classé cancérogène par l'OMS, reste autorisé pour les agriculteurs.

Le ministre de la Transition écologique doit par ailleurs accepter un texte jugé laxiste sur les perturbateurs endocriniens, substances chimiques contenues dans de nombreux produits et dont les résidus interagissent avec le système hormonal des êtres vivants, provoquant de sérieux risques pour leur santé. Fin 2017, les institutions européennes, dont la France, ont adopté une définition à ce point laxiste de ce qu'est un perturbateur endocrinien que la communauté scientifique juge cette définition totalement inopérante :

> Le gouvernement a présenté début 2019 sa nouvelle stratégie nationale contre les perturbateurs endocriniens. Elle ne contient pas de mesures contraignantes, mais privilégie des actions de sensibilisation, de formation et de recherche[1].

Nicolas Hulot doit aussi adopter le CETA, le traité commercial de libre-échange entre l'Europe et le Canada, qu'il présente, avant d'être ministre, comme dangereux pour l'environnement dans une tribune signée dans *Le Monde*. Ce traité permet en effet d'accroître les émissions de gaz à effet de serre. Le président signera, cette fois sans la caution de Nicolas Hulot, le même type d'accord aux incidences néfastes pour l'environnement avec le Vietnam en février 2020, puis en avril 2020 avec le Mexique. Nicolas Hulot doit encore accepter la réduction des subventions pour les vélos électriques jugées trop onéreuses par Bercy. Il doit aussi avaliser l'abandon de la généralisation de l'étiquetage alimentaire. Alors que le président s'était engagé à

1. Maxime Vaudano et Agathe Dahyot, « Écologie : le bilan pas très vert d'Emmanuel Macron », *Le Monde*, 22 juin 2019.

fermer les centrales au charbon et à mettre un terme aux permis d'hydrocarbures, ainsi qu'à toutes les centrales au charbon, au demeurant peu nombreuses, elles ne ferment pas, et celle de Codermais est prorogée jusqu'en 2026.

Quant aux hydrocarbures, une loi est bien adoptée en 2017 à l'initiative de Nicolas Hulot, qui prévoit la fin de la production pétrolière et gazière sur le territoire français et l'impossibilité d'accorder de nouveaux permis de recherche dans ce domaine. Mais le lobbying exercé par l'industrie a été tel que les compagnies d'hydrocarbures obtiennent que 62 des concessions déjà attribuées soient potentiellement renouvelées jusqu'en 2040. Le coup de grâce qui fait sortir le ministre de ses gonds est la décision du gouvernement le 27 août 2018 d'une baisse substantielle du permis de chasse de 400 à 200 euros pour satisfaire le lobby des chasseurs animé par l'ami du président, Thierry Coste.

Dans ce marasme, Nicolas Hulot aura néanmoins obtenu un certain nombre d'avancées, tel l'abandon du projet d'aéroport à Notre-Dame-des-Landes à l'issue d'un long combat contre un pouvoir sourd à la résistance locale. Parmi les autres avancées, on notera la décision de mettre fin à la vente de véhicules à essence ou diesel à l'horizon de 2040, l'extension de la prime à la casse, l'adoption d'un plan quinquennal de rénovation énergétique des bâtiments devant permettre de réaliser 500 000 rénovations annuelles, dont la mise en pratique était cependant plus qu'incertaine en août 2018. Enfin, Nicolas Hulot obtient le renoncement à l'attribution de nouveaux permis d'exploitation d'hydrocarbures en France jusqu'en 2040.

Le contraste reste grand entre projets ambitieux et réalisations insuffisantes pour enrayer le processus de destruction de l'écosystème. Sur le plan politique, ce fossé amène la percée électorale des Verts de Yannick Jadot aux élections européennes, succès qui s'est amplifié lors des élections municipales de juin 2020 qui ont vu EELV remporter un nombre sans précédent de grandes villes françaises. Phénomène inédit en effet, 8 des 40 villes de plus de 100 000 habitants se retrouvent avec un maire écologiste : Annecy, Besançon, Bordeaux, Grenoble, Lyon, Marseille, Strasbourg, Tours. Le chef de l'État, qui a enregistré lors de ces élections une déroute totale de son mouvement LREM, comprend le message et reçoit dès le lendemain de l'élection, le 29 juin, les 150 membres de la Convention citoyenne pour le climat pour rappeler son engagement en faveur de la cause écologique.

Le pari du chef de l'État et de son gouvernement revient à considérer qu'il est possible de concilier une politique de croissance sur des bases néolibérales fortement favorables aux investisseurs et une politique écologique audacieuse. Selon lui, le modèle de développement n'est pas à remettre en cause : il s'agit simplement de réorienter les investissements dans des domaines qui préservent mieux les équilibres de l'écosystème. Pour Macron, il n'est donc pas question de changer notre vision du monde, mais simplement de la colorer d'un vert plus soutenu. Le 25 juin 2019, le Haut Conseil pour le climat, créé par le président et composé de treize experts installés par ce dernier, juge sévèrement la timidité de sa politique et l'insuffisance des efforts de l'État pour réduire son empreinte carbone, soulignant néanmoins, dans son rapport, les tensions et incompatibilités entre les deux versants de cette politique.

Loin des déclarations triomphales, le bilan, après deux années de gouvernance, reste modeste et le plus souvent en dessous des ambitions énoncées par les responsables de l'État. Si les moyens budgétaires consacrés à l'écologie ont globalement augmenté entre le printemps 2017 et le printemps 2019, passant de 9,5 à 12,3 milliards d'euros, le ministère de la Transition écologique est l'un des plus touchés par les réductions d'effectifs, perdant plus de 7 000 postes sur un total de 67 000. Si Macron a fortement contribué à donner une visibilité à la préoccupation écologique, c'est à la fois par ses déclarations d'intention et par la création d'instances ayant en charge d'évaluer sa politique et de faire des propositions. Il met ainsi en place, outre le Haut Conseil pour le climat mentionné *supra*, un Conseil de défense écologique et surtout une Convention citoyenne, composée de 150 citoyens français tirés au sort, chargée, après avoir siégé six mois à partir de juillet 2019, de transmettre au gouvernement des propositions consensuelles pour financer la transition écologique.

Au lendemain des municipales qui ont vu déferler une vague verte sur les grandes villes du pays, Macron réunit à l'Élysée cette Convention citoyenne. Il réitère ses engagements à prendre acte et à donner suite aux 149 propositions de la Convention, à l'exception de trois d'entre elles :

> J'irai au bout de ce contrat moral qui nous lie. Je veux que toutes vos propositions soient mises en œuvre au plus vite, à l'exception de trois d'entre elles. Celles qui relèvent du champ réglementaire seront abordées d'ici fin juillet lors d'un Conseil de défense écologique. D'autres seront impliquées dans un plan de relance qui sera soumis au Parlement dès la fin de l'été. Un projet de loi spécifique sera présenté à la fin de l'été, et intégrera l'ensemble des mesures qui relèvent du champ législatif.

Les trois propositions rejetées sont la suggestion de limiter la vitesse sur autoroute à 110 kilomètres-heure, la création d'une taxe de 4 % sur les dividendes et la modification du préambule de la Constitution. Le président de la République se dit en revanche favorable à l'organisation d'un référendum en 2021 sur une ou plusieurs des propositions de la Convention citoyenne.

Si Macron a fait incontestablement de l'écologie un travail pédagogique de sensibilisation de l'opinion publique à une question qui n'a rien de secondaire ou d'optionnel, sur le plan des réalisations, comme le note le rapport du Haut Conseil pour le climat, le compte n'y est pas et se situe même en deçà des décisions de son prédécesseur. Alors que la loi de transition énergétique votée en 2015 sous François Hollande prévoyait de réduire la part du nucléaire dans la production électrique nationale à 50 % en 2025 et que Macron s'est engagé dans sa campagne électorale à faire de cet objectif un impératif absolu, il repousse de dix ans les échéances et son calendrier ne prévoit plus que la fermeture de 14 réacteurs, soit seulement 20 % du parc nucléaire en 2035 :

> Ce scénario est décevant pour les écologistes, qui espéraient une réduction plus rapide de la dépendance au nucléaire. Il a d'ailleurs été plutôt bien accueilli par l'opérateur EDF, qui plaidait pour une transition plus longue[1].

De la même manière, en matière d'énergies renouvelables, la Commission européenne rend en juin 2019 un avis qui estime que les efforts de la France sont insuffisants pour réaliser les objectifs européens. Sur le dossier fondamental du chauffage, qui représente plus de 50 % de la consommation énergétique des foyers, là encore la

1. *Ibid.*

France est très en retard quant aux énergies renouvelables. On mesure encore le poids des fabricants de pesticides qui ont obtenu que le gouvernement renonce aux pénalités prévues à l'encontre de ceux qui ne s'engagent pas à signer des certificats attestant des économies de produits phytopharmaceutiques. Quant à « l'agence nationale de sécurité sanitaire (Anses), elle a estimé en novembre 2018 que l'action de l'État était insuffisante pour protéger les abeilles et insectes pollinisateurs contre les pesticides[1] ».

Alors que les déclarations officielles proclament la nécessité du développement d'une agriculture de proximité donnant la priorité à la qualité et non plus à la quantité de la production, le gouvernement n'inscrit pas dans la loi sur l'alimentation un renforcement de l'étiquetage des aliments obligeant à informer les consommateurs sur la présence ou non d'organismes génétiquement modifiés (les OGM) dans l'alimentation et de préciser le mode d'élevage, l'origine des produits vendus et le traitement en pesticides.

Les campagnes de sensibilisation sur le mauvais traitement des animaux, les excès de l'élevage industriel et les pratiques scandaleuses de certains abattoirs incitent le gouvernement à prendre des mesures prévoyant un meilleur encadrement et sanctionnant plus sévèrement ces pratiques, mais là encore ce ne sont que des demi-mesures. Toutes les suggestions des associations luttant en faveur du bien-être animal ont été repoussées :

> Il n'y aura pas d'interdiction de la vente des œufs de poules élevées en cage, contrairement à ce qu'avait promis Emmanuel Macron pendant sa campagne. Le ministre

1. *Ibid.*

> de l'Agriculture, Stéphane Travert, avait expliqué que le gouvernement privilégiait la « responsabilisation » de la filière, « qui s'est engagée à dépasser 50 % de la production d'œufs en élevage alternatif à la cage d'ici à 2022 ». Il n'y aura pas de vidéosurveillance dans les abattoirs. Le gouvernement a seulement permis l'expérimentation de cette vidéosurveillance, en comptant sur les démarches volontaires des abattoirs. Il n'y aura pas d'interdiction de la vente de viande de lapins issus d'élevage en cage, de castration à vif des porcelets, de broyage des poussins mâles, des « fermes-usines », ni de limitation de la durée de transport des animaux[1].

À la suite de la Convention citoyenne, le 8 janvier 2021 est rendu public un projet de loi pour aller dans le sens d'une « société neutre en carbone, plus résiliente, plus juste et plus solidaire » qui reprend l'ambition des 150 « conventionnels ». Si beaucoup des orientations sont reprises par cette loi de 65 articles, force est de constater sur la plupart des sujets un net recul par rapport aux propositions de départ. Le projet de loi ne reprend que 30 % des 149 propositions de la convention. Il était suggéré de limiter les lignes aériennes au bénéfice du train : l'interdiction des vols intérieurs lorsqu'une alternative ferroviaire existe en moins de quatre heures était l'une des propositions phares de la convention. L'article 35 du projet de loi reprend cette mesure, en la limitant aux trajets réalisables en moins de deux heures et demie, ce qui ne concerne que cinq liaisons, soit 0,5 % des émissions. Dans le domaine essentiel des émissions à effet de serre, le compte n'y est pas, et de loin, alors que l'ambition était de les réduire de 40 % d'ici 2030 :

1. *Ibid.*

> Dans un avis critique rendu fin janvier, le Conseil économique, social et environnemental (CESE) rappelle que, pour atteindre l'objectif de réduction de 40 % des émissions en 2030, il faudrait « tripler le rythme annuel de réduction ». « C'est un bouleversement profond qui est visé dès maintenant, et non un ajustement à la marge. »[1]

Si l'on projette de mieux encadrer la publicité pour les produits polluants, on ne va pas jusqu'à l'interdire. Le projet reprend l'idée d'interdire la location de ce que l'on nomme les passoires thermiques à partir de 2028, mais pas la proposition d'obligation de rénovation globale de l'ensemble des logements à partir de 2024. La Convention préconisait de favoriser les produits bio dans les cantines scolaires. Le projet de loi reprend l'idée de prévoir le choix d'un menu végétarien dans la restauration collective, mais au lieu de le rendre obligatoire, il le transforme en une expérimentation, sur la base du volontariat sur deux ans et dans les « collectivités territoriales volontaires », d'une option végétarienne quotidienne dans les self-services.

Selon les experts et les scientifiques qui l'ont examinée, cette loi ne permettra pas à la France de respecter ses engagements climatiques. L'ancien ministre de l'Écologie Nicolas Hulot juge négativement ce projet de loi « Climat et résilience » issu des travaux de la Convention citoyenne, loin, selon lui, des ambitions nécessaires et des promesses faites :

> Ce que les experts nous disent, c'est que ce projet de loi en l'état n'est pas à la hauteur des enjeux et de nos engagements : ni de l'objectif de réduire nos émissions de 40 %

1. Rémi Barroux et Audrey Garric, « Les ambitions modestes du projet de loi sur le climat », *Le Monde*, 11 février 2021.

> d'ici à 2030 par rapport à 1990, et encore moins du nouvel objectif européen de les abaisser d'au moins 55 % [...] et que l'écart énorme entre les promesses politiques et la réalisation des promesses aggrave la défiance entre le citoyen et le politique, ce qui sape notre démocratie[1].

Quant aux 150 volontaires de la Convention citoyenne pour le climat (CCC), ils évaluent sévèrement le gouvernement, qui ne se voit attribuer que la note de 3,3 / 10 pour sa reprise de leurs propositions, et 2,5 / 10 pour sa réponse à la question de savoir dans quelle mesure les décisions du gouvernement relatives aux propositions de la CCC permettent de s'approcher de l'objectif fixé par le président de la République.

Si, incontestablement, le président a pris la mesure des dangers qui guettent l'équilibre de l'écosystème, il n'entend pas céder sur sa conception néolibérale de la société, et c'est toujours cette dernière qui prévaut dans les arbitrages. Des mesures écologiques sont certes adoptées, à condition de ne pas entraver les objectifs de croissance et les intérêts des grands groupes d'investisseurs. Tout son programme sera revu à la baisse : la part du nucléaire dans la production électrique ne sera pas réduite à 50 % avant 2025, la disparition du glyphosate n'ayant pas d'alternative a toute chance d'être abandonnée, pendant que les néonicotinoïdes pour les betteraviers sont réintroduits en 2021 après leur suppression en 2018.

Face aux 150 citoyens invités à faire des propositions pour une politique écologique, le président s'est fait le chantre d'un projet qualifié d'humaniste et s'est opposé à ceux qui souhaiteraient aller dans le sens de la décroissance :

1. Nicolas Hulot, entretien, *Le Monde*, 5 février 2021.

> C'est un projet cohérent pour mieux vivre, un projet humaniste auquel j'adhère [...] Mais le deuxième choix auquel vous tournez le dos aussi, c'est celui qu'on appelle le modèle de la décroissance. Vous ne proposez pas, et j'ai entendu comme vous parfois beaucoup de caricatures sur vos propositions, vous ne proposez pas de ne plus produire. Et je crois comme vous que ce ne serait pas une réponse au défi qui est le nôtre. Vous voulez qu'on produise pour servir ce modèle, un modèle humaniste[1].

Une telle ligne de clivage marginalise la force croissante des écologistes militants de EELV qui vient d'enregistrer un beau succès aux municipales. Là encore, le président affirme le choix binaire, manichéen, présenté comme tel à propos du numérique en posant que soit l'on est pour la 5G, soit l'on adopte la conception amish du rejet du progrès. De la même manière, il y aurait, parmi les citoyens sensibles au défi écologique, d'un côté de bons humanistes et de l'autre d'indécrottables décadentistes rétrogrades, favorables à la lampe à huile.

Nicolas Hulot remarque avec humour que le gouvernement pratique « une écologie du surplace », ce qu'atteste le Conseil d'État le 4 août 2021 en condamnant les pouvoirs publics à une astreinte record de 10 millions d'euros pour ne pas avoir pris les mesures indispensables dans le cadre de la lutte contre la pollution atmosphérique. Quelques jours plus tard, le 9 août, le Groupe d'experts intergouvernemental sur l'évolution du climat (Giec) publie le premier volet de son 6e rapport d'évaluation. Les 234 scientifiques des 195 pays représentés soulignent l'extrême gravité de la situation en constatant dans son « résumé à l'intention des

1. Emmanuel Macron, discours devant la Convention citoyenne pour le climat, 29 juin 2020.

décideurs » que le dérèglement climatique n'est pas pour demain, mais déjà là.

Le Giec fait le constat du rôle incontestable des activités humaines dans le réchauffement climatique, entraînant quantité de bouleversements dans l'atmosphère, les océans, la cryosphère et la biosphère. Au rythme actuel, le réchauffement dépassera le seuil d'1,5 °C autour de 2030, soit dix années plus tôt qu'initialement estimé. Il en résulte déjà une fonte accélérée des glaciers : la vitesse de la fonte de ceux du Groenland et de l'Antarctique a été multipliée par quatre entre la période de 1992-1999 et 2010-2019. On connaît déjà chaque année un lot impressionnant d'incendies, d'inondations, de sécheresses aux conséquences humaines catastrophiques. Quant au niveau des mers, son élévation met en péril de nombreuses terres menacées de submersion. Certes, sur le plan des déclarations publiques, Macron semble conscient de ces menaces, mais il reste en retrait des décisions nécessaires, comme on peut le mesurer à propos des énergies de substitution. Après avoir appuyé l'implantation d'éoliennes, il fait machine arrière au cours de l'été 2021. Substituant à une stratégie volontariste des décisions au cas par cas, il déclare le 27 juillet 2021 sur France Info qu'il convient de privilégier le pragmatisme pour éviter d'« abîmer nos paysages ».

Une filiation de pensée écologique déjà riche

Un certain nombre de têtes pensantes ont donné une épaisseur philosophique à l'engagement écologique. Parmi eux, Serge Moscovici a eu une influence majeure sur le courant représenté par Brice Lalonde. Ses interrogations relatives à l'écologie, précoces, remontent aux années 1950. Lorsqu'il publie en 1968 *Essai sur l'histoire humaine de la nature* dans la collection dirigée par l'historien Fernand Braudel, l'ouvrage est accueilli avec surprise par la communauté scientifique et intellectuelle. Pendant longtemps, en effet, la valorisation de la nature comme lieu de cristallisation de l'identité a été une thématique d'extrême droite, du maurrassisme qui opposait au pays légal le pays réel, celui du véritable enracinement. Moscovici subvertit cet usage en réintégrant l'objet nature dans une historicité émancipatrice. Au début des années 1970, il s'engage auprès des « Amis de la Terre » où il se lie avec Brice Lalonde, qui lui doit nombre de ses analyses. En 1972, il publie *La Société contre nature*[1], qui pose les jalons d'une philosophie politique d'ordre écologique. Son interrogation touche cette fois un large public en s'attachant à la coupure entre nature et culture, question centrale de l'anthropologie. Moscovici est par ailleurs en phase à la fois avec le mouvement féministe et avec le refus de considérer la nature comme devant être soumise aux impératifs de la modernité technologique. Le système ouvert qu'il définit intéresse Edgar Morin, qui s'en inspire dans sa dénonciation de la pensée contre la nature[2] et associe Moscovici à la réalisation d'un gros dossier de la revue *Communications*, « La nature de la société », paru en 1974. Moscovici réhabilite les traditions naturelles refoulées au nom de la modernité. À lutter contre la nature, l'homme impose, ce qu'avait déjà analysé Norbert Elias, un processus de civilisation qui tourne à une domestication de ses pulsions et se traduit par la démultiplication des

1. Serge Moscovici, *La Société contre nature*, 10/18, 1972.
2. Edgar Morin, *Le Paradigme perdu : la nature humaine*, Seuil, 1973.

interdits et du refoulement de l'homme sauvage au profit de l'homme domestiqué, dit civilisé, qui obéit à l'idéal de contrôle et de maîtrise. Tant la religion judéo-chrétienne que le triomphe du rationalisme ont abondé dans ce sens :

> La société contre nature, en dépit de ses interdits pesants, triomphe ainsi dans la mesure où elle prétend libérer l'homme d'une nature supposée aliénante et cruelle. Et elle installe l'homme dans la certitude d'être dans le sens de l'histoire[1].

Serge Moscovici conteste la coupure établie par le paradigme structuraliste entre nature et culture. Il souhaite rapprocher le monde humain du monde animal, désavouant cette scission factice, y compris, selon lui, sur le plan symbolique – qui ne serait pas le propre de l'humanité. Il avance une nouvelle hypothèse selon laquelle l'humanité ne se serait pas coupée de la nature, mais aurait plus simplement coévolué avec elle pour répondre à ses besoins. Cette évolution conjointe éloigne Moscovici de ceux qui veulent le retour à un âge d'or naturel perdu, purement illusoire selon lui. Il remet en question toute une tradition philosophique et théologique qui en appelle à rompre avec l'état de nature et dénonce l'artificialisme de cette rupture qui « entraîne trop d'interdits et trop de mutilations. Dans nos sociétés comme dans le tiers monde se multiplient les revers de la modernité[2] ». Le désenchantement du monde a fait prévaloir la rationalisation de la nature, libérant l'homme de ses superstitions, mais l'enchaînant à un processus de maîtrise dont le marxisme est le dernier avatar :

1. Jean Jacob, *Histoire de l'écologie politique*, Albin Michel, 1999, p. 19.
2. *Ibid.*, p. 24.

> La raison, désormais, s'acharne contre l'homme tenu de se soumettre à son règne impérieux[1].

À vouloir combattre la nature, l'homme en vient à se retrouver seul, désenchanté et victime de son acharnement à vouloir conquérir une maîtrise rationnelle impossible. Moscovici se donne pour objectif de réconcilier l'humain avec le monde végétal et animal, présenté par toute une tradition comme un danger, alors qu'il s'agit de penser l'unité de l'homme qui se trouve au confluent de la société et de la nature. Il en résulte la défense d'un naturalisme actif qui part du postulat que l'homme est le produit de la nature qui l'entoure, que cette nature fait partie de l'histoire humaine, et rend donc vaine toute fétichisation d'un âge d'or perdu :

> La société est dans et par la nature : il n'y a donc pas lieu de multiplier les interdits visant à réprimer les pulsions naturelles organiques, il n'y a pas lieu de mutiler l'homme[2].

Moscovici préconise de « réensauvager » la vie en remettant en cause la coupure entre nature et culture. Il n'y a, selon lui, que des états de nature, différents selon les moments et les civilisations, toujours transitoires.

Autre marginal qui compte dans l'éclosion de la sensibilité écologique, le philosophe protestant Jacques Ellul est l'auteur d'une critique véhémente de la société technicisée. C'est un penseur atypique, inclassable, transgressant les frontières disciplinaires. Intellectuel contestataire, il rejoint dès les années 1930 le courant personnaliste et en représente alors, avec son ami Bernard Charbonneau,

---

1. *Ibid.*, p. 25.
2. *Ibid.*, p. 36.

l'aile libertaire. Juriste de formation, il devient dans l'après-guerre professeur de sciences politiques à l'université de Bordeaux, et restera toute sa vie fidèle à cette région. Ses nombreux écrits s'inscrivent dans deux registres distincts : d'une part des écrits théologiques et d'autre part des écrits sociologiques dénonçant avec force la suprématie acquise par la technique. Dès 1954, Ellul publie un ouvrage, *La Technique ou l'enjeu du siècle*, dans lequel il pourfend la subordination totale de l'homme aux moyens dont il s'est doté pour maîtriser la nature. Il fait le constat d'un renversement par lequel la société subit le pouvoir implacable d'une technologie moderne devenue autonome sur laquelle l'homme n'a plus prise[1]. Voyant dans l'autonomisation de la technoscience le noyau de l'aliénation, il considère que la structure technologique conduit le travail à dominer les producteurs au lieu d'être dominé par eux. Selon Ellul, dans la course folle au progrès, la technique n'est plus dirigée par personne ; elle s'est à ce point autonomisée qu'aucune catégorie sociale n'a plus prise sur elle.

André Gorz est un autre penseur et passeur important des thèses écologiques, qui s'adresse à un large public dans *Le Nouvel Observateur* sous le pseudonyme de Michel Bosquet, et fait figure de pionnier de l'écologie politique. En quête d'une voie socialiste nouvelle entre révolution et réformes, il est surtout marqué, au début des années 1970, par la pensée d'Ivan Illich. Ils se retrouvent pour définir une écologie humaniste sur la base d'une critique de la société technicienne. Selon André Gorz, la technique n'est pas neutre et il faut inverser le processus qui la conduit à asservir le monde du travail en œuvrant pour conquérir

1. Jacques Ellul, *La Technique ou l'Enjeu du siècle*, Armand Colin, 1954.

davantage d'autonomie et un certain type d'outils qu'il qualifie de conviviaux :

> Il existe des technologies-verrous qui interdisent un usage convivial, et des technologies-carrefours (par exemple les télécommunications, les ordinateurs, les cellules photovoltaïques) qui peuvent être utilisées de manière conviviale aussi bien qu'à des fins de domination. Il n'y a donc de déterminisme technologique que négatif[1].

André Gorz reprend à son compte l'idée d'Ivan Illich qui distingue entre deux types de techniques : celles qu'il qualifie de conviviales, qui accroissent l'autonomie, et celles qui la brident ou la suppriment. Il la reformule en opposant les technologies ouvertes aux technologies-verrous. Dans la filiation illichienne, André Gorz dénonce les paradoxes d'une société dont le culte de la croissance génère de la pénurie et de la pauvreté :

> Dès qu'un produit devient accessible à tous, l'inégalité est reproduite par l'offre d'un produit « meilleur » accessible aux privilégiés seulement[2].

Serge Latouche, économiste hétérodoxe, anthropologue et cofondateur de la revue *Le MAUSS* (Mouvement anti-utilitariste en sciences sociales), qui a beaucoup œuvré dans la critique du productivisme, s'est fait le porte-parole des objecteurs de croissance. Il stigmatise le projet de rationalisation et de maîtrise planétaire en s'appuyant sur des exemples concrets[3], dénonçant de

1. André Gorz, [1990], *Le Fil rouge de l'écologie. Entretiens inédits en français* Éditions de l'EHESS, 2015, p. 52.
2. André Gorz, *Les Chemins du paradis. L'agonie du capital*, Galilée, 1983, p. 56.
3. Serge Latouche, *L'Occidentalisation du monde*, La Découverte, 1989.

la même manière l'apothéose planétaire de la science et de la technique :

> La supériorité européenne tient plus à *l'efficacité* d'un mode d'organisation qui mobilise toutes les *techniques* pour réaliser son objectif de domination, de la discipline militaire à la propagande, qu'à ses techniques mêmes[1].

Il rapproche les positions d'Illich et de Castoriadis qui vont dans le même sens de la critique de la technoscience et de ses effets pervers. Selon Serge Latouche, le programme de la décroissance s'est même construit à partir de ces deux lignes de fidélité et implique de « *décoloniser notre imaginaire* pour changer vraiment le monde avant que le changement du monde ne nous y condamne dans la douleur. C'est là l'application stricte de la leçon de Castoriadis[2] ». Un tel basculement implique un véritable réenchaînement des institutions sociales selon une tout autre logique.

Félix Guattari est un de ces intellectuels critiques qui se sont engagés dans le mouvement écologiste dans les années 1980. Il trouve chez les écologistes un milieu réceptif à la fois à son désir de transformation profonde de la société et à sa critique de la politique suivie par la gauche au pouvoir. En 1989, Guattari publie *Les Trois Écologies*[3]. Il y définit l'« écosophie » comme une articulation nécessaire entre les dimensions éthique et politique des questions de l'environnement, des rapports sociaux et de la subjectivité. Il constate ainsi que les progrès technologiques permettent de libérer du temps pour l'homme, mais ne se pose pas la question des usages de ce temps libre, insistant aussi

1. *Ibid.*, p. 24.
2. *Ibid.*, p. 79.
3. Félix Guattari, *Les Trois Écologies*, Galilée, 1989.

sur l'échelle d'analyse qui ne peut être que planétaire à l'heure du marché mondial. Un nouveau paradigme éthico-esthétique aurait pour ambition de penser les trois registres que seraient une *écologie mentale*, une *écologie sociale* et une *écologie environnementale*. Guattari évite tout à la fois le discours catastrophiste et celui de la déploration. Tout au contraire, il se félicite des chantiers à venir et du jour où l'on aura de plus en plus besoin de faire appel à l'intelligence et à l'initiative humaines. C'est ce qui motive sa fascination pour le Japon :

> [Ce pays] a su greffer des industries de pointe sur une subjectivité collective ayant gardé des attaches avec un passé quelquefois très reculé (remontant au shinto-bouddhisme [...])[1].

C'est cette tension que doit penser la nouvelle discipline que Guattari appelle de ses vœux sous le nom d'« écosophie ».

En 1990, c'est le philosophe Michel Serres qui intervient dans le sens de la sensibilisation au rapport de l'homme avec la nature, avec le vivant, qu'il soit animal ou végétal, en publiant *Le Contrat naturel*[2]. Michel Serres constate avec inquiétude que les événements dus aux dérèglements climatiques deviennent la norme pendant que s'accumule dans l'atmosphère la concentration de gaz carbonique issu des combustibles fossiles. La Terre se réchauffant, il se demande si l'atmosphère ne va pas devenir aussi impropre à la vie que sur Vénus. Alors que Michel Serres n'a de cesse

1. *Ibid.*, p. 63.
2. Michel Serres, *Le Contrat naturel*, François Bourin, 1990.

que d'éradiquer toute forme de guerre, il en appelle à la mobilisation générale pour la défense de la Terre :

> J'use à dessein du vocable usité au commencement des guerres[1].

Le philosophe préconise de passer du contrat social au contrat naturel pour donner une armature juridique au vivant que l'homme doit préserver. Il en résulte une nouvelle tâche du politique et donc du pouvoir : assumer cette nouvelle éthique de responsabilité qui se situe à une échelle mondialisée.

Un nouvel horizon d'espérance : éviter la catastrophe

Le 14 novembre 2017, *Le Monde* publie un cri d'alarme provenant de 15 000 scientifiques pour sauver la planète, sous un titre évocateur de la gravité de la situation :

> Il sera bientôt TROP TARD.

Non seulement, le « trop tard » est en majuscule, mais en taille de police 60, jamais utilisée sauf en cas de guerre atomique. Malgré cette alerte, la politique d'inflexion du pouvoir reste confinée dans un cadre inchangé qui fonctionne avec le même ressort essentiel, le profit, nous conduisant lentement mais sûrement vers la catastrophe. Il n'est pas besoin d'être un collapsologue averti pour s'en rendre compte.

Sans jouer les Cassandre, il importe de tirer les leçons de la traversée de la pandémie à l'échelle planétaire en réalisant

1. *Ibid.*, p. 21.

qu'à ce rythme la planète et l'humanité qu'elle porte ont un futur tragique. Si le pire n'est jamais sûr, encore faut-il s'en prémunir. Qui aurait pensé à l'orée de l'année 2020, surtout en Europe occidentale peu habituée aux pandémies, que l'on ne pourrait sortir de chez soi qu'avec un masque et une attestation dûment remplie s'autorisant à déambuler dans les rues, et que tous les actes manifestant notre proximité affective, se serrer la main, s'embrasser, seraient strictement proscrits ? Qui aurait imaginé qu'un risque viral aurait conduit à confiner plus de la moitié de la population mondiale, frappant d'arrêt toute activité économique et sociale ? On aurait pris cela pour une dystopie un peu trop irréelle, non crédible. Certains diront qu'il ne s'agit que d'un vilain cauchemar qui se dissipera vite en retrouvant la normalité, qu'il ne faut pas dramatiser un événement imprévisible venu de nulle part.

Si l'imprévisibilité est même le propre de l'événement, en général il n'intervient pas dans un ciel serein. Et si l'on se rapporte aux analyses des spécialistes, on comprend mieux l'existence d'un potentiel explosif en matière de pandémie. L'épidémiologiste Arnaud Fontanet, chercheur au Cnam, évoquant au Collège de France le 18 février 2019 la pandémie de 2002-2003, parlait d'

> une grande répétition par rapport à ce qui pourrait nous arriver [...] On peut finalement dire qu'on a eu beaucoup de chance. Si l'épidémie a été contenue relativement rapidement, cela tient à quelques propriétés du virus, qui auraient pu être tout à fait différentes[1].

1. Arnaud Fontanet, cité par Stéphane Foucart, « L'une des leçons de la Covid-19 est que la catastrophe n'est pas complètement à exclure », *Le Monde*, 2 janvier 2021.

Le philosophe Jean-Pierre Dupuy, très influencé par Ivan Illich, avertit depuis le début des années 2000 de la nécessité d'intégrer dans les hypothèses sur le devenir la possibilité de catastrophes[1], avant de mettre en garde sur le tout économique[2]. Jean-Pierre Dupuy rappelle ce bon mot de l'économiste Kenneth Boulding, décédé en 1993 :

> Celui qui croit qu'une croissance exponentielle peut continuer indéfiniment dans un monde fini est soit un fou, soit un économiste[3].

Jean-Pierre Dupuy renvoie dos à dos les collapsologues et les anticatastrophistes, préconisant de son côté un catastrophisme éclairé qui vise à déjouer la prophétie en incitant à modifier en profondeur nos comportements :

> Deux types opposés de rapport prophétique à l'avenir conduisent à renforcer la probabilité d'une catastrophe majeure. Celui des optimistes béats qui voient les choses s'arranger de toute façon, quoi que fassent les agents, par la grâce du principe qui veut que l'humanité se soit toujours sortie des pires situations. Et celui des catastrophistes mortifères que sont les collapsologues, qui annoncent comme certain ce qu'ils appellent l'effondrement[4].

1. Jean-Pierre Dupuy, *Pour un catastrophisme éclairé. Quand l'impossible est certain*, Seuil, 2002.
2. Jean-Pierre Dupuy, *L'Avenir de l'économie. Sortir de l'écomystification*, Flammarion, 2012.
3. Kenneth Boulding, cité par Jean-Pierre Dupuy, entretien avec Antoine Reverchon, « Si nous sommes la seule cause des maux qui nous frappent, alors notre responsabilité devient démesurée », *Le Monde*, 3 juillet 2020.
4. Jean-Pierre Dupuy, « Contre les collapsologues et les optimistes béats, réaffirmer le catastrophisme éclairé », *AOC (Analyse, Opinion, Critique)*, 12 novembre 2020.

Il préconise de combiner les deux démarches en annonçant un avenir lourd d'un potentiel catastrophique, qui aurait valeur de force de dissuasion pour l'éviter – un peu comme, durant la guerre froide, la menace nucléaire –, et s'employer à préserver un horizon d'espérance, sur le modèle de la superposition que l'on retrouve dans la physique quantique.

L'anthropologue Bruno Latour, qui a, entre autres, travaillé sur les microbes et la découverte de Pasteur, juge qu'il serait terrifiant de ne pas profiter de l'arrêt général de l'activité économique pour réfléchir à une inflexion fondamentale du système dans lequel on vit. Pour lui, la nouveauté ne réside pas dans le virus, avec lequel l'être humain vit très bien et avec lequel il s'accommode, cherchant même à le rencontrer pour être immunisé et vivre avec lui en bonne entente. La nouveauté est dans la vitesse de sa propagation sur fond de mondialisation. Bruno Latour souligne l'enchâssement de deux catastrophes, celle de la pandémie et celle, encore plus dramatique, du réchauffement climatique. La question qui se pose désormais est de savoir comment et où atterrir[1].

L'hypothèse que développe Bruno Latour est de revisiter les mutations connues depuis une cinquantaine d'années au regard des conséquences de ce qu'il qualifie comme un nouveau régime climatique[2] :

> Sans cette idée que nous sommes entrés dans un Nouveau Régime climatique, on ne peut comprendre ni l'explosion

1. Bruno Latour, *Où atterrir ? Comment s'orienter en politique*, La Découverte, 2017.
2. Bruno Latour, *Face à Gaïa. Huit conférences sur le nouveau régime climatique*, La Découverte, 2015.

> des inégalités, ni l'étendue des dérégulations, ni la critique de la mondialisation, ni, surtout, le désir panique de revenir aux anciennes protections de l'État national[1].

Toutes ces transformations sont liées au changement climatique ; et Bruno Latour de stigmatiser les climato-négationnistes au point de déceler une forme de complot international de la part des élites dirigeantes qui auraient compris les dangers et qui, conscientes d'être à bord du *Titanic* condamné au naufrage, auraient décidé de s'approprier les canots de sauvetage en nombre insuffisant pour elles-mêmes tout en demandant à l'orchestre de jouer des berceuses afin de pouvoir se carapater dans le noir. Selon Bruno Latour, les élites ont été si bien convaincues qu'il n'y aurait pas de vie future pour tout le monde qu'elles ont décidé de se délester du fardeau de la solidarité :

> Si les élites ont senti dans les années 1980 ou 1990 que la fête était finie et qu'il fallait construire au plus vite des *gated communities* (quartier résidentiel fermé) pour ne plus avoir à partager avec les masses [...] on peut imaginer que les laissés-pour-compte, eux aussi, ont très vite compris que si la globalisation était jetée aux orties, alors il leur fallait, à eux aussi, des *gated communities*[2].

À ce sauve-qui-peut de l'élite, Latour oppose la nécessité impérieuse que chacun retrouve un milieu de vie adapté aux contraintes à la fois locales et mondiales par une dialectique du détachement et de l'attachement. Il suggère pour cela de passer d'une logique en matière de systèmes de production

1. Bruno Latour, *Où atterrir ? Comment s'orienter en politique*, *op. cit.*, p. 10.
2. *Ibid.*, p. 32.

à une logique en matière de systèmes d'engendrement qui s'adresse à tous les terrestres, et pas aux seuls humains.

Bruno Latour s'est lancé dans une grande enquête sociale à laquelle il a donné le nom, chargé d'histoire, de « cahier de doléances », invitant les individus à déterminer ce à quoi ils tiennent et ce qu'ils jugent superfétatoire. Ce matériau recueilli et analysé pourrait devenir un des éléments de réflexion et de discernement sur le monde désiré, celui de l'après, et ce temps d'arrêt de l'activité potentiellement être utilisé de manière positive grâce à l'exercice de notre discernement à propos des biens qui nous entourent, pour répondre à la triple désorientation que l'on subit : spatiale, temporelle et environnementale.

En ces temps dits de l'« anthropocène », la reconquête d'une puissance d'agir passe par la désintrication du temps géologique et du temps humain. Bruno Latour critique l'écueil d'un simple repli sur les bases de l'État national, tentation qui ne ferait qu'aggraver tous les facteurs de crise. Il suggère que l'on se réoriente en repartant par le bas, en se demandant sur quels territoires réels le politique s'exerce, et en pensant tout autrement le rapport entre l'homme et la nature. Dès 1991, Bruno Latour avait déjà souligné la nécessité de sortir de ce dualisme qui fait que l'homme réfléchit, agit et contemple la nature comme un élément qui lui reste extérieur et qu'il lui appartient de dompter[1]. Le territoire qu'il définit ne correspond pas au global ni au local, il n'est ni l'échelle mondiale ni l'échelle nationale, il induit un autre rapport à la matérialité qui passe par la définition des terrains de vie, de ce qui nous

1. Cf. Bruno Latour, *Nous n'avons jamais été modernes*, La Découverte, 1991.

permet d'exister en tant qu'êtres humains. Cela implique que nous nous demandions de quoi nous dépendons, à quoi nous tenons, ce que nous pouvons visualiser et ce que nous sommes prêts à défendre, ceux avec qui nous nous sentons en affinité. Si les réponses à ces questions sont évidemment très variables selon les individus et les collectivités, ce sont elles qui devraient redéfinir les priorités de la construction sociale.

Bruno Latour poursuit sa réflexion sur la mutation opérée par la traversée virale de dimension mondiale de la Covid-19 avec son ouvrage *Où suis-je ?*[1], dans lequel il considère le virus comme un répétiteur qui essaie de nous faire comprendre la gravité du nouveau régime climatique et le système Terre. Il suggère un déplacement de la question cartésienne « qui suis-je ? » à « où suis-je ? ». Il appartient aux nouvelles générations de se réapproprier le monde différemment, de l'habiter autrement que les générations précédentes. Selon Latour, le front de guerre ne se situe pas entre le virus et l'homme, qui appartiennent tous deux au monde du vivant ; il s'agit en fait d'une guerre contre nous-mêmes pour sauver Gaïa, qui implique une tout autre approche que celle de la science économique, incapable de capter la situation, et qui doit faire place à la dimension anthropologique des enjeux contemporains. Plus qu'un changement, Latour analyse l'impératif dévoilé par le virus comme la nécessité d'une mutation endogène de l'être humain. Il reprend à son compte la métaphore du devenir-animal chez Kafka avec sa nouvelle *La Métamorphose* au cours de laquelle Gregor devient un cancrelat se coupant de ses parents qu'il n'entend plus.

---

1. Bruno Latour, *Où suis-je ?,* La Découverte, 2021.

Certains économistes, encore très minoritaires, se posent ces questions fondamentales. C'est le cas, entre autres, des Économistes atterrés. C'est aussi le cas de Gaël Giraud, économiste responsable de l'AFD (Agence française de développement) et jésuite, qui a soutenu sa thèse de théologie en 2018 sur le thème : « Composer un monde en commun. Une théologie politique de l'anthropocène. » La grande question qu'il se pose est de savoir comment répondre à la crise écologique. Il rappelle à quel point les prévisions climatiques sont catastrophiques, y compris pour le territoire français. On parle de la disparition de la Camargue d'ici 2050, et à cette date la banlieue de Montpellier serait les pieds dans l'eau. À cela s'ajoute une situation détériorée quant à l'accès à l'eau potable. Certaines études montrent que d'ici 2040, on pourrait manquer de 40 % des accès aujourd'hui disponibles pour s'alimenter en eau potable. Les conséquences sur les pays les plus pauvres sont incomparablement plus graves, et la responsabilité du réchauffement climatique pèse sur les pays les plus riches : 43 % des émissions à effet de serre sont causées par 10 % de la population mondiale (les plus riches), alors que 50 % de celle-ci (les plus pauvres) n'en sont responsables qu'à hauteur de 15 %.

Gaël Giraud met l'accent sur la cécité des responsables politiques de nos pays occidentaux, prévenus à plusieurs reprises par l'OMS, notamment après les deux pandémies de 2002 et 2013. Alors que les pays asiatiques ont pris leurs précautions, les pays occidentaux n'ont rien fait, rendant flagrante leur extrême vulnérabilité. Les effets dramatiques de la pandémie ont mis cruellement en lumière le fait que la priorité devait être sanitaire et non budgétaire. L'austérité de rigueur dans ce domaine, affaiblissant l'hôpital public, le rendant incapable de répondre à la demande, a tué. En tant qu'économiste, Gaël Giraud établit un lien étroit entre la pandémie du coronavirus et la crise écologique qui se traduit par la destruction progressive de la biodiversité. La déforestation comme les marchés d'animaux sauvages ont le même effet, celui de mettre en contact l'homme avec des virus avec lesquels il n'est pas capable de composer. Étant l'espèce vivante dominante sur la planète et le meilleur véhicule pour les pathogènes, l'être humain est devenu le support le plus utile pour la diffusion des virus. L'orientation économique mondiale, qui consiste à privatiser toutes les activités et les écosystèmes naturels, a pour conséquence de mettre l'homme en contact avec de nouveaux virus en quête des supports les plus porteurs pour leur extension, qui trouvent en l'homme mondialisé leur paradis terrestre chevauchant les continents.

Si Gaël Giraud applaudit l'initiative de convoquer une Convention citoyenne et adhère aux conclusions qu'en tire le président, il juge dérisoire les moyens financiers mis à la disposition du programme écologique nécessaire : 15 milliards d'euros supplémentaires seraient débloqués pour financer les mesures prévues par la Convention, alors qu'il en faudrait au moins 50. En outre, le refus de taxer les dividendes est un très mauvais présage pour amorcer la réorientation nécessaire des investissements. Selon Gaël Giraud, le problème n'est pas, contrairement à ce que disent les responsables de l'État, l'endettement public, mais le surendettement privé. Les mesures d'austérité ne règlent donc rien, d'autant qu'un État endetté peut continuer à investir, ce qui n'est pas le cas du privé :

> L'écologie est la réponse à la question sociale. Ce n'est pas une contrainte de plus. Elle crée plus d'emplois[1].

Au moment même où la pandémie frappe la France et où le chef d'État décide le confinement de la population, l'ouvrage d'une actualité brûlante de Paul Jorion, *Comment sauver le genre humain*, est mis en place en librairie le 18 mars 2020. Face au défi climatique, il juge qu'il faudrait déployer une véritable économie de guerre pour se mobiliser et être efficace, en réhabilitant l'État et la planification des biens essentiels qu'on a eu l'imprudence de délocaliser. C'est de toute l'idéologie néolibérale qu'il faut se défaire, tant elle fait la preuve de son inefficacité face aux défis vitaux que l'on traverse et qui requièrent d'en revenir à l'État providence.

En mars 2020, on retrouve dans les propos du président, lorsqu'il décide de confiner le pays, des accents du livre de Jorion avec ses références à la guerre et au « quoi qu'il en coûte ». Un ami commun confirmera à Jorion qu'il a soufflé quelques-unes de ses idées, ce qui donnera l'illusion qu'un tournant majeur est en cours, d'autant que Macron affirme alors qu'il faut se réinventer, lui le premier. Ce discours restera cependant sans lendemain. Très vite, il sera question de reprendre le cours des réformes du début du quinquennat et de fermer la parenthèse provoquée par la pandémie.

Paul Jorion avait déjà alerté l'opinion publique dans diverses publications, dont *Le dernier qui s'en va éteint la lumière*[2] en 2016, au titre évocateur. L'anthropologue affirmait déjà que si notre société poursuivait sa course dans la même direction, l'espèce humaine n'en avait plus

1. Gaël Giraud, *Public Sénat*, 3 juillet 2020.
2. Paul Jorion, *Le dernier qui s'en va éteint la lumière. Essai sur l'extinction de l'humanité*, Fayard, 2016.

pour longtemps. Il estimait le temps restant à moins de cent ans, établissant une fourchette entre soixante et quatre-vingt-dix ans, et avertissant que la fin de l'humanité était à envisager si l'on ne prenait pas la mesure du tournant radical à opérer dans notre rapport au monde. Or, on ne tire toujours pas les leçons des épreuves traversées. Après la déflagration financière de 2008, on a cru à une possible moralisation du capitalisme ; il n'en a rien été, bien au contraire. La politique du laisser-faire, de la main invisible qui régule le marché, comme l'avait souhaité Adam Smith, a poursuivi son chemin, ce qui peut s'envisager sans encombre lorsque la mer est étale, mais pas lorsque l'on traverse la tempête. Chacun suit alors son propre intérêt, suscitant le chaos.

Durant l'été 2020, Nicolas Truong, journaliste au *Monde*, a publié une série d'entretiens mettant en évidence un souci écologique devenu source d'une véritable révolution intellectuelle à la faveur d'une réflexion sur la pandémie. Malgré de multiples analyses et mises en garde, écrit-il, « la greffe n'avait pas complètement pris[1] ». Il a fallu la traversée de la pandémie, le confinement généralisé pour qu'un discours considéré comme alarmiste et marginal acquière une centralité, au moins intellectuelle, si ce n'est encore politique. On est loin à présent des fanfaronnades du soi-disant homme de science qu'était Claude Allègre pratiquant le déni et contestant le réchauffement de la planète. Le philosophe Michel Serres avait déjà attiré l'attention sur un nécessaire contrat naturel[2], et

1. Nicolas Truong, « Le souci écologique à la source d'une révolution intellectuelle française », *Le Monde*, 9 août 2020.
2. Michel Serres, *Le Contrat naturel*, Flammarion, 1990.

toute une littérature qualifiée d'écopoétique avait trouvé dans la dénonciation des méfaits de l'élevage industriel et dans le nécessaire respect de l'animal et de la nature une source d'inspiration[1] ; sans compter les analyses de la philosophe Corine Pelluchon[2].

Nastassja Martin, anthropologue spécialiste des populations subarctiques, enquêtant sur le terrain du Grand Nord pour étudier les populations Gwich'in, des chasseurs-pêcheurs de langue athabascan vivant entre le nord-est de l'Alaska et le nord-ouest du Canada, a pu constater à leur contact les dégâts des logiques capitalistiques sur le milieu et ses conséquences dramatiques[3] :

> J'ai découvert un monde ruiné qui ne faisait plus sens pour les autochtones eux-mêmes. À Gwichyaa Zhee (Fort Yukon), je n'ai pas vu d'animaux, pourtant si présents sur les routes alaskiennes, mais des indigènes alcoolisés titubant dans les ruelles glacées, dévastés par la colonisation américaine et l'économie pétrolière[4].

Elle paie de sa chair son immersion dans ces régions lorsqu'elle est attaquée par un ours, qui réussit à l'attraper avant qu'elle ait le réflexe de le blesser de son couteau et de lui faire lâcher prise. Elle a tiré de ce duel un ouvrage sidérant, car aux yeux des populations Évènes du Kamtchatka, la morsure qu'elle a subie la fait appartenir aux deux mondes,

1. Pierre Schoentjes, *Littérature et écologie. Le Mur des abeilles*, éd. Corti, 2020.
2. Corine Pelluchon, *Les Nourritures. Philosophie du corps politique*, *op. cit.* ; *Manifeste animaliste : politiser la cause animale*, Alma Éditeur, 2017.
3. Nastassja Martin, *Les Âmes sauvages. Face à l'Occident, la résistance d'un peuple d'Alaska*, La Découverte, 2016.
4. Nastassja Martin, « Nous vivons une crise du récit », entretien avec Nicolas Truong, *Le Monde*, 7 août 2020.

humain et animal[1]. Immergée chez les Évènes, l'anthropologue trouve chez eux des ressources souterraines de résistance à l'effondrement de leur mode de vie, notamment leur manière singulière de rentrer en relation avec les autres êtres vivants qui atteste la multiplicité des possibles.

La frontière entre la nature et la culture, l'humain et ses conditions d'existence est aussi interrogée par le philosophe Baptiste Morizot qui souligne l'importance de toutes les formes du vivant et l'appartenance de l'homme à cette famille du vivant dont il partage le destin et la vulnérabilité :

> Il faut défendre le vivant parce que c'est important : c'est l'importance même, puisque c'est lui qui a inventé l'importance dans l'univers[2].

S'il convient de se débarrasser d'un faux dualisme opposant l'homme à la nature, puisque nos sorts sont étroitement liés, Morizot précise qu'il ne s'agit pas pour autant d'en revenir à un monisme qui considérerait que nous sommes tous la Nature. La question écologique doit se poser autrement : plutôt que se demander comment protéger la nature, question qui induit un faux dualisme, demandons-nous comment en tant que vivants « on défend le vivant, c'est-à-dire nos milieux de vie multiespèces[3] ».

Morizot souligne la diversité de ces espèces vivantes essentielles à la vie humaine sans que l'on en ait toujours conscience : les végétaux comme les phyloplanctons, les bactéries comme les virus, les vers de terre, la faune des sols et les pollinisateurs :

---

1. Nastassja Martin, *Croire aux fauves*, Verticales, 2019.
2. Baptiste Morizot, *Raviver les braises du vivant*, Actes Sud, 2020, p. 179.
3. *Ibid.*, p. 185.

> Chaque grêlon d'un nuage d'orage abrite une vie bactérienne presque aussi riche qu'une rivière[1].

Il rappelle que ceux qui contribuent à l'habitabilité du monde ne sont pas les humains, qui ne sont que tard venus dans cette histoire du vivant. Morizot définit le champ de bataille sur lequel se joue une révolution culturelle impérieuse si l'on veut sauver de la destruction non pas seulement la nature, mais le vivant. Ce champ de bataille est éminemment politique :

> Il est évident qu'un visage dominant de l'ennemi est incarné par les dispositifs capitalistes actuels, construits sur un principe d'illimitation, un culte du rendement, un monopole de la croissance comme indicateur, un extractivisme productiviste et un adoubement des inégalités[2].

De son côté, Edgar Morin rejoint l'invitation de Bruno Latour à repenser avec davantage de discernement notre rapport au monde, à la lumière de l'événement qui nous atteint :

> Cette crise nous pousse à nous interroger sur notre mode de vie, sur nos vrais besoins masqués dans les aliénations du quotidien[3].

Depuis la fondation de la revue *Arguments* en 1956, Edgar Morin n'a cessé de promouvoir une pensée de la complexité et de pourfendre les logiques binaires simplifiées ou les multiples formes de réductionnisme. Il déplore que l'on ne soit pas encore sorti d'un certain nombre d'apories :

1. *Ibid.*, p. 188.
2. *Ibid.*, p. 199.
3. Edgar Morin, entretien avec Nicolas Truong, *Le Monde*, 19 avril 2019.

> Il est tragique que la pensée disjonctive et réductrice règne en maîtresse dans notre civilisation et tienne les commandes en politique et en économie. Cette formidable carence a conduit à des erreurs de diagnostic, de prévention, ainsi qu'à des décisions aberrantes. J'ajoute que l'obsession de la rentabilité chez nos dominants et dirigeants a conduit à des économies coupables, comme pour les hôpitaux et l'abandon de la production de masques en France[1].

La sortie de crise peut donner lieu à un désir de « retour au monde d'avant » et l'on peut craindre, comme Houellebecq, que les lendemains le soient effectivement, mais en pire. Une régression généralisée n'est pas à exclure si l'on ne tire pas les leçons de ce qui a ébranlé le monde, avec le regain d'un néolibéralisme encore plus conquérant et autoritaire, et des poussées xénophobes. On peut aussi penser avec Edgar Morin à une alternative qui ne soit ni la reprise des vieilles recettes libérales, ni celles, aussi inefficaces et dangereuses, de l'économie administrée, et définir les voies d'un humanisme régénéré par une nouvelle alliance entre nature et culture, par une nouvelle politique à voir comme l'association de termes contradictoires pensés ensemble : « mondialisation » (pour tout ce qui est coopération) et « démondialisation » (pour établir une autonomie vivrière sanitaire et sauver les territoires de la désertification) ; « croissance » (de l'économie des besoins essentiels, du durable, de l'agriculture fermière ou bio) et « décroissance » (de l'économie du frivole, de l'illusoire, du jetable) ; « développement » (de tout ce qui produit bien-être, santé, liberté) et « enveloppement » (dans les solidarités communautaires)[2]. »

1. *Ibid.*
2. *Ibid.*

Bernard Stiegler, philosophe qui a créé en 2006 l'Institut de recherche et d'innovation (IRI) au Centre Georges-Pompidou et passé sa vie de chercheur à étudier les enjeux des mutations technologiques les plus pointues sur le fonctionnement de notre civilisation, avait mis en garde notre société qui a fondé sa croissance sur des forces entropiques[1], où l'énergie créée est vouée à sa propre dissipation et à un devenir poussière. Les êtres humains ont néanmoins la faculté de différer ce processus en créant de l'organisation capable de déjouer ces forces de dissipation, ce que le théoricien de la physique quantique Erwin Schrödinger appelle la néguentropie, c'est-à-dire une entropie négative capable de différer la désorganisation de l'énergie en lui opposant une capacité organisationnelle.

Avec l'ère que nous traversons et que nous qualifions d'« anthropocène », nous assistons, selon Bernard Stiegler, à une accélération de l'entropie qui repose de manière dramatique la question du climat et celle de la biodiversité. Bernard Stiegler, comme les 15 000 scientifiques ayant lancé un appel au nom du Giec qui représente des experts de 195 pays, est alarmiste et considère que l'on en est au stade final de l'anthropocène. L'alerte des scientifiques est pour Stiegler le dernier avertissement avant la catastrophe possible, tant cette phase de l'anthropocène augmente l'entropie de manière exponentielle. Si l'on veut sortir du cercle infernal de la disparition programmée, il nous faut bifurquer :

> Penser, ce n'est pas calculer, c'est bifurquer[2].

---

1. Bernard Stiegler, *La Technique et le Temps*, 3 tomes, Galilée, 1994-2001 ; *Qu'appelle-t-on panser ? Au-delà de l'entropocène*, tome 1 : *L'Immense Régression*, Les Liens qui libèrent, 2018 ; tome 2 : *La Leçon de Greta Thunberg*, Les liens qui libèrent, 2020.
2. Bernard Stiegler, *Thinkerview*, 17 janvier 2018.

Loin de défendre une position hostile au développement scientifique, Stiegler juge la mutation apportée par le web comme un système formidable, à condition que l'on sache l'orienter comme une machine à lutter contre la crétinisation. La foule des objets que l'homme crée en les transformant en besoins ont une double face ; et Bernard Stiegler de reprendre une figure antique qu'a beaucoup utilisée Jacques Derrida pour les définir, celle des *pharmakon* qui ont des effets positifs mais comportent des éléments de toxicité.

Stiegler suit Whitehead lorsqu'il affirme que la fonction de la raison est de produire des bifurcations. Or, aujourd'hui, l'économie est construite sur l'entropie, valorisant ce qui est toxique, destructif, provoquant pollutions et maladies. Il appartient aux décideurs de chercher un consensus autour de projets constructifs qui font travailler ensemble des habitants, des disciplines, des territoires différents. Il s'agit de réinventer la vie sans pour autant rejeter les technologies, de rendre les individus capables de se réapproprier les savoirs en les engageant dans la voie de la néguentropie pour éviter les catastrophes et la disparition de l'humanité.

Au stade actuel de l'anthropocène, l'homme est en train de modifier la composition de la biosphère indispensable à l'existence de l'humanité sur la planète. L'enjeu, tragique, est de taille, d'autant qu'il est peut-être déjà trop tard. Il est de la responsabilité des politiques, des gardiens de la cité, du vivre-ensemble, de relever le défi. C'est une question de vie ou de mort.

À la faveur de la pandémie, l'opinion publique a pris conscience que la préoccupation écologique ne relève pas d'un simple supplément d'âme. Il s'agit de savoir si l'on veut éviter la catastrophe et sauver l'humanité ou laisser se développer les forces de l'entropie. L'enjeu n'a rien de secondaire et devrait devenir la priorité absolue de tout programme politique responsable. L'effervescence intellectuelle qui a accompagné le confinement a permis de mettre en évidence un certain nombre d'enjeux majeurs, de dysfonctionnements dramatiques. Quelle leçon tire le président Macron de cette situation ? Certes, il a intégré à une meilleure place dans son programme les préoccupations écologiques dont il admet l'importance, mais sans pour autant questionner notre mode de croissance. Tout au contraire, il reste plus que jamais dans la perspective de ne rien changer à notre rapport au monde et ne remet nullement en cause le rêve prométhéen d'asservissement de notre écosystème qui nous a conduit à la crise que l'on traverse.

Pour 2030, Macron veut relancer la croissance grâce à un vaste plan de réindustrialisation du pays. Il a annoncé :

> Nous déciderons d'un plan d'investissement qui visera un objectif : bâtir la France de 2030 et faire émerger dans notre pays et en Europe les champions de demain, qui, dans les domaines du numérique, de l'industrie verte, des biotechnologies ou encore de l'agriculture, dessineront notre avenir[1].

Écartant l'idée de repenser des modes de vie moins énergivores, il limite l'horizon à la réalisation de quelques promesses technologiques comme l'extension d'une aéronautique bas carbone, de petits réacteurs nucléaires modulables, l'hydrogène « vert » et l'extension du parc automobile de véhicules électriques et hybrides. La transition écologique nécessaire se transforme donc chez lui en une simple transition technologique qui lui permet d'occulter les vrais enjeux sociétaux et culturels.

1. Emmanuel Macron, 12 juillet 2021.

Conclusion

L'ATOUT maître de Macron, son intelligence doublée d'une capacité hors pair de séduction, s'est transformé en handicap au fil de son quinquennat. Fort du suffrage des citoyens, il s'est cru au-dessus de la mêlée et a finalement revêtu, analysent de nombreux commentateurs de la vie politique, les habits de Bonaparte, assumant un pouvoir jupitérien, tout en verticalité. Tournant ainsi le dos à ses promesses de 2017 d'un élargissement de la démocratie et d'une orientation vers plus d'horizontalité dans les processus de décision, sa pratique de la fonction présidentielle nous a même fait sortir de l'esprit de la Vᵉ République. Il faut rappeler que la Constitution adoptée en 1958 stipulait en son article 20 qu'il revenait au Premier ministre de conduire la politique de la nation. Avec Macron, l'Élysée a concentré tous les pouvoirs et transformé les députés de l'Assemblée nationale en porteurs d'eau et les députés LREM en godillots. Avant de parler de VIᵉ République, il conviendrait donc d'abord de rétablir les équilibres de la Vᵉ, qui a donné lieu à un régime parlementaire, même si la pratique l'a conduite vers une présidentialisation toujours plus poussée.

Une tribune publiée en décembre 2021 dans *Le Point*, signée par un collectif de hauts fonctionnaires et de figures économiques de la deuxième gauche rassemblé sous le nom de Solon[1], conditionne son soutien à Macron à un programme qui s'emploierait à dénouer douze nœuds gordiens et en premier lieu à rompre avec le présidentialisme, à en finir avec le jupitérisme :

> Nous proposons d'établir un régime parlementaire rationalisé, dans lequel le président élu pour sept ans, au suffrage universel indirect, serait le gardien des institutions, cependant que le Premier ministre disposerait du pouvoir exécutif[2].

Au même moment, Olivier Mongin et Lucile Schmid publient un ouvrage dans lequel ils soulignent à quel point Macron est à contretemps, élu par une France désireuse d'être plus proche des centres du pouvoir et d'y participer davantage, comme y invitent les réseaux sociaux privilégiant la parole venant du bas. Au contraire de cette demande, Macron a accentué le rapport de verticalité[3]. Alors que le pays s'est démocratisé en profondeur et que la passion égalitaire qui s'exprime périodiquement par une volonté « dégagiste » n'a rien d'un leurre, Olivier Mongin et Lucile Schmid affirment que ce surcroît de verticalité dans l'exercice du pouvoir est une réponse à la crise d'autorité qui ne résout rien et met même en danger la démocratie, de moins en moins appropriée aux mutations en cours :

1. Réformateur de la Grèce antique du VIIe siècle avant J.-C.
2. Tribune signée Solon, *Le Point*, 12 décembre 2021.
3. Olivier Mongin et Lucile Schmid, *Emmanuel Macron à contretemps*, Bayard, 2022.

> Il est surprenant qu'Emmanuel Macron, qui ne cesse de vanter la 5G non sans excès, ne comprenne pas mieux que la connectivité n'est pas qu'un processus immatériel permettant utopiquement d'être en même temps ici et là-bas ; elle est aussi une affaire matérielle et physique qui réorganise sur un mode horizontal, non pyramidal et fragmenté l'ensemble des territoires[1].

Au début de son quinquennat, Macron affirmait pourtant avoir essentiellement retenu de la philosophie de Ricœur ce désir d'horizontalité dans le domaine politique, qu'il convient d'articuler avec la nécessité de verticalité imposée lorsque l'on passe de la réflexion à la décision :

> C'est l'un des philosophes de l'Europe continentale qui a le plus pensé la philosophie délibérative. Il a réfléchi sur la possibilité de construire une action qui ne soit pas verticale (c'est-à-dire qui ne soit pas prise dans une relation de pouvoir), mais une action qui échappe dans le même temps aux allers-retours permanents de la délibération [...] La seule façon de s'en sortir consiste à articuler une très grande transparence horizontale, nécessaire à la délibération, et à recourir à des rapports plus verticaux, nécessaires à la décision. Sinon, c'est soit l'autoritarisme, soit l'inaction politique[2].

Une autre tradition de la Ve République a disparu avec l'actuel président : celle de s'entourer d'intellectuels capables d'insuffler, à partir du vivier des idées, une dimension temporelle et un sens global aux décisions prises ponctuellement dans les divers domaines de l'action politique. À la droite du général de Gaulle siégeait de manière immuable André Malraux. Quant à François Mitterrand, il

1. *Ibid.*, p. 72.
2. *Macron par Macron*, éditions de l'Aube, 2017, p. 24.

s'est entouré de bureaux où il pouvait solliciter l'avis, entre autres, de Jacques Attali, Régis Debray, Max Gallo… Rien de tel chez Macron qui se suffit à lui-même, si ce n'est de demander ponctuellement aux experts de tel ou tel dossier leur point de vue pour le faire sien. Il revendique d'ailleurs hautement cette prise de distance, usant même de la corde de sensibilité d'une filiation anti-intellectualiste en renvoyant les intellectuels à leur niche :

> Ils sont marrants, dans leurs salons, mais ce ne sont pas ceux qui agissent[1] !

On le croyait, en tout cas je le croyais, proche de l'éthique du philosophe Paul Ricœur, ayant transformé son vœu d'« une vie bonne avec et pour autrui dans des institutions justes » en une volonté politique audacieuse capable de faire bouger les lignes. On découvre davantage un disciple de Machiavel, à qui il a consacré un DEA et dont il s'est inspiré pour exercer, avec un art consommé de la séduction, une stratégie de communication revenant à exprimer ce que le public attend de lui, au risque de se contredire et d'adopter à chaque occasion un habit différent. Cette propension à se caméléoniser n'est pas pour rien dans la déréliction qui affecte le politique en général. Constatant le grand écart entre le discours tenu au moment de la conquête du pouvoir et ce qui en résulte dans l'exercice effectif du pouvoir, les citoyens ne croient plus dans une politique réduite à des stratégies de marketing, toujours plus éloignées des réalités sociales, et se réfugient dans

1. Emmanuel Macron, propos recueillis par Laureline Dupont et Erwan Bruckert, « Macron et les intellos : que reste-t-il de nos amours ? », *L'Express*, 9-15 décembre 2021.

une abstention politique de rejet de ce qui leur apparaît comme un jeu sans enjeux. Quel crédit en effet, entre autres exemples, accorder à la déclaration du 13 avril 2020 de Macron : « Les distinctions sociales ne peuvent être fondées que sur l'utilité commune » ?

Semblable à Rubempré, le héros des *Illusions perdues* de Balzac, capable de dire tout et son contraire au gré de son intérêt, Macron a aussi pris le visage de Rastignac, du même Balzac, qui ne fléchit pas lorsqu'il faut abattre les obstacles sur sa route. Alors qu'il avait mis « en marche » les Français en 2017, on attendait de lui qu'il donne un cap à ce mouvement et qu'il gouverne dans cette direction. Au lieu de ce capitaine de vaisseau tenant la barre d'une main ferme, on a eu un gestionnaire du système en place qui a confondu gouverner et gérer, se limitant à des mesures étroitement contraintes par l'état des choses existantes.

Alors que Macron avait annoncé une *Révolution*, titre de son livre de campagne de 2017, il n'a fait que parachever l'évolution en cours vers un néolibéralisme plus volontariste que le libéralisme classique à l'ancienne. Ce néolibéralisme requiert en effet, comme l'a montré Barbara Stiegler[1], un État fort et sécuritaire pour imposer *ses* solutions à la population. D'où la « société de vigilance » appelée de ses vœux par le président, qui a réintroduit les voltigeurs et l'usage des armes de guerre en militarisant la police et promulguant une loi de sécurité globale. Au lieu de faire prévaloir le principe de justice préconisé par le philosophe John Rawls[2], le président a laissé s'accroître les fractures sociales et territoriales, au point que les

1. Barbara Stiegler, *« Il faut s'adapter »*, *op. cit.*
2. John Rawls, *Théorie de la justice*, Seuil, 1987.

économistes qui ont élaboré son programme, Philippe Aghion et Jean Pisani-Ferry, ont dû lui rappeler dès juin 2018 que son rôle de chef de l'État l'obligeait à « protéger » les plus déshérités. Il est passé d'une laïcité de la reconnaissance telle que Ricœur l'a prônée toute sa vie à un laïcisme pris en charge par l'État qui s'est substitué à la nation, éliminant au passage l'Observatoire de la laïcité. Il n'est pas le seul en Europe, mais il a participé à faire de la France une forteresse assiégée devant ce qu'il considère comme la menace de grandes vagues migratoires, reléguant les valeurs fondamentales de l'hospitalité aux « belles âmes ». Certes, il est resté fidèle à son engagement pour une Europe plus souveraine, mais que vaut une Europe qui foule aux pieds les valeurs d'humanisme qui ont fait sa grandeur ?

La traversée de la pandémie conduit inévitablement à nous interroger sur le rapport qu'entretient l'humanité avec toutes les formes du vivant, faune et flore. Nous nous rendons compte de façon de plus en plus évidente que nous sommes entrés dans une époque que certains qualifient d'« anthropocène », où l'homme modifie son milieu de vie au point d'en être responsable et redevable pour les générations à venir. Sans jouer les Cassandre annonçant une catastrophe inévitable, il convient de prendre la mesure des dangers que court l'humanité. À ce propos, le philosophe Jean-Pierre Dupuy avance l'idée d'un « catastrophisme éclairé » qui, partant de la conscience de la gravité de la situation, vise à y remédier au prix de bifurcations fondamentales[1]. Se réinventer devient un impératif, une

1. Jean-Pierre Dupuy, *Pour un catastrophisme éclairé*, Seuil, 2002, rééd. « Points », 2004.

question de survie. Quand on entend le président affirmer qu'une fois la parenthèse fermée de la pandémie, il va pouvoir poursuivre le train de réformes entreprises lors de son quinquennat, on ne peut que s'inquiéter de sa cécité persistante face aux dangers qui guettent notre humanité.

Le philosophe Michel Serres, qui a été tôt conscient de l'enjeu et n'a cessé d'alerter ses contemporains sur les risques de la vision prométhéenne de domestication de la nature, a proposé d'ériger celle-ci en État de droit et de parfaire le contrat social par un contrat naturel[1]. Il avançait déjà cette proposition en 1990, et à l'époque, il fut accueilli par les quolibets de ceux qui voyaient en lui le restaurateur d'un panthéisme suranné. Aujourd'hui, ce cap est devenu un pari existentiel à l'échelle planétaire : si l'humanité le perd, elle disparaîtra. Entamant sa démonstration, Michel Serres prenait comme point de départ de sa réflexion un tableau de Goya, *Duel au gourdin* (1820), qui représente le combat à coups de bâtons de deux hommes. Chacun des duellistes tente de prendre l'avantage sur l'autre, mais à chaque mouvement, les deux adversaires s'enfoncent de plus en plus profondément dans des sables mouvants qui vont finir par les engloutir. Obnubilés par la volonté de vaincre leur adversaire, ils sont déjà ensevelis, sur la toile de Goya, jusqu'aux genoux. Ce tableau du début du XIXe siècle représente pour Michel Serres une métaphore lumineuse de ce que devrait être notre éthique contemporaine : éviter les combats stériles et mortifères pour s'attaquer au vrai péril qui est la catastrophe planétaire. Mais cela nécessite une vraie révolution. N'était-ce pas le propos de l'ouvrage programmatique de Macron en 2017 ?

1. Michel Serres, *Le Contrat naturel*, François Bourin, 1990.

Certes, les rêves de grande rupture radicale animés par une conception téléologique de l'histoire ne sont plus de saison, mais la montée des inquiétudes a fait naître la conviction que le sens de l'histoire s'est retourné et nous a plongés dans une attente et une crainte de la catastrophe à venir qu'il convient de conjurer. Le souci majeur devient tout autre, comme le disait déjà Albert Camus en 1957 à l'occasion de la remise du prix Nobel à Oslo :

> Chaque génération, sans doute, se croit vouée à refaire le monde. La mienne sait pourtant qu'elle ne le refera pas. Mais sa tâche est peut-être plus grande. Elle consiste à empêcher que le monde se défasse[1].

À l'heure de l'anthropocène, ces mots de Camus sont plus que jamais d'actualité. Nous renvoyant à un principe responsabilité tel que le définissait Hans Jonas[2], ils impliquent que l'impératif écologique soit associé à un contrat de justice sociale qui génère un nouvel imaginaire historique, comme le préconisait Castoriadis[3], passant par la construction d'un Grand Récit, à la manière dont l'a dessiné Michel Serres, réintroduit dans la très longue histoire de notre univers, soit quelque quinze milliards d'années[4].

C'est à l'aune de ces défis que le prochain président sera jugé comme capable ou non d'assumer des fonctions qui ne peuvent en aucun cas se limiter au pouvoir d'un homme, aussi brillant fût-il. De la même manière qu'un individu

1. Albert Camus, *Discours de Suède*, Gallimard, « Folio », p. 17-18 (1re éd. 1957).
2. Hans Jonas, *Le Principe responsabilité*, Flammarion, « Champs », 2013.
3. Cornelius Castoriadis, *L'Institution imaginaire de la société*, Seuil, 1975, rééd. « Points », 1999.
4. Michel Serres, *Hominescence*, Le Pommier, 2001, rééd. Le Livre de poche, 2003.

ne peut se projeter dans l'avenir sans un projet personnel, la société française a besoin d'un horizon d'attente et d'espérance, source d'un être-ensemble harmonieux, d'un cap qui dessine les bases d'une politique consciente des enjeux majeurs de notre nouveau monde. Cette utopie concrète implique une véritable révolution des esprits et une modification substantielle de nos habitudes qui ne peuvent être acceptées qu'à la condition que l'on s'engage vers une société plus juste, porteuse d'émancipation collective.

Ricœur affirme, lorsqu'il défend l'idée d'un projet collectif, malgré le désastre des tentatives de réalisation des utopies du socialisme dit scientifique qui ont conduit au totalitarisme :

> Je ne voudrais pas m'arrêter sur cette vision négative de l'utopie ; bien au contraire, je voudrais retrouver la fonction libératrice de l'utopie dissimulée sous ses propres caricatures. Imaginer le non-lieu, c'est maintenir ouvert le champ du possible [...] L'utopie est ce qui empêche l'horizon d'attente de fusionner avec le champ d'expérience. C'est ce qui maintient l'écart entre l'espérance et la tradition[1].

1. Paul Ricœur, *Du texte à l'action*, Seuil, 1986, p. 390-391.

Table

DU MÊME AUTEUR *(suite)*

Paul Ricœur et les sciences humaines, codirigé avec Christian Delacroix et Patrick Garcia, La Découverte, coll. « Armillaire », 2007.

Gilles Deleuze et Félix Guattari. Biographie croisée, La Découverte, 2007.

Gilles Deleuze et les images, codirigé avec Jean-Michel Frodon, Cahiers du cinéma, 2008.

Historicités, codirigé avec Christian Delacroix et Patrick Garcia, La Découverte, 2009.

Renaissance de l'événement. Un défi pour l'historien : entre Sphinx et Phénix, PUF, 2010.

Historiographies. Concepts et débats, codirigé avec Christian Delacroix, Patrick Garcia et Nicolas Offenstadt, tome 1 et tome 2, Gallimard, coll. « Folio », 2010.

Paul Ricœur, un philosophe dans son siècle, Armand Colin, 2012.

Pierre Nora. Homo historicus, Perrin, 2013.

Paul Ricœur. Penser la mémoire, codirigé avec Catherine Goldenstein), Seuil, 2013.

Les Hommes de l'ombre. Portraits d'éditeurs, Perrin, 2014.

Castoriadis. Une vie, La Découverte, 2014, rééd. La Découverte/Poches, 2018.

Le philosophe et le président. Ricœur & Macron, Stock, 2017.

La Saga des intellectuels français, 1944-1989, tome 1 : *À l'épreuve de l'histoire (1944-1968)*, Gallimard, 2018 ; tome 2, *L'avenir en miettes (1968-1989)*, Gallimard, 2018.

Pierre Vidal-Naquet. Une vie, La Découverte, 2020.

Amitiés philosophiques, Odile Jacob, 2021.

CET OUVRAGE A ÉTÉ MIS EN PAGES
PAR NORD COMPO
À VILLENEUVE-D'ASCQ.

ACHEVÉ D'IMPRIMER PAR CPI BUSSIERE
À SAINT-AMAND-MONTROND, EN FÉVRIER 2022,
POUR LE COMPTE DU PASSEUR ÉDITEUR.

N° d'impression : 2063610
Dépôt légal : mars 2022
Imprimé en France